Arbeitszeitgesetz
Basiskommentar zum ArbZG

Erika Fischer
Silvia Mittländer
Regina Steiner

Arbeitszeitgesetz

Basiskommentar zum ArbZG

Bibliografische Information der Deutschen Nationalbibliothek
Die Deutsche Nationalbibliothek verzeichnet diese Publikation
in der Deutschen Nationalbibliografie; detaillierte bibliografische Daten
sind im Internet über http://dnb.d-nb.de abrufbar.

© 2021 by Bund-Verlag GmbH, Frankfurt am Main
Herstellung: Birgit Fieber
Umschlag: Ute Weber, Geretsried
Satz: Dörlemann Satz, Lemförde
Druck: CPI books GmbH, Leck
Printed in Germany 2021
ISBN 978-3-7663-6869-0

Alle Rechte vorbehalten,
insbesondere die des öffentlichen Vortrags,
der Rundfunksendung
und der Fernsehausstrahlung,
der fotomechanischen Wiedergabe,
auch einzelner Teile.

www.bund-verlag.de

Vorwort

Das Arbeitszeitgesetz ist als Schutzgesetz zugunsten der Beschäftigten zu verstehen und auszulegen. Dennoch ist das Arbeitszeitgesetz ständig einem Flexibilisierungsdruck ausgesetzt. So wird immer wieder versucht, die durch das Gesetz zum Schutz der Gesundheit aufgezeigten Regelungen aufzuweichen, so zum Beispiel im Rahmen von zulässiger Sonntagsarbeit oder im Rahmen der geltenden Höchstarbeitszeiten. Die Begrenzung der Arbeitszeit ist dennoch gerade in der heutigen schnelllebigen Zeit dringend notwendig, da Beschäftigte gerne »schnell noch einmal eine Mail lesen«, obwohl ihre Arbeitszeit eigentlich schon beendet ist. Durch mobiles Arbeiten und die Möglichkeit, im Homeoffice zu arbeiten, verwischen die Grenzen zwischen Arbeitszeit und Freizeit zunehmend. Dem gilt es zur Wahrung des Gesundheitsschutzes Grenzen zu setzen. Eine dieser wichtigen Grenzen ist das Arbeitszeitgesetz. Weitere Grenzen werden durch Tarifverträge oder Betriebsvereinbarungen gesetzt.

Beschäftigte haben das Recht, sich auf die geltenden Bestimmungen zu berufen. Betriebsräte müssen deren Einhaltung überwachen. Hierzu gehört inzwischen auch die Rechtsprechung auf Europäischer Ebene und die Auslegung des Gesetzes im Lichte der Europäischen Arbeitszeitrichtlinie (Richtlinie 2003/88/EG über bestimmte Aspekte der Arbeitszeitgestaltung). Darüber hinaus müssen Betriebsräte bei der Vereinbarung von Betriebsvereinbarungen die Grenzen des Arbeitszeitgesetzes mit seiner Vielzahl von Ausnahmeregelungen beachten. Der vorliegende Kommentar soll einen schnellen, systematischen und kompakten Überblick über das geltende Arbeitszeitrecht schaffen.

Der Kommentar berücksichtigt den Stand der Rechtsprechung bis zum Sommer 2020. Damit wurde die neueste Rechtsprechung des Europäischen Gerichtshof (EuGH) berücksichtigt, aber auch die ersten unterinstanzlichen Entscheidungen zur Pflicht der Aufzeichnung der Arbeitszeit sowie die im Rahmen der Corona-Pandemie ergangene arbeitszeitliche Rechtsprechung.

Die Autorinnen

Inhaltsverzeichnis

Vorwort 5
Abkürzungsverzeichnis. 9
Literaturverzeichnis 11
Einleitung 13

Arbeitszeitgesetz (ArbZG)[1]
Kommentierung. 27

Erster Abschnitt
Allgemeine Vorschriften 27
§ 1   Zweck des Gesetzes. 27
§ 2   Begriffsbestimmungen 31

Zweiter Abschnitt
Werktägliche Arbeitszeit und arbeitsfreie Zeiten 38
§ 3   Arbeitszeit der Arbeitnehmer 38
§ 4   Ruhepausen. 47
§ 5   Ruhezeit 51
§ 6   Nacht- und Schichtarbeit. 54
§ 7   Abweichende Regelungen 69
§ 8   Gefährliche Arbeiten 80

Dritter Abschnitt
Sonn- und Feiertagsruhe 82
§ 9   Sonn- und Feiertagsruhe. 82
§ 10 Sonn- und Feiertagsbeschäftigung. 87
§ 11 Ausgleich für Sonn- und Feiertagsbeschäftigung 102
§ 12 Abweichende Regelungen 107
§ 13 Ermächtigung, Anordnung, Bewilligung 113

---

1 I.d.F. der Bekanntmachung v. 6.6.1994 (BGBl. I S. 1170), zuletzt geändert durch Art. 8 und Art. 11 Abs. 2 Satz 2 des Gesetzes vom 27.3.2020 (BGBl. I S. 575).

Inhaltsverzeichnis

Vierter Abschnitt
Ausnahmen in besonderen Fällen 125
§ 14 Außergewöhnliche Fälle 125
§ 15 Bewilligung, Ermächtigung 130

Fünfter Abschnitt
Durchführung des Gesetzes 135
§ 16 Aushang und Arbeitszeitnachweise 135
§ 17 Aufsichtsbehörde 138

Sechster Abschnitt
Sonderregelungen 143
§ 18 Nichtanwendung des Gesetzes 143
§ 19 Beschäftigung im öffentlichen Dienst 145
§ 20 Beschäftigung in der Luftfahrt 147
§ 21 Beschäftigung in der Binnenschifffahrt 148
§ 21a Beschäftigung im Straßentransport 150

Siebter Abschnitt
Straf- und Bußgeldvorschriften 157
§ 22 Bußgeldvorschriften 157
§ 23 Strafvorschriften 159

Achter Abschnitt
Schlussvorschriften 160
§ 24 Umsetzung von zwischenstaatlichen Vereinbarungen und
Rechtsakten der EG 160
§ 25 Übergangsregelung für Tarifverträge 161

Übersicht der gesetzlichen Feiertage (§ 9 ArbZG) 162

Zweite Durchführungsverordnung zur Betriebsordnung für Luftfahrtgerät (Dienst-, Flugdienst-, Block- und Ruhezeiten von Besatzungsmitgliedern in Luftfahrtunternehmen und außerhalb von Luftfahrtunternehmen bei berufsmäßiger Betätigung) (2. DV LuftBO) 164

Verordnung über die Arbeitszeit in der Binnenschifffahrt (Binnenschifffahrts-Arbeitszeitverordnung – BinSchArbZV) 178

Stichwortregister 187

Abkürzungsverzeichnis

a. A.	anderer Ansicht
Abs.	Absatz
AentG	Arbeitnehmer-Entsendegesetz
AETR	Europäisches Übereinkommen über die Arbeit des im internationalen Straßenverkehr beschäftigten Fahrpersonals
a. F.	alte Fassung
ArbG	Arbeitsgericht
ArbSchG	Arbeitsschutzgesetz
ArbZG	Arbeitszeitgesetz
Art.	Artikel
AÜG	Arbeitnehmerüberlassungsgesetz
AZO	Arbeitszeitordnung
BBG	Bundesbeamtengesetz
BetrVG	Betriebsverfassungsgesetz
BGB	Bürgerliches Gesetzbuch
BGBl.	Bundesgesetzblatt
BinSchArbZV	Binnenschifffahrts-Arbeitszeitverordnung
BPersVG	Bundespersonalvertretungsgesetz
BUrlG	Bundesurlaubsgesetz
BVerfG	Bundesverfassungsgericht
BVerwG	Bundesverwaltungsgericht
bzw.	beziehungsweise
d. h.	das heißt
DV LuftBO	Durchführungsverordnung zur Betriebsordnung für Luftfahrtgerät
EFZG	Entgeltfortzahlungsgesetz
EG	Europäische Gemeinschaft
FPfZG	Familienpflegezeitgesetz
GewO	Gewerbeordnung
GG	Grundgesetz
GRC	Charta der Grundrechte der Europäischen Union
i. d. F.	in der Fassung

Abkürzungsverzeichnis

i. d. R.	in der Regel
i. S. d.	im Sinne des
JArbSchG	Jugendarbeitsschutzgesetz
LAG	Landesarbeitsgericht
MiLoG	Gesetz zur Regelung eines allgemeinen Mindestlohns (Mindestlohngesetz)
MuSchG	Gesetz zum Schutz von Müttern bei der Arbeit, in der Ausbildung und im Studium (Mutterschutzgesetz)
m. w. N.	mit weiteren Nachweisen
OVG	Oberverwaltungsgericht
OWiG	Ordnungswidrigkeitengesetz
PflegeZG	Pflegezeitgesetz
Rn.	Randnummer
S.	Seite
SGB	Sozialgesetzbuch
TzBfG	Teilzeit- und Befristungsgesetz
v.	von, vom
VG	Verwaltungsgericht
VGH	Verwaltungsgerichtshof
z. B.	zum Beispiel

Literaturverzeichnis

Beckmann/Steiner (Hrsg.), Arbeitszeit und Mitbestimmung von A bis Z – Das Lexikon für die Interessenvertretung (2017)

Buschmann/Ulber (Hrsg.), Arbeitszeitrecht, Kompaktkommentar zum Arbeitszeitgesetz mit Nebengesetzen und Europäischem Recht (2019); zit.: Buschmann/Ulber, §, Rn.

Däubler/Klebe/Wedde (Hrsg.), BetrVG Betriebsverfassungsgesetz, 17. Auflage (2020), zit.: DKW-*Bearbeiter*

Müller-Glöge/Preis/Schmidt (Hrsg.), Erfurter Kommentar zum Arbeitsrecht, 20. Aufl. (2020); zit.: ErfK-*Bearbeiter*

Wedde (Hrsg.), Arbeitsrecht – Kompaktkommentar zum Individualarbeitsrecht mit kollektivrechtlichen Bezügen, 7. Auflage (2020); zit.: ArbR-KK-*Bearbeiter*

Einleitung

Inhaltsübersicht Rn.
1. Allgemeines zur Entwicklung des ArbZG 1– 4
   a) Historisches 1
   b) Aktuelles 2– 4
2. Das Zusammenspiel von Arbeitszeitgesetz, Arbeitsvertrag, Betriebsvereinbarung und Tarifvertrag 5–26
   a) Normenhierarchie 6–10
   b) Arbeitszeit im Tarifrecht 11–14
   c) Arbeitszeitregelung auf betrieblicher Ebene 15–20
   d) Arbeitszeitrecht im Arbeitsvertrag 21–26
3. Überblick zu den Mitbestimmungsrechten des Betriebs- und Personalrats 27–45
   a) Ziel der Mitbestimmung 27–29
   b) Umfang der Mitbestimmungsrechte 30–35
4. Umsetzung der Mitbestimmung 36–54
   a) Initiativrecht der Interessenvertretungen 36, 37
   b) Vorrang von Gesetz und Tarifvertrag 38–41
   c) Der Tarifvorbehalt 42–44
   d) Eil- und Notfälle 45–47
   e) Ausübung der Mitbestimmung 48–54
5. Durchsetzung des Mitbestimmungsrechts 55–58

1. Allgemeines zur Entwicklung des ArbZG

a) Historisches

Der Kampf für den Acht-Stunden-Tag zieht sich durch die Geschichte der 1
Arbeiterbewegung hindurch. Er wurde 1866 in Genf auf dem »Internationale Arbeiterkongress« zur offiziellen Forderung der Arbeiterbewegung erhoben. Es sollte noch lange dauern, bis die Forderung in Deutschland in Gesetzesrecht umgesetzt wurde. Im Zuge der Novemberrevolution 1918 wurde per Regierungsverordnung am 23.11.1918 der Acht-Stunden-Tag für gewerbliche Arbeiter eingeführt. Dieses Regierungsdekret sollte aber nicht lange Bestand haben. Am 21.12.1923 trat die Arbeitszeitverordnung (AZO) in Kraft, die zwar den Acht-Stunden-Tag noch immer als Regelarbeitstag vorsah, aber bereits Möglichkeiten eröffnete, den Arbeitstag auf 10 Stunden

Einleitung

zu verlängern. Die AZO war bis 1994 in Kraft und wurde vom Arbeitszeitgesetz (ArbZG) abgelöst, das eine weitere Flexibilisierung der täglichen Arbeitszeit vorsieht. Zwar ist der Acht-Stunden-Arbeitstag weiterhin die Regel, aber er kann bis auf 10 Stunden verlängert werden (siehe § 3 ArbZG).[1] Angesichts der Tatsache, dass Beschäftigte in Deutschland vor der sogenannten Corona-Krise jährlich ca. 2 Milliarden Überstunden leisteten, dürfte der Acht-Stunden-Tag in der Praxis für viele Beschäftigte weiterhin unrealistisch sein.

b) Aktuelles

2 Das ArbZG regelt heute den Rahmen, innerhalb dessen Arbeitszeit in Deutschland gestaltet werden darf. Dieser Rahmen ist weit gefasst und gibt Unternehmen eine große Flexibilität, die an der einen und anderen Stelle Zweifel daran aufkommen lässt, ob dem Gesundheitsschutz der Beschäftigten ausreichend Rechnung getragen wird. Die Forderung nach weiterer Flexibilisierung wird von den Interessenverbänden der Arbeitgeber weiter auf die Tagesordnung gesetzt. So wird z. B. gefordert, die Höchstbegrenzung auf 10 Stunden arbeitstäglich zu ersetzen durch eine Höchstbegrenzung der Wochenarbeitszeit.[2]

3 Das ArbZG wird auf europäischer Ebene von der »Richtlinie über bestimmte Aspekte der Arbeitszeitgestaltung« (Richtlinie 2003/88/EG) ergänzt. Der bundesdeutsche Gesetzgeber ist verpflichtet, diese in bundesdeutsches Recht umzusetzen. Das ist zum Teil durch die Ablösung der AZO durch das ArbZG in Bezug auf die vorherige Fassung der Richtlinie geschehen ist. Die europäischen Vorgaben z. B. zur Nachtarbeit sind jedoch nur teilweise umgesetzt (siehe hierzu § 6 ArbZG).

4 Regelungen zur Arbeitszeit finden sich außerdem in weiteren Schutzgesetzen, wie z. B. dem Jugendschutzgesetz und dem Mutterschutzgesetz. Speziellere Regelungen für bestimmte Berufsgruppen findet man z. B. in den Ladenschlussgesetzen der Länder, im Gesetz zur Regelung der Arbeitszeit von selbstständigen Kraftfahren, in der Offshore-ArbeitsZV und in anderen mehr. Sofern das ArbZG darauf Bezug nimmt, finden sich Hinweise in der Kommentierung.

---

[1] Überblick über die Rechtsentwicklung des ArbZG bei Buschmann/Ulber, Einleitung Rn. 1 ff.

[2] Siehe z. B. Positionspapier der Bundesvereinigung der deutschen Arbeitgeberverbände, Chancen der Digitalisierung nutzen (Mai 2015).

raus entstehenden Belastungen bzw. Entgeltminderungen bei Kurzarbeit oder Entgeltchancen durch den zusätzlichen Verdienst bei Mehrarbeit.

b) Umfang der Mitbestimmungsrechte

Das Betriebsverfassungsgesetz sieht ein Mitbestimmungsrecht der Betriebsräte bei der Festlegung des Beginns und des Endes der täglichen Arbeitszeit einschließlich der Pausen sowie der Verteilung der Arbeitszeit auf die einzelnen Wochentage vor (§ 87 Abs. 1 Nr. 2 BetrVG). Für die Personalvertretung ergibt sich auf Bundesebene das Mitbestimmungsrecht aus § 75 Abs. 3 Nr. 1 BPersVG[13], auf Länderebene aus den entsprechenden Vorschriften der Landespersonalvertretungsgesetze. **30**

Für Betriebsräte besteht ein Mitbestimmungsrecht auch bei der vorübergehenden Verlängerung oder Verkürzung der betriebsüblichen Arbeitszeit. Dies ergibt sich direkt aus dem Gesetz (§ 87 Abs. 1 Nr. 3 BetrVG). Im BPersVG findet sich dagegen keine entsprechende Vorschrift für die Mitbestimmung von Personalräten bei Überstunden.[14] Aber durch Beschluss vom 30.5.2006 hat das BVerwG seine Rechtsprechung geändert und entschieden, dass sich das Mitbestimmungsrecht des Personalrats nach § 75 Abs. 3 Nr. 1 BPersVG auch auf die Entscheidung, ob und in welchem Umfang Überstunden angeordnet werden, erstreckt.[15] Diese Entscheidung gilt entsprechend für die Personalvertretungen auf Landesebene sofern die entsprechenden Landespersonalvertretungsgesetze nicht bereits ein ausdrückliches Mitbestimmungsrecht bei Mehrarbeit regeln. **31**

Das Mitbestimmungsrecht übt der Betriebsrat für alle Beschäftigten im Betrieb aus, mit Ausnahme der leitenden Angestellten. Es erstreckt sich ausdrücklich auch auf sogenannte außertarifliche Angestellte, auch diese zählen zum Kreis derer, die durch den Betriebsrat betreut werden. Es gibt keine Einschränkung bei der Mitbestimmung. **32**

Folgende Punkte zur Arbeitszeit kann der Arbeitgeber z.B. nicht ohne Zustimmung des Betriebsrats regeln: **33**
- Beginn und Ende der Arbeitszeit
- Die Lage der Pausen
- Die Verteilung der Arbeitszeit auf die einzelnen Wochentage
- Bereitschaftsdienst

---

13 Die Vorschriften des BPersVG gelten nur für Personalräte auf der Bundesebene, die entsprechenden Landespersonalvertretungsgesetze enthalten ähnliche oder gleichlautende Vorschriften, die hier aber wegen des Umfangs nicht ausdrücklich zitiert werden. Zum Auffinden der jeweiligen Landesvorschrift empfiehlt sich im Inhaltsverzeichnis des Gesetzestextes das entsprechende Stichwort nachzuschlagen.
14 Der Begriff Überstunden wird synonym zum Begriff Mehrarbeit verwendet.
15 BVerwG 30.6.2005 – 6 P 9/04.

Einleitung

- Einführung von Rufbereitschaft
- Einführung und Abänderung von Arbeitszeitmodellen (z. B. Gleitzeit, Vertrauensarbeitszeit, geteilte Dienste, Schichtarbeit)
- Einteilung der Beschäftigten in Schichtpläne
- Die Einführung von Arbeitszeitkonten
- Einführung von Kurzarbeit
- Die Anordnung von Mehrarbeit
- Zeiten der Betriebsschließung[16]

34 Die Einführung und Ausgestaltung von Zeiterfassungssystemen bedarf ebenfalls der Zustimmung der Interessenvertretungen. Dieses Mitbestimmungsrecht ergibt sich aus § 87 Abs. 1 Nr. 6 BetrVG für die Betriebsräte. Danach bedürfen elektronische Einrichtungen, die geeignet sind, Verhalten und Leistung zu kontrollieren, einer Genehmigung durch den Betriebsrat. Ziel ist hier die Persönlichkeitsrechte der Beschäftigten zu schützen. Für die Personalvertretungen ergibt sich das Mitbestimmungsrecht aus § 75 Abs. 3 Nr. 17 BPersVG und den entsprechenden Vorschriften der Länder. Dieses Mitbestimmungsrecht hat vor dem Hintergrund der Rechtsprechung des EuGH nochmals an Bedeutung erlangt. Der EuGH hat festgestellt, dass Arbeitszeiten möglichst sicher vor Manipulationen aufgezeichnet werden müssen. Nur so könne die Überprüfung der Einhaltung arbeitszeitrechtlicher Vorschriften sichergestellt werden.[17]

35 Bei der Anordnung von Betriebsferien ergibt sich das Mitbestimmungsrecht für die Betriebsräte aus § 87 Abs. 1 Nr. 5 BetrVG. Danach haben sie bei der Aufstellung allgemeiner Urlaubsgrundsätze und des Urlaubsplans mitzubestimmen. Personalräte haben in dieser Frage auf Grund einer kritikwürdigen Rechtsprechung des BVerwG kein Mitbestimmungsrecht.[18]

4. Umsetzung der Mitbestimmung

a) Initiativrecht der Interessenvertretungen

36 In Fragen der zwingenden Mitbestimmung besteht ein Initiativrecht der betrieblichen Interessenvertretungen. Für die Personalräte ergibt sich dies direkt aus § 70 BPersVG und der Rechtsprechung des BVerwG.[19] Für die Betriebsverfassung ergibt sich dies aus der ständigen Rechtsprechung des BAG. Im Betriebsverfassungsgesetz gibt es keine dem BPersVG entsprechende Regelung.

---

16 Siehe hierzu ausführlich Kommentierung in DKKW-*Klebe* zu § 87 I Nr. 2 und 3 BetrVG.
17 EuGH 14. 5. 2019 – C-55/18.
18 BVerwG 24. 10. 2001 – 6 P 13/00.
19 BVerwG 19. 1. 1993 – 6 P 19/90.

Den Betriebsparteien müssen bei der Ausübung der Mitbestimmung jeweils die gleichen Rechte eingeräumt werden. Dies bedeutet, dass auch die Interessenvertretung der Beschäftigten Maßnahmen, die sich auf Punkte aus dem Katalog der zwingenden Mitbestimmung beziehen, vorschlagen kann. Es muss nicht gewartet werden, bis der Arbeitgeber die Initiative ergreift und an die Interessenvertretung herantritt. Wolle man dies anders sehen, dann würde die Mitbestimmung zu großen Teilen leerlaufen. Denn der Arbeitgeber müsste nur »aussitzen«, was er nicht regeln möchte. Den Interessensvertretungen wären die Hände dann weitgehend gebunden.

b) Vorrang von Gesetz und Tarifvertrag

Das Mitbestimmungsrecht besteht nur in gewissen Grenzen. Denn wenn ein Gesetz oder ein anzuwendender Tarifvertrag etwas abschließend regelt, ist kein Raum mehr für die Mitbestimmung. Dann gilt das Gesetz oder der Tarifvertrag. Das ergibt sich für die Betriebsverfassung aus § 87 Abs. 1 Satz 1 und für die Personalräte z. B. aus § 75 Abs. 3 Satz 1 BPersVG.

Aus diesem Grund kann z. B. in einer Betriebs- oder Dienstvereinbarung nicht festgelegt werden, dass die Mindestruhezeit zwischen zwei Arbeitszeiten auf 10 Stunden verkürzt wird. Das Arbeitszeitgesetz regelt dies abschließend in § 5. Ruhezeiten müssen mindestens 11 Stunden betragen. Eine Ruhezeit von 10 Stunden ist nur in Krankenhäusern und anderen Einrichtungen zur Behandlung, Pflege und Betreuung von Personen, in Gaststätten und anderen Einrichtungen zur Bewirtung und Beherbergung, in Verkehrsbetrieben, beim Rundfunk sowie in der Landwirtschaft und in der Tierhaltung erlaubt. Eine Ausdehnung dieser Erlaubnis auf Betriebe anderer Art ist vom Gesetz nicht vorgesehen und deshalb im Rahmen einer Vereinbarung zwischen den Betriebsparteien nicht möglich.

Ein Betriebsrat kann aus diesem Grund auch nicht gerichtlich die Einhaltung der Höchstarbeitszeit von 10 Stunden täglich durchsetzen. Denn diese Frage unterliegt nicht seiner Mitbestimmung. Sie ist abschließend im Arbeitszeitgesetz (§ 3) geregelt. Dies gilt auch dann, wenn in einer Betriebsvereinbarung ausdrücklich die Höchstbegrenzung von 10 Stunden pro Arbeitstag aufgenommen wird.

Tarifverträge enthalten in der Regel keine Vorschriften, die das Mitbestimmungsrecht bei Arbeitszeitfragen begrenzen. Dort ist üblicherweise nur der Umfang der zu leistenden Arbeitszeit pro Woche oder pro Monat geregelt. Bestimmungen zur Arbeitszeitlage oder der Lage der Pausen bestehen in der Regel nicht. Gibt es allerdings abschließende Regelungen in den Tarifverträgen, dann können sie nicht durch Betriebsvereinbarungen modifiziert werden. Das geht nur dann, wenn der Tarifvertrag eine sogenannte Öffnungsklausel enthält. Das bedeutet, der Tarifvertrag erlaubt, dass etwas abweichend von seinem Inhalt geregelt werden darf.

Einleitung

c) Der Tarifvorbehalt

42 Das Betriebsverfassungsgesetz und das Bundespersonalvertretungsgesetz kennen außerdem den sogenannten Tarifvorbehalt (§ 77 Abs. 3 BetrVG bzw. § 75 Abs. 4 BPersVG). Dieser spielt im Rahmen der zwingenden Mitbestimmung keine Rolle.[20] Er kommt aber zum Tragen, wenn die Betriebsparteien Arbeitszeitfragen außerhalb der zwingenden Mitbestimmung in einer freiwilligen Betriebsvereinbarung regeln möchten.

43 Der Arbeitgeber tritt z. B. an den Betriebsrat heran, weil er wegen einer wirtschaftlichen Schieflage künftig die Wochenarbeitszeit von 35 auf 40 Stunden anheben möchte. Hier kann keine wirksame Betriebsvereinbarung geschlossen werden, wenn das Volumen der Arbeitszeit durch einen Tarifvertrag geregelt ist. Denn Arbeitsbedingungen, die durch einen Tarifvertrag geregelt sind, können nicht Gegenstand einer Betriebsvereinbarung sein. Dieses Verbot gilt auch, wenn die Arbeitsbedingungen üblicherweise durch Tarifvertrag geregelt sind. Das heißt also, in einem Betrieb muss nicht unbedingt ein Tarifvertrag gelten. Es genügt, dass sich der Betrieb im Einzugsbereich eines Flächentarifvertrags befindet.

Beispiel: Ein metallverarbeitender Betrieb in Hessen ist nicht tarifgebunden. In Hessen gilt aber der Flächentarifvertrag in Form eines Manteltarifvertrags der Metall und Elektroindustrie, der das Arbeitszeitvolumen regelt. Dies genügt, dass auch im tarifungebundenen Betrieb keine wirksame Regelung durch die Betriebsparteien getroffen werden kann.

44 Der Tarifvorbehalt bedingt im Übrigen auch, dass Regelungen, die Arbeitsbedingungen besser regeln als der Tarifvertrag, in einer Betriebsvereinbarung nicht rechtswirksam abgeschlossen werden können. Besteht der Tarifvorbehalt, ist das Günstigkeitsprinzip weitgehend außer Kraft gesetzt. Die Betriebsräte haben keine Reglungskompetenz mehr. Nur in den Einzelarbeitsverträgen könnten noch abweichende günstigere Regelungen vereinbart werden. In der Praxis trifft man oft auf Betriebsvereinbarungen die Überstundenzuschläge regeln. Diese Betriebsvereinbarungen sind nur wirksam, wenn der Tarifvertrag keine Überstundenzuschläge vorsieht. Das gilt auch dann, wenn die Betriebsvereinbarung höhere Zuschläge regelt als der einschlägige Tarifvertrag.

d) Eil- und Notfälle

45 Arbeitgeber vertreten gegenüber den Gremien oftmals die Rechtsauffassung, das Mitbestimmungsrecht entfiele bei sogenannten Eil- und Notfällen.

---

20 DKKW-*Berg*, § 77 BetrVG, Rn. 66.

Einleitung

Eilfälle, die eine schnelle Umsetzung bestimmter Maßnahmen erfordern, lassen das Mitbestimmungsrecht nicht entfallen.[21] Muss z. B. eine Nachtschicht gearbeitet werden, weil es tagsüber zu Produktionsausfällen gekommen ist, mag dies ein Eilfall sein, wenn der Kunde auf die Waren wartet. Das Mitbestimmungsrecht des Betriebsrats besteht dennoch. Entscheidet der Betriebsrat nicht rechtzeitig, kann die Nachtschicht nicht angeordnet werden. Gleiches gilt im Falle von Überstunden. Auch wenn der Betriebsrat am Freitagnachmittag bereits den Betrieb verlassen hat, rechtfertigt dies nicht die Anordnung von Überstunden in der Spätschicht ohne Zustimmung des Betriebsrats, um Produktionsrückstände aufzuholen.

46

Nur echte Notfälle lassen das Mitbestimmungsrecht nach herrschender Meinung entfallen.[22] Ein Notfall liegt vor, wenn plötzlich eine nichtvorhersehbare Situation eintritt, die zu sofortigen Maßnahmen zwingt, weil sonst nicht wiedergutzumachende Schäden eintreten. Produktionsausfälle, Material, das zu spät geliefert wird, Wünsche von Kunden die schnell erledigt werden sollen sind keine Notfälle. Die Literatur erwähnt folgende Beispiele: Überschwemmungen, Ausbruch eines Feuers, eine Massenkarambolage auf der Autobahn mit vielen Verletzten. Die Beispiele zeigen, dass in der betrieblichen Praxis Notfälle so gut wie nie vorkommen. Das ist vermutlich auch der Grund, dass es keine abschließende Rechtsprechung des BAG zu dieser Frage gibt.

47

e) Ausübung der Mitbestimmung

Zur Gestaltung der Arbeitszeit empfiehlt es sich, eine Betriebsvereinbarung (§ 77 BetrVG) oder Dienstvereinbarung (§ 73 Abs. 1 BPersVG) zu schließen. Nur eine solche Vereinbarung entfaltet Rechte gegen über den Beschäftigten. Die Betriebs- und die Dienstvereinbarung gelten unmittelbar und zwingend. Im Personalvertretungsrecht gibt es zwar keine dem § 77 BetrVG ähnliche Vorschrift, herrschende Meinung ist aber, dass dieser auch im Personalvertretungsrecht entsprechend anzuwenden ist.[23] Dies bedeutet, dass diese Vereinbarungen normative Wirkung haben und direkt für den im Geltungsbereich in Bezug genommenen Personenkreis Anwendung finden. Darüber hinaus sind sie zwingend in dem Sinne, dass keine verschlechternde anderslautende Regelung getroffen werden darf.

48

Die Vereinbarung bedarf der Schriftform und muss von den Betriebsparteien unterzeichnet sein. Ein Beschäftigter kann nur mit Zustimmung des Betriebsrats bzw. des Personalrats auf Rechte aus der Betriebsvereinbarung

49

---

21 BAG 8. 12. 2015 – 1 ABR 2/14.
22 BAG 3. 5. 1994 – 1 ABR 24/93 hat die Frage offengelassen.
23 Groeger-Weber, Arbeitsrecht im öffentlichen Dienst, Köln 2010, S. 42.

Einleitung

verzichten. Dies bedeutet, dass jede Abweichung von den ausgehandelten Vorschriften der Zustimmung der Interessenvertretung bedarf.

50 Die Regelungsabrede dagegen ist ein Instrumentarium, um Vereinbarungen zwischen dem Betriebsrat und dem Arbeitgeber zu regeln. Sie entfaltet keine Wirkung gegenüber den Beschäftigten. Deshalb ist sie nicht geeignet Arbeitszeitfragen zu regeln. Eine Regelungsabrede kommt z. B. in Frage, wenn Betriebsrat und Arbeitgeberseite sich auf das Prozedere bei der Genehmigung von Überstunden einigen.

51 Die Mitbestimmung kann auch durch schlichte Zustimmung zu einem Antrag des Arbeitgebers ausgeübt werden. Dies ist die übliche Form der Ausübung der Mitbestimmung bei der Genehmigung von Überstunden.

52 Der Arbeitgeber kann sich nicht darauf berufen, dass Beschäftigte z. B. freiwillig Überstunden leisten bzw. über das vereinbarte Ende der Arbeitszeit hinaus freiwillig weiterarbeiten. Diese »Freiwilligkeit« lässt nicht das Mitbestimmungsrecht des Betriebsrats entfallen.

53 Dies gilt auch dann, wenn der Beschäftigte in seinem Arbeitsvertrag z. B. eingewilligt hat, im Drei-Schicht-System zu arbeiten. Solange mit dem Betriebsrat kein Drei-Schicht-System vereinbart wurde, kann diese arbeitsvertragliche Klausel im Betrieb nicht umgesetzt werden. Auch arbeitsvertragliche Klauseln, die einen Beschäftigten zwingen, Überstunden zu leisten, greifen nicht in das Mitbestimmungsrecht ein. Es muss jede Überstunde zuvor beim Betriebsrat beantragt werden und bedarf dessen Genehmigung.

54 Umgekehrt ist jede mitbestimmungswidrige Weisung des Arbeitsgebers an einen Beschäftigten nicht rechtswirksam. Dies bedeutet, dass ein Beschäftigter nicht gegen seinen Arbeitsvertrag oder seine Arbeitspflicht verstößt, wenn er das Leisten von Überstunden, die nicht vom Betriebsrat genehmigt wurden, ablehnt (Theorie der Wirksamkeitsvoraussetzung).[24]

5. Durchsetzung des Mitbestimmungsrechts

55 Einigen sich Arbeitgeber und Betriebsrat in Fragen der zwingenden Mitbestimmung nicht, steht der Weg in die Einigungsstelle offen (§ 87 Abs. 2 BetrVG). Dazu müssen die Verhandlungen von einer Seite für gescheitert erklärt werden. Jede Betriebsseite kann selbst entscheiden, wann sie der Meinung ist, die Verhandlungen seien ergebnislos. Es wird dann eine Einigungsstelle eingerichtet. Die Einigungsstelle ist paritätisch besetzt. Das heißt, jede Betriebsseite entsendet die gleiche Anzahl von Beisitzern. Den Vorsitz hat in der Praxis üblicherweise ein Richter oder eine Richterin der Arbeitsgerichtsbarkeit. Dies ist aber nicht zwingend. Kommt auch in der Einigungsstelle keine einvernehmliche Regelung zustande, ersetzt der Spruch der Eini-

---

24 BAG 25. 2. 2015 – 5 AZR 886/12.

gungsstelle die Einigung zwischen den Betriebsparteien. Er wirkt wie eine Betriebsvereinbarung.

Gilt das BPersVG, sind die Vorschriften zur Einberufung einer Einigungsstelle wesentlich förmlicher als im BetrVG. Beantragt der Dienststellenleiter eine Maßnahme, die der Mitbestimmung unterliegt, muss der Personalrat anders als der Betriebsrat innerhalb von 10 Arbeitstagen entscheiden, ob er seine Zustimmung erteilt (§ 69 Abs. 2 BPersVG). Schweigt der Personalrat, gilt die Maßnahme als genehmigt. In der Betriebsverfassung bedeutet das Schweigen des Betriebsrats in Fragen der zwingenden Mitbestimmung dagegen stets Ablehnung und niemals eine stillschweigende Zustimmung. Lehnt der Personalrat eine Maßnahme ab, so muss – soweit vorhanden – die übergeordnete Dienststelle eingeschaltet werden. Erst wenn auch dort keine Einigung mit dem zuständigen Personalrat zustande kommt, kann die Einigungsstelle angerufen werden (§ 71 BPersVG). Abweichend von den Vorschriften der Betriebsverfassung soll die Einigungsstelle innerhalb von 2 Monaten entschieden. Auch sie entscheidet in den Fällen des § 75 Abs. 3 BPersVG durch bindenden Beschluss. **56**

Verstößt der Arbeitgeber gegen das Mitbestimmungsrecht des Betriebsrats, besteht die Möglichkeit die Rechte, des Betriebsrats in einem Eilverfahren (einstweilige Verfügung) zu sichern. Dies ist jedoch nur möglich, wenn das Recht nicht unwiederbringlich verloren gegangen ist. Will der Arbeitgeber am kommenden Wochenende Überstunden arbeiten lassen, kann dies durch einstweilige Verfügung verhindert werden. Ist das Wochenende aber schon vorbei und die Überstunden geleistet, kommt dieser Weg nicht mehr in Frage. **57**

Der Betriebsrat kann im Wege eines Beschlussverfahrens dem Arbeitgeber aufgeben lassen, künftig nicht mehr gegen seine Mitbestimmungsrechte zu verstoßen (sogenannter Unterlassungsantrag). Anderenfalls kann der Arbeitgeber zur Zahlung eines Ordnungsgelds an die Staatskasse verpflichtet werden. **58**

Arbeitszeitgesetz (ArbZG)[1]
Kommentierung

Erster Abschnitt
Allgemeine Vorschriften

§ 1 Zweck des Gesetzes

Zweck des Gesetzes ist es,
1. die Sicherheit und den Gesundheitsschutz der Arbeitnehmer in der Bundesrepublik Deutschland und in der ausschließlichen Wirtschaftszone bei der Arbeitszeitgestaltung zu gewährleisten und die Rahmenbedingungen für flexible Arbeitszeiten zu verbessern sowie
2. den Sonntag und die staatlich anerkannten Feiertage als Tage der Arbeitsruhe und der seelischen Erhebung der Arbeitnehmer zu schützen.

Inhaltsübersicht	Rn.
1. Regelungsinhalt	1– 3
2. Räumlicher Geltungsbereich	4– 6
3. Sicherheits- und Gesundheitsschutz	7– 9
4. Verbesserung der Rahmenbedingungen für flexible Arbeitszeiten	10
5. Schutz von Sonn- und Feiertagen	11–13
6. Kollision der Zwecke	14

1. Regelungsinhalt

Die Zweckbestimmung eines Gesetzes hat keine unmittelbare rechtliche Auswirkung. Beschäftigte oder Arbeitgeber können aus der Zweckbestimmung keine Rechte oder Pflichten herleiten. Sie dient als allgemeine Auslegungsnorm. Soweit die einzelnen Vorschriften des Arbeitszeitgesetzes (ArbZG) Interpretationsspielräume enthalten, sind sie so auszulegen, dass 1

---

[1] I. d. F. der Bekanntmachung v. 6.6.1994 (BGBl. I S. 1170), zuletzt geändert durch Art. 8 und Art. 11 Abs. 2 Satz 2 des Gesetzes vom 27.3.2020 (BGBl. I S. 575).

§ 1 Zweck des Gesetzes

sie der Zwecksetzung des Gesetzes entsprechen.[1] Es werden drei Zweckbestimmungen genannt:
- die Sicherheit und der Gesundheitsschutz von Arbeitnehmern,
- Verbesserung der Rahmenbedingungen für flexible Arbeitszeiten,
- Schutz der Arbeitsruhe an Sonn- und Feiertagen als Tage der seelischen Erbauung.

Diese Zweckbestimmungen stehen gleichberechtigt nebeneinander. Als Arbeitsschutzgesetz ist das ArbZG ein Spezialgesetz im Verhältnis zum »allgemeinen« Arbeitsschutzgesetz (ArbSchG).

2 Andere Zielsetzungen, wie z. B. arbeitsmarktpolitische, kennt das ArbZG nicht. Die Verhinderung von Entlassungen oder Erreichung der Vollbeschäftigung, z. B. durch dauerhafte oder vorübergehende Verkürzung der betriebsüblichen Arbeitszeit, ist ausdrücklich nicht Zweck dieses Gesetzes und bleibt Regelungen in Tarifverträgen und Betriebsvereinbarungen vorbehalten.

3 Das Ziel der Gestaltung familienfreundlicher Arbeitszeit hat auch keinen Eingang in dieses Gesetz gefunden. Dazu gibt es Regelungen im Teilzeit- und Befristungsgesetz (TzBfG), im Familienpflegezeitgesetz (FPfZG) und im Pflegezeitgesetz (PflegeZG).

2. Räumlicher Geltungsbereich

4 Das Gesetz gilt in der Bundesrepublik Deutschland und in der ausschließlichen Wirtschaftszone (im Folgenden kurz »Inland«). Als Arbeitnehmerschutzgesetz gilt es für alle Arbeitnehmer, die im Inland beschäftigt sind. Ausnahmen sind in § 18 ArbZG geregelt (siehe dort). Es gilt das **Territorialitätsprinzip**. Dies bedeutet, dass es auch für Arbeitnehmer ohne deutsche Staatsangehörigkeit und für Arbeitnehmer, die auf Grund eines Arbeitsvertrags, auf den kein deutsches Recht anzuwenden ist, Anwendung findet, wenn sie im Inland beschäftigt werden. Selbst Beschäftigte ohne Arbeitserlaubnis fallen unter den Schutz dieses Gesetzes. Ein Verstoß gegen Vorschriften, die die Zulässigkeit und den Rahmen von Beschäftigung regeln, hebt den Schutz dieses Gesetzes nicht auf. Für die Anwendung ist es auch nicht notwendig, dass ein ausländischer Arbeitgeber im Inland einen Betrieb betreibt. Es genügt, dass er Arbeitskräfte im Inland beschäftigt.[2]

5 Das Territorialprinzip bedeutet jedoch auch, dass das ArbZG außerhalb der Bundesrepublik Deutschland keine Anwendung findet. Auch dann nicht, wenn ein Arbeitnehmer aufgrund eines nach deutschem Recht geschlossenen Arbeitsvertrags ins Ausland entsandt wird. Dieser Arbeitnehmer unterliegt den Schutzvorschriften des Staates, in dem er eingesetzt wird, und zwar unabhängig davon, ob der dortige Schutzstandart höher oder niedriger ist.

---

1 Buschmann/Ulber, § 1 ArbZG, Rn. 1.
2 Buschmann/Ulber, § 1 ArbZG, Rn. 37.

Zweck des Gesetzes § 1

Das Gesetz gilt auf dem Staatsgebiet der Bundesrepublik Deutschland und **6**
der ausschließlichen Wirtschaftszone. Die **ausschließliche Wirtschaftszone**
ist in Art. 55 ff. des UN-Seerechtsübereinkommens vom 10. 12. 1982 definiert. Danach schließt sich die ausschließliche Wirtschaftszone an das sogenannte Küstenmeer der Bundesrepublik Deutschland an und ist auf 200 (370,4 km) Seemeilen ab der Basisküstenlinie beschränkt. Das ArbZG gilt in diesem Bereich für alle Anlagen und Bauwerke, nicht aber für die Seeschifffahrt. Für Offshore-Tätigkeiten hat die Bundesregierung auf Basis der Öffnungsklausel in § 15 Abs. 2a ArbZG ein Offshore-ArbZG erlassen, das diesem Gesetz vorgeht.

3. Sicherheits- und Gesundheitsschutz

In § 1 Ziffer 1 ArbZG ist das Ziel, die Sicherheit und den Gesundheitsschutz **7**
der Arbeitnehmer zu gewährleisten, festgehalten. Dieses Ziel resultiert aus der Verpflichtung des Staats, das Recht der Arbeitnehmer auf körperliche Unversehrtheit auch im Arbeitsverhältnis zu gewährleisten. Das Bundesverfassungsgericht betont in seiner Entscheidung zum Nachtarbeitsverbot für Frauen ausdrücklich diese Schutzplicht des Staats resultierend aus Art. 2 Abs. 2 GG.[3]
Die Zwecke des ArbZG sind europarechtskonform auszulegen. Die europäi- **8**
sche Richtlinie 2003/88/EG vom 4. 11. 2003 über bestimmte Aspekte der Arbeitsschutzgestaltung legt die Verbesserung von Sicherheit, Arbeitshygiene und Gesundheitsschutz der Arbeitnehmer bei der Arbeit fest und bestimmt, dass diese Zielsetzungen nicht rein wirtschaftlichen Überlegungen untergeordnet werden dürfen (4. Erwägungsgrund). Der Begriff »gewährleisten« darf deshalb nicht statisch im Sinne eines Staus Quo verstanden werden.[4]
Die Richtlinie 2003/88/EG betont darüber hinaus in Erwägungsgrund 11, **9**
dass die Gestaltung der Arbeit nach einem bestimmten Rhythmus dem allgemeinen Grundsatz Rechnung tragen muss, die Arbeitsgestaltung dem Menschen anzupassen.

4. Verbesserung der Rahmenbedingungen für flexible Arbeitszeiten

Die Gesetzesbegründung gibt keinen Hinweis darauf, in wessen Sinne die **10**
Rahmenbedingungen für flexible Arbeitszeiten verbessert werden sollen – im Interesse der betrieblichen Produktion oder im Sinne der Arbeitnehmer an einer individuellen Gestaltung der täglichen Arbeitszeit (Bundesdrucksache 12/5888)? Diese Interessen sind in der Regel gegenläufig. Der Gesetzgeber hat in diesem Gesetz mehr Spielraum für die Verteilung der Arbeitszeit

---

3 BVerfG 28. 1. 1992 – 1 BvR 1025/84, 1 BvR 1025/82, 1 BvL 10/91, 1 BvL16/83.
4 Buschmann/Ulber, § 1 ArbZG, Rn. 8.

eingeräumt, als dies in den vorhergehenden Vorschriften der Arbeitszeitordnung (AZO) der Fall war. Dies zeigt sich darin, dass die tägliche Arbeitszeit auf bis zu 10 Stunden verlängert werden kann und der Ausgleichzeitraum, um die durchschnittliche wöchentliche Arbeitszeit von 48 Stunden zu erreichen, 6 Monate und nicht mehr wie unter der AZO nur 2 Wochen beträgt (siehe hierzu § 3). Darüber hinaus wurden den Tarifvertragsparteien und unter bestimmten Voraussetzungen auch den Betriebsparteien mehr Gestaltungsräume eröffnet (siehe § 7 ArbZG). Die Flexibilisierung der Arbeitsbedingungen darf dennoch in keinem Fall rein wirtschaftlichen Erwägungen dienen, damit sie im Einklang mit den europarechtlichen Vorschriften steht (siehe oben Rn. 8).

5. Schutz von Sonn- und Feiertagen

11 Das Grundgesetz schütz über Art. 140 in Verbindung mit Art. 139 Weimarer Verfassung die Sonntagsruhe. Zweck des ArbZG ist, diesen Verfassungsauftrag zu erfüllen. Es gibt eine verfassungsmäßige Garantie auf freie Sonntage (siehe dazu § 9, 10).

12 Welche Tage Feiertage sind, ergibt sich aus den entsprechenden Gesetzen der einzelnen Bundesländer. Die Anzahl der Feiertage in den Bundesländern variiert zwischen 10 und 14 Feiertagen pro Kalenderjahr. Der einzige Feiertag, der auf Bundesebene festgelegt wurde, ist der 3. Oktober (Einigungsvertrag Art. 2).

13 Auch die Sonn- und Feiertagsruhe dient dem Arbeitsschutz. Das ergibt sich aus der antiquierten Formulierung »Tage der seelischen Erhebung«. Diese Formulierung knüpft an die christliche Tradition an, nach der den Arbeitnehmern sonntags Gelegenheit zur Religionsausübung zu geben ist.

6. Kollision der Zwecke

14 Die drei Zwecke können kollidieren. Gerade das Bedürfnis der Unternehmen nach Rahmenbedingungen für flexible Arbeitszeiten stößt an seine Grenzen, wenn gleichzeitig der Arbeitsschutz zu gewährleisten ist. Die Flexibilisierung darf keinesfalls dazu führen, dass die in diesem Gesetz gesteckten Grenzen der Arbeitszeitgestaltung überschritten werden. Außerdem sind die Zwecke im Lichte der europäischen Richtlinie 2003/88/EG vom 4.11.2003 über bestimmte Aspekte der Arbeitsschutzgestaltung auszulegen. Diese Richtlinie betont ausdrücklich, dass der Gesundheitsschutz keinen rein wirtschaftlichen Überlegungen untergeordnet werden darf (Erwägungsgrund 4). Bei einer Kollision der Zwecke ist deshalb dem Gesundheitsschutz der Vorrang einzuräumen.[5]

---

5 Buschmann/Ulber, § 1 ArbZG, Rn. 17; a. A. ErfK-*Wank*, § 1 ArbZG, Rn. 6.

§ 2 Begriffsbestimmungen

(1) Arbeitszeit im Sinne dieses Gesetzes ist die Zeit vom Beginn bis zum Ende der Arbeit ohne die Ruhepausen; Arbeitszeiten bei mehreren Arbeitgebern sind zusammenzurechnen. Im Bergbau unter Tage zählen die Ruhepausen zur Arbeitszeit.
(2) Arbeitnehmer im Sinne dieses Gesetzes sind Arbeiter und Angestellte sowie die zu ihrer Berufsbildung Beschäftigten.
(3) Nachtzeit im Sinne dieses Gesetzes ist die Zeit von 23 bis 6 Uhr, in Bäckereien und Konditoreien die Zeit von 22 bis 5 Uhr.
(4) Nachtarbeit im Sinne dieses Gesetzes ist jede Arbeit, die mehr als zwei Stunden der Nachtzeit umfasst.
(5) Nachtarbeitnehmer im Sinne dieses Gesetzes sind Arbeitnehmer, die
1. auf Grund ihrer Arbeitszeitgestaltung normalerweise Nachtarbeit in Wechselschicht zu leisten haben oder
2. Nachtarbeit an mindestens 48 Tagen im Kalenderjahr leisten.

Inhaltsübersicht	Rn.
1. Regelungsinhalt	1, 2
2. Definition der Arbeitszeit	3–18
a) Abgrenzung der Arbeitszeit im vergütungsrechtlichen Sinne zur Arbeitszeit im Sinne des Arbeitsschutzes	5, 6
b) Einzelbeispiele	7–15
c) Mehrere Arbeitgeber	16, 17
d) Ruhepausen	18
3. Arbeitnehmer	19–21
4. Nachtzeit	22
5. Nachtarbeit	23
6. Nachtarbeitnehmer	24

1. Regelungsinhalt

In dieser Vorschrift werden ausgewählte Begriffe definiert: Arbeitszeit, Arbeitnehmer, Nachtzeit, Nachtarbeit und Nachtarbeitnehmer. Die Definition bezieht sich auf das Arbeitszeitgesetz und ist nicht ohne weiteres auf andere Gesetze, Tarifverträge oder Betriebsvereinbarungen zu übertragen. **1**

Andere die Arbeitszeit betreffende Begriffe werden nicht definiert. Für die Begriffe Schichtarbeit, Schichtarbeiter, mobiler Arbeitnehmer, Tätigkeit auf Offshore-Anlagen, Ruhezeit und ausreichende Ruhezeit enthält die europäische Richtlinie über bestimmte Aspekte zur Arbeitszeitgestaltung vom 4.11.2003 in Art. 2 weitere Definitionen bereit. Die Richtlinie kann herangezogen werden, weil das Arbeitszeitgesetz der Umsetzung der Erfordernisse nach der Richtlinie dient. Das ArbZG darf nicht hinter dem dort normierten Standard zurückbleiben. **2**

2. Definition der Arbeitszeit

3 Die Definition der Arbeitszeit in Abs. 1 S. 2 ist nicht sehr präzise. Sie wirft sofort weitere Fragen auf wie: wann beginnt und endet die Arbeitszeit, was ist eine Ruhepause und was ist Arbeit?

4 Das BAG definiert die Arbeit in seiner ständigen Rechtsprechung als »*Tätigkeit, die als solche der Befriedigung eines fremden Bedürfnisses dient*«.[1] Diese Definition entspricht der Definition der europäischen Richtlinie 2003/88/EG über bestimmte Aspekte zur Arbeitszeitgestaltung vom 4.11.2003, die die Arbeitszeit als Zeitspanne ansieht, in der ein Arbeitnehmer arbeitet, dem Arbeitgeber zur Verfügung steht und seine Tätigkeit ausübt oder Aufgaben wahrnimmt (Art. 2 der Richtlinie). Zu diesen Tätigkeiten zählt nicht nur die nach dem Arbeitsvertrag geschuldete Tätigkeit, sondern alle Tätigkeiten, die der Arbeitgeber kraft seines Weisungsrechts abverlangt, auch solche die mit der eigentlichen Tätigkeit nur zusammenhängen. Weist der Arbeitgeber z.B. den Arbeitnehmer an, eine auswärtige Betriebsstätte aufzusuchen, ist dies Arbeitszeit. Fahrten zwischen zwei Betriebsstätten ist eine primär fremdnützige Tätigkeit und erfolgt im Interesse des Arbeitgebers.[2] Auch Tätigkeiten, die ein Arbeitnehmer nach dem Arbeitsvertrag nicht schuldet, sind Arbeitszeit, wenn er sie verrichtet.

a) Abgrenzung der Arbeitszeit im vergütungsrechtlichen Sinne zur Arbeitszeit im Sinne des Arbeitsschutzes

5 Alle Zeit, die ein Arbeitnehmer ausschließlich im Interesse und für den Arbeitgeber aufwendet, gilt als Arbeitszeit im vergütungsrechtlichen Sinne, wenn sie mit der arbeitsvertraglichen Tätigkeit in **untrennbarem Zusammenhang** steht.[3] Auch solche Zeiten sind mit der arbeitsvertraglich vereinbarten Vergütung zu bezahlen, es sei denn, es wurde etwas anderes vereinbart oder eine Regelung im Tarifvertrag sieht eine andere Bezahlung vor. Findet sich keine Regelung zur Bezahlung, dann muss auf § 612 BGB zurückgegriffen werden. Bezahlt wird eine Dienstleistung dann, wenn sie üblicherweise nur gegen eine Bezahlung zu erwarten ist. Dies hat das BAG z.B. für Flugreisen ins Ausland entschieden, denn der Arbeitnehmer war als technischer Mitarbeiter auf eine Baustelle nach China entsandt worden.[4] In welcher Höhe die Vergütung zu zahlen ist, hängt von den getroffenen Vereinbarungen ab. Es ist durchaus möglich, bestimmte Tätigkeiten geringer zu entlohnen als z.B. die Hauptleistungspflichten. So kann z.B. Bereitschaftsdienst

---

1 BAG 26.10.2016 – 5 AZR 168/16, BAG 12.11.2013 – 1 ABR 59/12.
2 BAG 12.12.2012 – 5 AZR 355/12.
3 BAG 17.10.2018 – 5 AZR 553/17.
4 BAG 17.10.2018 – 5 AZR 553/17.

geringer vergütet werden als die Vollarbeit. Bei den getroffenen Regelungen darf allerdings in keinem Fall der gesetzliche Mindestlohn unterschritten werden. Getroffene Regelungen müssen darüber hinaus transparent sein. Der Arbeitnehmer muss immer erkennen können für welche Arbeit er anders entlohnt wird bzw. für welche Art der Arbeit er welche Vergütung erhält. Auch Tarifverträge können Regelungen zur Bezahlung bestimmter Dienste enthalten.

Arbeitszeiten im Sinne des Arbeitszeitgesetzes sind ebenfalls solche, die **fremdnützig**, d. h. im ausschließlichen Interesse des Arbeitgebers, erbracht werden. Hier verlangt jedoch der Schutzzweck des Gesetzes, dass der Arbeitnehmer selbst tätig wird und Arbeit verrichtet. Nur dann zählen diese Zeiten zur Berechnung von z. B. Höchstarbeitszeiten. Der nach China reisende Arbeitnehmer erbringt deshalb keine Arbeitsleistung und die Reisezeiten sind nicht als Arbeitszeit im Sinne des Arbeitszeitgesetzes anzusehen. Diese Rechtsauffassung ist durchaus kritisch zu sehen, denn das Reisen an sich, auch wenn auf der Reise keine weitere Arbeitsleistung erbracht wird, kann anstrengend sein. Reisezeit kann nicht als Freizeit gewertet werden, da der Arbeitnehmer sich hier wie bei einem Bereitschaftsdienst auch an einem vom Arbeitgeber bestimmten Ort aufhält. Der Unterschied zum Bereitschaftsdienst besteht darin, dass der Arbeitnehmer in der Regel weiß, wann er seine Tätigkeit aufnehmen muss, beim Bereitschaftsdienst muss er jederzeit damit rechnen, kennt aber den konkreten Einsatzzeitpunkt nicht. Auch können Reisezeiten nicht als Ruhezeiten gewertet werden. Denn Ruhezeit liegt nur vor, wenn der Arbeitnehmer sich aus dem betrieblichen Zusammenhang voll zurückziehen kann und frei ist, über seine Zeit zu verfügen. Die europäische Richtlinie 2003/88/EG über bestimmte Aspekte zur Arbeitszeitgestaltung vom 4. 11. 2003 unterscheidet nur zwischen Ruhe- und Arbeitszeit.[5] Ein Zwischending gibt es nach der Richtlinie nicht.[6]

b) Einzelbeispiele

Der **Arbeitsweg** zählt in der Regel nicht zur Arbeit. Der Arbeitnehmer wählt seinen Wohnort frei und es liegt in seiner Verantwortung, den Arbeitsplatz zu erreichen.[7] Der Weg zwischen Wohnort und Betrieb fällt in die private Lebensgestaltung des Arbeitnehmers. Ist es zweifelhaft, wo der private Arbeitsweg endet und die Arbeit beginnt, beginnt die Arbeitszeit jedenfalls bei Bedienen eines Zeiterfassungsgeräts.[8] In der Regel beginnt die Arbeitszeit mit

---

5 EuGH 9. 9. 2003 – C-151/02 – Jaeger.
6 A. A. ErfK-*Wank*, § 2 ArbZG, Rn. 17.
7 BAG 22. 4. 2009 – 5 AZR 292/08.
8 LAG Düsseldorf 11. 8. 1999 – 17 Sa 620/99.

§ 2 Begriffsbestimmungen

Betreten des Firmengeländes. Ab diesem Zeitpunkt kann der Arbeitnehmer Weisungen entgegennehmen und Auskünfte erteilen.[9] Bei **Außendienstmitarbeitern** zählt der Arbeitsweg in der Regel bereits zur Arbeitszeit. Da die Fahrt zum ersten Kunden bereits der Erfüllung der Interessen des Arbeitgebers dient.[10] Zur Arbeitszeit zählt auch, wenn der Arbeitnehmer Betriebsstätten außerhalb des Betriebes aufsuchen muss.[11]

8 **Vorbereitungs- und Abschlussarbeiten** zählen zur Arbeitszeit. Darunter versteht man Tätigkeiten wie z. B. das Vorbereiten oder Schließen der Kasse, das Bereitstellen von Werkzeugen, das Aufräumen und Reinigen des Arbeitsplatzes.[12]

9 **Umkleide- und Waschzeiten** zählen zur Arbeitszeit, wenn sie ausschließlich dem Bedürfnis des Arbeitgebers dienen und damit fremdnützig sind. Das An- und Ablegen von Firmenkleidung, die ausschließlich im Betrieb getragen werden darf, zählt zur Arbeitszeit.[13] Das Anlegen von Arbeitskleidung, die zwar außerhalb des Betriebs getragen werden darf, aber durch Farbgebung und Logo den Bekanntheitsgrad des Arbeitgebers erhöht, dient ebenfalls einem fremdnützigen Bedürfnis und ist als Arbeitszeit zu vergüten.[14] Entscheidet sich der Arbeitnehmer jedoch, die auffällige Kleidung bereits auf dem Weg zur Arbeit zu tragen, zählt das An- und Ablegen nicht mehr zur Arbeitszeit. Die Fremdnützigkeit entfällt, weil der Arbeitnehmer dadurch seine eigene Bekleidung schont.[15] Ist die Arbeitskleidung zwar unauffällig und darf auch auf dem Arbeitsweg getragen werden, so ist das An- und Ablegen dennoch Arbeitszeit, wenn es dem Arbeitnehmer unzumutbar ist, die Kleidung auf dem Arbeitsweg zu tragen. Das ist z. B. der Fall, wenn die Kleidung verschmutzt ist oder von ihr Gerüche ausgehen.[16] Ist das An- und Ablegen der Arbeitskleidung als Arbeitszeit zu werten, gilt auch die Wegezeit vom Umkleideraum zum eigentlichen Arbeitsplatz als Arbeitszeit. Wasch- und Duschzeiten dagegen können nur in seltenen Fällen als Arbeitszeit gewertet werden, denn sie dienen in der Regel nicht ausschließlich dem Bedürfnis des Arbeitgebers. Bestehen jedoch besondere Hygienevorschriften, ist die dafür aufgewendete Zeit im Interesse des Arbeitgebers als Arbeitszeit

---

9 A.A. ErfK-*Wank*, § 2 ArbZG, Rn. 16, der die Arbeitszeit grundsätzlich erst mit der Aufnahme der eigentlichen Tätigkeit beginnen lassen möchte. Dabei übersieht Wank, dass er mit dieser Definition außer Acht lässt, dass es z. B. Vor- und Nachbereitungsarbeiten gibt, die ausschließlich im Interesse des Arbeitgebers erfolgen.
10 BAG 22. 4. 2009 – 5 AZR 292/08.
11 BAG 12. 12. 2012 – 5 AZR 355/12.
12 BAG 12. 11. 2013 – 1 ABR 59/12.
13 BAG 19. 9. 2012 – 5 AZR 678/11.
14 BAG 10. 11. 2009 – 1 ABR 54/08.
15 BAG 12. 11. 2013 – 1 ABR 59/12.
16 Hessisches LAG 23. 11. 2015 – 16 Sa 494/15.

Begriffsbestimmungen § 2

zu werten. Das ist z. B. der Fall, wenn eine Desinfektion der Hände vor Aufnahme der Arbeit vorgeschrieben ist.[17]

Bereitschaftsdienst gilt seit der Novellierung des ArbZG zum 1.1.2004 als Arbeitszeit. Die Novellierung des Gesetzes wurde notwendig, da der EuGH am 9.9.2003 in der Sache Jaeger bereits entschieden hatte, dass Bereitschaftsdienst wie Arbeitszeit zu werten ist.[18] 10

Bereitschaftsdienst liegt vor, wenn ein Arbeitnehmer sich an einem vom Arbeitgeber bestimmten Ort innerhalb oder außerhalb des Betriebs aufhalten muss, um erforderlichenfalls seine Arbeitstätigkeit unverzüglich aufnehmen zu können.[19] Dabei muss eine gegenüber dem üblichen Arbeitseinsatz geminderte Inanspruchnahme des Arbeitnehmers vorliegen, damit von Bereitschaftsdienst gesprochen werden kann. Weil aber ein Arbeitnehmer im Bereitschaftsdienst seinen Aufenthaltsort nicht frei wählen kann, ist dieser Dienst unabhängig davon, ob die Arbeitsleistung des Arbeitnehmers abgerufen wird oder nicht als Arbeitszeit zu werten. 11

Rufbereitschaft in Abgrenzung zum Bereitschaftsdienst ist keine Arbeitszeit i. S. d. Arbeitszeitgesetzes. Sie ist aber Arbeitszeit i. S. v. § 87 Abs. 1 Nr. 2 BetrVG und bedarf hinsichtlich der Einführung und der Ausgestaltung der Zustimmung des Betriebsrats. Denn die Mitbestimmung soll sicherstellen, dass der Arbeitgeber nicht in unzulässiger Weise in die private Lebensführung des Arbeitnehmers eingreift. Während der Rufbereitschaft kann sich der Arbeitnehmer an einem von ihm selbst bestimmten Ort aufhalten und muss innerhalb einer bestimmten Zeit die Arbeit aufnehmen können. Die Reaktionszeit darf nicht so kurz bemessen sein, dass der Arbeitnehmer seinen Aufenthaltsort nicht mehr frei wählen kann. Das hat das BAG bei einer Reaktionszeit von 20 Minuten angenommen.[20] Ist die Reaktionszeit zu kurz, bestimmt der Arbeitgeber darüber indirekt den Aufenthaltsort des Arbeitnehmers. In einem solchen Fall ist von Bereitschaftsdienst auszugehen. Eine Reaktionszeit von 45 Minuten hat das BAG für angemessen erachtet.[21] Der Arbeitseinsatz während der Rufbereitschaft ist als Arbeitszeit zu werten. 12

Verfügbarkeit per E-Mail, Smartphone und andere elektronische Hilfsmittel stellt immer dann Arbeitszeit dar, wenn der Arbeitnehmer auf Anrufe oder E-Mails reagiert. Dies gilt auch dann, wenn dies außerhalb seiner üblichen Arbeitszeit erfolgt. Weder das Arbeitszeitgesetz noch die europäische Richtlinie 2003/88/EG über bestimmte Aspekte zur Arbeitszeitgestaltung vom 4.11.2003 kennen geringfügige Arbeitseinsätze. Die Arbeitszeitrichtlinie unterscheidet strikt zwischen Arbeitszeit und Ruhezeit. Ein Zwischensta- 13

---

17 LAG Baden-Württemberg 8.2.2010 – 3 Sa 24/08.
18 EuGH 9.9.2003 – C-151/02 – Jaeger.
19 EuGH 9.9.2003 – C-151/02 – Jaeger.
20 BAG 31.1.2002 – 6 AZR 214/00.
21 BAG 22.1.2004 – 6 AZR 543/02.

Steiner

dium gibt es nicht.[22] Dieser Aspekt der Arbeitszeitgestaltung ist stark in der politischen Diskussion. Insbesondere wird die Auffassung vertreten, kurze Störungen in der Ruhezeit sollten nicht als Unterbrechung gewertet werden.

14 **Reisezeiten** sind Arbeitszeit im Sinne des Arbeitszeitgesetzes, wenn der reisende Arbeitnehmer während der Reise eine Arbeitsaufgabe zu erfüllen hat, so die herrschende Meinung.[23] Dabei kann es sich um die arbeitsvertraglich geschuldete Haupttätigkeit handeln oder um andere Tätigkeiten. Steuert der Arbeitnehmer selbst den PKW mit dem er reist, ist die Reisezeit ebenfalls als Arbeitszeit zu werten. Von dieser Betrachtungsweise ist die vergütungsrechtliche Frage zu unterscheiden (siehe Rn. 5).

15 Das BAG hat offengelassen, ob **Betriebsratsarbeit** Arbeitszeit i. S. d. Arbeitszeitgesetzes ist. Da das Betriebsratsamt ein Ehrenamt ist, bestehen unterschiedliche Auffassungen darüber, ob bei der Betriebsratsarbeit die Höchstdauer von 10 Stunden Arbeit pro Tag einzuhalten ist. Das BAG ist jedoch der Auffassung, dass Betriebsratsarbeit »*hinsichtlich der Anforderung an Aufmerksamkeit und geistiger Leistungsfähigkeit denjenigen bei Erbringung der vertraglich geschuldeten Tätigkeit nicht nachsteht*«.[24] Daraus zieht das BAG zu Recht den Schluss, dass die Wertungen des ArbZG jedenfalls auch für die Betriebsratsarbeit gelten. Aus diesem Grund ist ein Betriebsratsmitglied auch berechtigt, seine Arbeitszeit vorzeitig abzubrechen, um die vorgeschriebene Ruhezeit von 11 Stunden einzuhalten. Ohne Einhaltung der Ruhezeit ist dem Betriebsratsmitglied nach der Nachtschicht die Teilnahme an einer Betriebsratssitzung nicht zumutbar.[25]

c) Mehrere Arbeitgeber

16 Da das Arbeitszeitgesetz den Gesundheitsschutz der Arbeitnehmer vor Überarbeitung gewährleisten soll, sieht Abs. 1 vor, dass die Arbeitszeit bei mehreren Arbeitgebern zusammenzuzählen ist. Auch wer für zwei Arbeitgeber tätig ist, darf die tägliche Höchstarbeitszeit von 10 Stunden nicht überschreiten. Aus diesem Gesichtspunkt heraus ergibt sich ein Informationsrecht des Arbeitgebers. Damit er nicht gegen die Sanktionsvorschriften dieses Gesetzes verstößt, muss er wissen, in welchem Umfang der Arbeitnehmer noch weitere Arbeitsverhältnisse bekleidet. Die Auskunftspflicht des Beschäftigten ist eine arbeitsvertragliche Nebenpflicht und kann nicht verweigert werden.

---

22 EuGH 9. 9. 2003 – C-151/02 – Jaeger.
23 ErfK-*Wank*, § 2 ArbZG, Rn. 17 m. w. N.
24 BAG 18. 1. 2017 – 7 AZR 224/15.
25 BAG 18. 1. 2017 – 7 AZR 224/15.

Begriffsbestimmungen § 2

Dies gilt aber nur für Arbeitsverhältnisse. Ist der Arbeitnehmer als Selbstständiger tätig, werden die Arbeitszeiten nicht zusammenaddiert. Das hat seinen Grund darin, dass das Arbeitszeitgesetz nur für abhängig Beschäftigte gilt (siehe Rn. 19). 17

d) Ruhepausen

Ruhepausen zählen nicht zur Arbeitszeit (siehe hierzu § 4 ArbZG). Dies gilt nicht für den Bergbau unter Tage. Dort zählen auch die Ruhepausen zur Arbeitszeit i. S. d. Gesetzes. 18

3. Arbeitnehmer

Alle Arbeitnehmer mit Ausnahme der in § 18 ArbZG (siehe § 18 ArbZG) genannten fallen unter den Schutz des Arbeitszeitgesetzes. Es gilt hier der allgemeine Arbeitnehmerbegriff wie er in § 611a BGB seit 2017 gesetzlich definiert wurde. Danach ist Arbeitnehmer wer auf Grund eines Arbeitsvertrags verpflichtet ist, in persönlicher Abhängigkeit weisungsgebunden fremdbestimmte Arbeit zu leisten. Auf die Bezeichnung des Vertrags kommt es dabei nicht an. Einzig und allein darauf, ob die Kriterien für weisungsgebundene fremdbestimmte Arbeit in Abhängigkeit vorliegen. 19

Die Unterscheidung zwischen Arbeitern und Angestellten ist für das ArbZG nicht relevant. Sofern diese Unterscheidung überhaupt noch eine Rolle spielt, sind beide Beschäftigungsgruppen im Hinblick auf dieses Gesetz gleich zu behandeln. 20

Ausschlaggebend allein ist auch, dass der Beschäftigte Arbeitnehmer ist. Nicht relevant ist, ob er die Arbeitsleistung bei seinem Vertragsarbeitgeber verrichtet. Auch Leiharbeiter fallen unter die Regelungen dieses Gesetzes. 21

4. Nachtzeit

Das Gesetz definiert die Nachtzeit als die Zeit zwischen 23 und 6 Uhr, für Bäckereien zwischen 22 und 5 Uhr. An die Nachtzeit knüpfen sich besondere Schutzvorschriften an (Genaueres siehe dazu § 6 ArbZG). Tarifverträge definieren die Nachtzeit oftmals hiervon abweichend. So gilt z. B. für das private Bankgewerbe die Nachtzeit von 20 Uhr bis 6 Uhr, im Tarifvertrag des öffentlichen Dienstes die Zeit von 21 bis 6 Uhr, in der Metall- und Elektroindustrie die Zeit von 22 bis 6 Uhr. Diese Abweichungen sind zulässig, denn das Arbeitsschutzgesetz definiert nur Mindeststandards. Eine für Arbeitnehmer günstigere Regelung ist jederzeit zulässig. 22

5. Nachtarbeit

23 Nachtarbeit liegt vor, wenn Arbeit zu einer Zeit geleistet wird, die mehr als zwei Stunden des Zeitraums von 23 bis 6 Uhr erfasst. Beginnt die Schicht um 4 Uhr morgens, liegt keine Nachtarbeit im Sinne dieses Gesetzes vor, gleiches gilt, wenn die Schicht um 1 Uhr morgens endet.

6. Nachtarbeitnehmer

24 Nachtarbeiter unterliegen bestimmten Schutzvorschriften (siehe § 6 ArbZG). Das Gesetz sieht zwei mögliche Definitionen vor, um zu bestimmen, wer als Nachtarbeiter gilt.

a) Nachtarbeiter ist wer Nachtarbeit in Wechselschicht zu leisten hat. Ist ein Arbeitnehmer üblicherweise nur in der Früh- und Spätschicht tätig und wird nur ausnahmsweise in der Nachtschicht eingesetzt, ist er kein Nachtarbeiter. Denn das Gesetz verlangt eine Wechselschicht zu der »normalerweise« auch Nachtschicht zählt.

b) Nachtarbeiter ist auch, wer an mindestens 48 Tagen im Jahr Nachtarbeit leistet. Betrachtet wird das Kalenderjahr. Wer im letzten Quartal eines Kalenderjahres 47 Nachtschichten leistet und im ersten Quartal des darauffolgenden Jahres nochmals, ist dennoch kein Nachtarbeiter, obwohl er möglicherweise an 96 Tagen hintereinander in der Nachtschicht eingeteilt war. Das ist unter dem Schutzgedanken des Gesetzes nicht nachvollziehbar. Der Gesetzgeber hätte besser daran getan, einen Betrachtungszeitraum von 12 Monaten zu wählen und zwar unabhängig vom Kalenderjahr.

Zweiter Abschnitt
Werktägliche Arbeitszeit und arbeitsfreie Zeiten

§ 3 Arbeitszeit der Arbeitnehmer

Die werktägliche Arbeitszeit der Arbeitnehmer darf acht Stunden nicht überschreiten. Sie kann auf bis zu zehn Stunden nur verlängert werden, wenn innerhalb von sechs Kalendermonaten oder innerhalb von 24 Wochen im Durchschnitt acht Stunden werktäglich nicht überschritten werden.

Inhaltsübersicht	Rn.
1. Regelungsinhalt	1
2. Die werktägliche Arbeitszeit	2– 6
3. Die Verlängerung der werktäglichen Arbeitszeit	7–16
a) Verschiedene Arbeitszeitmodelle	8–11

b) Ausnahmeregelungen 12–14
   c) Mehrarbeit und Vergütung 15, 16
4. Ausgleichzeitraum 17–19
5. Ausnahmeregelungen. 20
6. Verstöße gegen die Höchstarbeitszeiten und Rechtsschutz 21–23

1. Regelungsinhalt

Diese Vorschrift regelt die täglichen Höchstgrenzen der Arbeitszeit. Historisch gesehen ist diese Vorschrift das Kernstück der arbeitszeitlichen Schutzvorschriften. Die Forderung nach einem 8-Stunden-Tag wurde in Deutschland erstmals 1866 auf dem Kongress der Internationalen Arbeiterorganisation erhoben. Nach der gescheiterten Novemberrevolution 1918 wurde der 8-Stunden-Tag in Deutschland eingeführt, aber bereits 1923 wieder relativiert. Ab diesem Zeitpunkt konnte der 8-Stunden-Tag wieder auf 10 Stunden ausgedehnt werden. Diese Gesetzeslage existiert im Kern bis heute. Mit Inkrafttreten des ArbZG am 6.6.1994 erfolgte eine weitere Flexibilisierung. Denn nun war ein Ausgleichzeitraum von 6 Monaten, in dem die durchschnittliche wöchentliche Arbeitszeit von 48 Stunden erreicht werden muss, im Gesetz festgeschrieben worden. In dem abgelösten § 4 der AZO war der Ausgleichzeitraum, in dem eine 48-Stunden-Woche erreicht werden musste, noch auf 14 Tage begrenzt. Der deutsche Gesetzgeber hat die tariflichen Entwicklungen zu einer Verkürzung der Arbeitszeit nicht aufgegriffen. Er setzt damit den Mindeststandard um, den die europäische Richtlinie über bestimmte Aspekte zur Arbeitszeitgestaltung vom 4.11.2003 vorgibt. Allerdings kennt die Richtlinie keine Regelungen zur täglichen Höchstarbeitszeit. Sie legt nur die wöchentliche Höchstarbeitszeit von 48 Stunden (Art. 6 der Richtlinie) fest. Sie bestimmt, dass innerhalb eines Zeitraums von sieben Tagen eine ununterbrochene Ruhezeit von 35 Stunden gewährt werden muss (Art. 5 der Richtlinie).

2. Die werktägliche Arbeitszeit

Im Grundsatz darf die **werktägliche Arbeitszeit acht Stunden** nicht überschreiten. Das ArbZG selbst definiert nicht, was unter einem **Werktag** zu verstehen ist. Es ist herrschende Meinung, dass arbeitszeitrechtlich auf das Bundesurlaubsgesetz zurückgegriffen wird.[1] Dort findet sich in § 3 Abs. 2 BUrlG die Definition, dass alle Tage Werktage sind mit Ausnahme der Sonn- und Feiertage. Bei Feiertagen sind nur die in den landesgesetzlichen Vorschriften festgehaltenen Feiertage gemeint. In Deutschland gibt es nur einen

---

1 Buschmann/Ulber, § 3 ArbZG, Rn. 7; ErfK-*Wank*, § 3 ArbZG, Rn. 2; Arbeitsrecht-Kompaktkommentar-*Wedde*, § 3 ArbZG, Rn. 2.

Bundesfeiertag, das ist der 3. Oktober (Art. 2 des Einigungsvertrags). Andere Feiertage, z. B. sogenannte Brauchtumstage und auch kirchliche gelten als Werktage.

3 Das Gesetz regelt ebenfalls nicht **Beginn und Ende des Werktags**. Nach herrschender Auffassung ist der Werktag nicht deckungsgleich mit einem Kalendertag. Er beginnt nicht um 0 Uhr und dauert bis 24 Uhr, sondern zu dem Zeitpunkt, in dem der Arbeitnehmer seine Arbeit nach einer elfstündigen Ruhepause beginnt. Ab da wird die Tagesarbeitszeit gemessen. Diese Betrachtungsweise hat den Vorteil, dass auch Schichten während der Nacht, die über 24 Uhr hinausgehen, einheitlich betrachtet werden und nicht künstlich in zwei Tage geteilt werden. Ansonsten wäre es theoretisch möglich, dass ein Arbeitnehmer am Montag seine Schicht um 16 Uhr beginnt und bis am nächsten Tag 8 Uhr arbeitet. Um 0 Uhr würde dann ein neuer Tag beginnen und eine neue Berechnung der Höchstarbeitszeit von 8 Stunden. Der Arbeitgeber hätte es in der Hand, durch Zerstückelung des Arbeitstags die werktägliche Arbeitszeit von 8 Stunden zu überschreiten. Das widerspricht aber dem Schutzgedanken des Arbeitszeitgesetzes, das die arbeitstägliche Belastung auf acht Stunden begrenzt.[2] Diese Betrachtungsweise spielt vor allem bei geteilten Schichten eine Rolle. Beginnt ein Beschäftigter am Montag um 6 Uhr zu arbeiten, endet der Arbeitstag am Dienstag um 6 Uhr. Unterbricht er seine Schicht um 11 Uhr und beginnt erneut von 15 bis 18 Uhr zu arbeiten, endet der Arbeitstag dennoch am Dienstag um 6 Uhr. Er beginnt nicht erneut durch den zweiten Einsatz ab 15 Uhr (zur Zulässigkeit von Schichtunterbrechungen, siehe § 4 Rn. 10).

4 Die Obergrenze der werktäglichen Arbeitszeit berechnet sich vom Beginn des ersten Werktags der Woche an, an dem gearbeitet wurde. Der Werktag endet 24 Stunden später. Bei der Feststellung der Länge der Arbeitszeit ist immer auf die konkrete Arbeitszeit eines Beschäftigten abzustellen. Zeit, die für die Betriebsratsarbeit oder die Personalratsarbeit aufgewendet werden, sind bei der Berechnung zu berücksichtigen (siehe § 2 ArbZG, Rn. 15).[3] Bei rollierendem Schichtsystem muss darauf geachtet werden, dass die tägliche Arbeitszeit nicht überschritten wird. Insbesondere bei rückwärtsrollierenden Schichten kann das der Fall sein. Wenn der Beschäftigte am Montag um 8 Uhr seine 8-Stunden-Schicht beginnt, endet der Werktag am Dienstag um 8 Uhr. Beginnt am Dienstag die Schicht bereits um 5 Uhr morgens, hätte er eine werktägliche Arbeitszeit von insgesamt 11 Stunden. Dies ist nicht zulässig.

5 Das Gesetz regelt anders als die Arbeitszeitrichtlinie keine Höchstwochenarbeitszeit. Es geht von der Begrenzung des Arbeitstags auf 8 Arbeitsstunden aus. Die Wochenarbeitszeit ergibt sich aber daraus, dass von Montag bis

---

2 Buschmann/Ulber, § 3 ArbZG, Rn. 7; a. A. ErfK-*Wank*, § 3 ArbZG, Rn. 2.
3 BAG 18. 1. 2017 – 7 AZR 224/15.

Samstag jeweils acht Stunden gearbeitet werden darf. Daraus ergibt sich eine **Wochenarbeitszeit** von 48 Stunden.

Arbeitnehmer habe einen Rechtsanspruch darauf, dass der Arbeitgeber die Höchstarbeitszeiten berücksichtigt. Dieser **Rechtsanspruch** ist einklagbar.[4] Der Arbeitgeber dagegen hat keinen Rechtsanspruch darauf, dass die Höchstgrenzen des Arbeitszeitgesetzes ausgeschöpft werden. Es handelt sich um eine absolute Grenze, die nicht überschritten werden darf. 6

3. Die Verlängerung der werktäglichen Arbeitszeit

Die Vorschrift erlaubt die werktägliche Arbeitszeit **auf 10 Stunden** zu verlängern. Nach dem ArbZG muss die achtstündige Arbeitszeit aber im Durchschnitt gewahrt werden. Die Vorschrift stellt klar, dass der 8-Stunden-Tag der Regelfall ist und die Verlängerung auf 10 Stunden der Ausnahmefall. Anders als die Arbeitszeitrichtlinie stellt das ArbZG nicht auf eine Wochenarbeitszeit ab. Nach der Richtlinie wäre es möglich, die werktägliche Arbeitszeit weit über 10 Stunden hinaus auszudehnen. Auf europäischer Ebene ist der Werktag nur dadurch begrenzt, dass eine Ruhezeit von 11 Stunden einzuhalten ist und dem Beschäftigten eine Pause während des Arbeitstags gewährt werden muss. Aus diesem Grund gibt es immer wieder Vorstöße, das ArbZG zu ändern, um die Begrenzung des Werktags aufzuheben und damit das höhere Schutzniveau des ArbZG zu eliminieren. 7

a) Verschiedene Arbeitszeitmodelle

Innerhalb des Rahmens von § 3 ArbZG sind alle Arbeitszeitmodelle zulässig. Einzuhalten ist die maximale tägliche Höchstarbeitszeit von 10 Stunden und der Ausgleichzeitraum für die Einhaltung der wöchentlichen Höchstarbeitszeit von 48 Stunden. Tarifverträge sehen insbesondere für die durchschnittliche wöchentliche Arbeitszeit in den meisten Fällen andere Regeln vor. Innerhalb des Ausgleichzeitraums ist i.d.R. laut Tarifvertrag die tarifvertraglich vereinbarte Höchstwochenarbeitszeit einzuhalten und kein Durchschnitt von 48 Stunden. Wobei es den Tarifvertragsparteien erlaubt ist, den Ausgleichzeitraum auf bis zu 12 Monate auszudehnen (§ 7 Nr. 1b ArbZG). 8

Innerhalb des flexiblen Rahmens können **Gleitzeitmodelle** umgesetzt werden. Sinn und Zweck eines Gleitzeitmodells ist es, den Beschäftigten eine gewisse Souveränität über die Arbeitszeitgestaltung einzuräumen. Sie sind berechtigt, im Rahmen der getroffenen Festlegungen ihre arbeitsvertraglich geschuldete Arbeitszeit unregelmäßig zu verteilen. Solche Regelungen wer- 9

---

4 BAG 16.3.2004 – 9 AZR 93/04.

den i. d. R. durch Vereinbarung zwischen den Interessenvertretungen und dem Arbeitgeber festgelegt. Sieht die Regelung zur Gleitzeit vor, dass bestimmte Arbeitsstunden nicht erfasst oder gestrichen werden, so darf das keine vergütungsrechtlichen Auswirkungen haben (sogenannte **Kappung von Arbeitszeit**). Mit solchen Regelungen soll allein die gesetzeskonforme Verteilung der wöchentlichen Arbeitszeit geregelt werden. In die vergütungsrechtlich geschützte Position des Beschäftigten wird nicht eingegriffen.[5] Sieht die Vereinbarung z. B. vor, dass alle Arbeitszeiten über 10 Stunden am Tag dem Arbeitszeitkonto nicht gutgeschrieben werden, hat der Beschäftigte dennoch grundsätzlich einen Vergütungsanspruch für die unter Verstoß gegen § 3 ArbZG geleistete Arbeitszeit.

10 **Arbeitszeitkonten** sind notwendig, wenn im Rahmen der Flexibilisierung der Arbeitszeit die individuell geschuldete Wochenarbeitszeit unregelmäßig verteilt wird. Ein solches Konto dient der Dokumentation der geleisteten und der geschuldeten Arbeitszeit (Plus- und Minusstunden). Dabei sind auch Zeiten ohne Arbeitsleistung aber mit Vergütung als geleistete Arbeitszeit dem Konto gutzuschreiben wie z. B. Urlaubstage, Krankheitstage, feiertagsbedingter Arbeitsausfall etc. Wegen der Dokumentationsfunktion dürfen einmal eingestellte Plusstunden ohne Befugnis nicht wieder gestrichen werden. Der Arbeitgeber stellt die Arbeitsstunden durch verbuchen auf dem Konto streitlos. Die Arbeitszeit gilt als erbracht.[6] Minusstunden dürfen auf dem Konto nur eingestellt werden, wenn der Arbeitgeber trotzdem ein verstetigtes Entgelt zahlt.[7] Von den Arbeitszeitkonten zur Flexibilisierung der Arbeitszeit sind die sogenannten **Langzeitkonten** zu unterscheiden. Sie dienen durch Ansparen von Arbeitszeit einer späteren bezahlten Freistellung und müssen insolvenzgesichert werden (§ 7e SGB IV). Bei Arbeiten, die lediglich nach dem **Mindestlohn** vergütet werden, darf ein Arbeitszeitkonto in keinem Fall mehr als 50 % der vereinbarten monatlichen Arbeitszeit übersteigen (§ 2 Abs. 2 MiLoG). Die angesammelten Arbeitsstunden müssen spätestens 12 Monate nach ihrer Erfassung vergütet oder in Freizeit ausgeglichen werden. Unabhängig davon wie die Konten ausgestaltet sind und welchem Zweck sie dienen, sind zwingend die Regeln des § 3 ArbZG zu beachten. Auch beim Befüllen eines Langzeitkontos darf die durchschnittliche wöchentliche Arbeitszeit von 48 Stunden nicht überschritten werden.

11 Besteht eine Vereinbarung zur **Vertrauensarbeitszeit** ist der Arbeitgeber dennoch verpflichtet, auf Verlangen der Interessenvertretung im Betrieb oder der entsprechenden Aufsichtsbehörde nachzuweisen, dass die Vorschriften des § 3 ArbZG eingehalten werden. Er kann sich nicht darauf zurückziehen, dass er gerade auf eine Kontrolle der Einhaltung der arbeitsver-

---

5 BAG 10. 12. 2013 – 1ABR 40/12.
6 BAG 28. 7. 2010 – 5 AZR 521/09.
7 BAG 26. 11. 2011 – 5 AZR 819/09.

traglichen Arbeitszeit verzichtet hat.[8] Am 14.5.2019 hat auch der EuGH entschieden, dass Arbeitgeber verpflichtet sind, ein System einzurichten, mit dem die geleistete tägliche Arbeitszeit der Beschäftigten gemessen werden kann (siehe auch die Kommentierung zu § 16 ArbZG).[9] Zur **Schichtarbeit** siehe § 6 ArbZG.

b) Ausnahmeregelungen

Das Arbeitszeitgesetz erlaubt Ausnahmen von § 3 ArbZG. So darf die tägliche Arbeitszeit über 10 Stunden hinaus ausgedehnt werden, wenn in die Arbeitszeit in erheblichem Maß **Arbeitsbereitschaft oder Bereitschaftsdienst** fällt (zur Definition siehe § 2 ArbZG, Rn. 11). Von der täglichen Höchstarbeitszeit abweichende Regelungen können auch für die **Landwirtschaft** auf der Grundlage eines Tarifvertrags zur Anpassung der Arbeitszeit an die Bestellungs- und Erntezeit oder den Witterungseinflüssen erfolgen. Ebenso zur **Behandlung, Pflege und Betreuung** von Personen, wenn dies dem Wohl der Betreuten entspricht oder der Eigenart der Tätigkeit. 12

Allerdings bedarf eine solche Regelung als Grundlage einen Tarifvertrag. Die Regelung muss im Tarifvertrag selbst zu finden sein oder durch eine Erlaubnisnorm in einem Tarifvertrag in einer Betriebs- oder Dienstvereinbarung (siehe hierzu § 7 Rn. 4, 5). 13

Abweichungen von der werktäglichen Höchstarbeitszeit dürfen auch in sogenannten **außergewöhnlichen und Notfällen** vorgenommen werden. Dabei handelt es sich stets um vom Arbeitgeber unbeeinflussbare Ausnahmesituationen (siehe hierzu im Einzelnen § 14 ArbZG). 14

c) Mehrarbeit und Vergütung

Das Arbeitszeitgesetz kennt den Begriff Mehrarbeit nicht. Der Begriff Mehrarbeit ist in der Praxis i.d.R. synonym mit dem Begriff Überstunde. Die Begriffe finden sich in anderen Gesetzen wieder wie z.B. dem BUrlG, dem EFZG, im JArbSchG und in den Regelungen des SBG IX für Schwerbehinderte. Die Regelungen zur Verteilung der individuellen Arbeitszeit können so gestaltet sein, dass diese regelmäßig oder unregelmäßig verteilt ist. Die Gestaltung zur Verteilung der arbeitsvertraglichen Arbeitszeit muss sich im Rahmen des ArbZG bewegen. Sie kann zudem durch Regelungen in Tarifverträgen beschränkt sein. Betriebsräte haben ein zwingendes Mitbestimmungsrecht bei der Verteilung der Arbeitszeit auf die einzelnen Wochentage (§ 87 Abs. 1 Nr. 2 BetrVG). Arbeitet ein Beschäftigter mehr als die ar- 15

---

8 BAG 6.5.2003 – 1 ABR 13/02.
9 EuGH 14.5.2019 – C-55/18.

beitsvertraglich vereinbarte Arbeitszeit handelt es sich stets um sogenannte Mehrarbeit oder Überstunden.

16 Zur Ableistung dieser Arbeitsstunden ist er verpflichtet, wenn dies arbeitsvertraglich vereinbart wurde oder sich die Verpflichtung aus einer arbeitsvertraglichen Nebenpflicht ergibt.[10] Das Arbeitszeitgesetz kennt keine Definition der Mehrarbeit und regelt auch nicht die Bezahlung. Es gibt keine gesetzlich normierte Pflicht, Mehrarbeitszuschläge zu zahlen. In Tarifverträgen finden sich in der Regel Definitionen der Mehrarbeit. Diese Definitionen beziehen sich regelmäßig darauf, unter welchen Bedingungen Mehrarbeitszuschläge anfallen und zu zahlen sind. Existieren keine arbeitsvertraglichen Vereinbarungen zur Entlohnung von Mehrarbeit, ist grundsätzlich die Mehrarbeit wie die übrige Arbeit auch zu entlohnen. Eine Vergütung ist stillschweigend vereinbart, wenn die Arbeitsleistung den Umständen nach nur gegen Vergütung zu erwarten ist (§ 612 Abs. 2 BGB). Die Vergütungserwartung ist anhand der Umstände des Einzelfalls zu prüfen. Von einer Vergütungserwartung darf ausgegangen werden, wenn für den entsprechenden Wirtschaftszweig Tarifverträge existieren, die eine Entlohnung von Mehrarbeit vorsehen. Die Vergütungserwartung ist in weiten Teilen des Arbeitslebens gegeben. Das BAG sieht keinen allgemeinen Rechtssatz, der davon ausgeht, dass Mehrarbeit grundsätzlich zu entlohnen ist.[11] Gerade bei Diensten höherer Art gilt ein solcher Rechtsgrundsatz i. d. R. nicht. Das hat das BAG für Anwälte[12], für leitende Angestellte[13] und für Chefärzte[14] bereits entschieden. Es ist möglich, Mehrarbeit pauschal zu vergüten. Eine solche arbeitsvertragliche Regelung muss aber klar und verständlich sein. Das heißt, es muss erkennbar sein, welche Arbeitsleistungen in welchem zeitlichen Umfang von der pauschalen Vergütung erfasst sind.[15]

4. Ausgleichzeitraum

17 Wird der Arbeitstag auf 10 Stunden verlängert, muss innerhalb eines Zeitraums **von 6 Kalendermonaten** im Durchschnitt eine wöchentliche Arbeitszeit von 48 Stunden erreicht werden. Beginnt die Erhöhung der Arbeitszeit auf 10 Stunden nicht zu Beginn eines Monats, so muss innerhalb **von 24 Wochen** im Durchschnitt eine Wochenarbeitszeit von höchstens 48 Stunden erreicht werden. Die Woche beginnt mit dem ersten Tag der Ausdehnung des 8-Stunden-Tages. Mit dieser Vorgabe verstößt § 3 Satz 2 ArbZG gegen die

---

10 BAG 3.6.2003 – 1 AZR 349/02.
11 BAG 17.8.2011 – 5 AZR 406/10.
12 BAG 17.8.2011 – 5 AZR 406/10.
13 BAG 17.11.1966. – 5 AZR 225/66.
14 BAG 17.3.1982 – 5 AZR 1047/79.
15 BAG 22.2.2012 – 5 AZR 765/10.

europäische Richtlinie über bestimmte Aspekte zur Arbeitszeitgestaltung vom 4.11.2003. Dort ist in Artikel 16 b) geregelt, dass der Ausgleichzeitraum innerhalb dem eine durchschnittliche Arbeitszeit von 48 Stunden pro Woche erreicht werden muss, vier Monate beträgt. Ausnahmen lässt die Richtlinie nur in Art. 17 für bestimmte Berufsgruppen und Tätigkeiten zu. Es besteht deshalb zwingend Anpassungsbedarf für den deutschen Gesetzgeber. Die Richtlinie gilt nicht unmittelbar und zwingend, sondern muss in deutsches Recht transformiert werden.[16]

Bei der Berechnung der Durchschnittswochenstundenzahl bleiben Tage des bezahlten **Erholungsurlaubs** und **Krankheitszeiten** mit Entgeltfortzahlung außer Betracht. Das ergibt sich zum einen aus Art. 16 b) der europäischen Richtlinie über bestimmte Aspekte zur Arbeitszeitgestaltung vom 4.11.2003. Zum anderen widerspräche eine andere Handhabe dem Arbeitsschutzgedanken. Denn Urlaub dient der Erholung und nicht dem Ausgleich von Mehrarbeit. Auch Krankheitstage sind nicht geeignet, die Erholung von geleisteter Arbeit zu gewährleisten. Diese Tage dürfen nicht als freie Tage in Betracht gezogen werden, sondern sind mit der arbeitstäglichen Sollarbeitszeit zu werten.[17] Ebenso können Feiertage und andere Tage der Arbeitsbefreiung nicht als Freizeitausgleich berücksichtigt werden. Bei der Berechnung der erbrachten Arbeitszeit sind aber Sonn- und Feiertagsarbeit mit einzurechnen. Tage des Arbeitskampfes können nicht als freie Tage berücksichtigt werden, weil das Arbeitsverhältnis an diesen Tagen suspendiert ist. **18**

Die zurzeit geltende Gesetzeslage in Deutschland macht es möglich, einen Arbeitnehmer z.B. über 19 Wochen hinweg 60 Stunden zu beschäftigen, wenn sich daran eine arbeitsfreie Zeit von 5 Wochen anschließt. Mit dem Arbeitsschutzgedanken ist das nicht zu vereinbaren. Allerdings mit dem Gesetzeszweck der Flexibilisierung (siehe § 1, Rn. 10). Hier wird die Möglichkeit eröffnet, in Branchen mit starkem Saisongeschäft wie z.B. dem Einzelhandel oder der Landwirtschaft große Flexibilität für die Arbeitgeber zu schaffen. **19**

5. Ausnahmeregelungen

Die Ausdehnung des Arbeitstages auf 10 Stunden ist die maximale Grenze des Arbeitstags. Das Gesetz erlaubt in § 7 jedoch Ausnahmen. Die Ausnahmen betreffen Betriebe der Landwirtschaft, Pflege- und Betreuungseinrichtungen und Betriebe der Länder, Gemeinden und des Bundes. Darüber hinaus erlaubt das ArbZG einen über 10 Stunden hinausgehenden Arbeitstag, wenn z.B. in die Arbeitszeit regelmäßig und in erheblichem Umfang Arbeitsbereitschaft oder Bereitschaftsdienst fällt (§ 7 Abs. 1 Ziffer 1, siehe **20**

---

[16] Buschmann/Ulber, § 3 ArbZG, Rn. 23; ErfK-*Wank*, § 3 ArbZG, Rn. 7.
[17] Buschmann/Ulber, § 3 ArbZG, Rn. 11; ErfK-*Wank*, § 3 ArbZG, Rn. 10; Arbeitsrecht-Kompaktkommentar-*Wedde*, § 3 ArbZG, Rn12.

dort). Es ist auch möglich, einen längeren Ausgleichszeitraum als 6 Kalendermonate oder 24 Wochen zuzulassen. Fällt regelmäßig und in erheblichem Umfang Arbeitsbereitschaft oder Bereitschaftsdienst an, kann die Arbeitszeit auch ohne jeden Ausgleichzeitraum verlängert werden. Die Ausnahmen sind aber nur durch Tarifvertrag möglich oder durch Dienst- oder Betriebsvereinbarung, wenn ein Tarifvertag eine solche Vereinbarung zulässt. Ein nichttarifgebundener Arbeitgeber hat keine Möglichkeit, den Arbeitstag über 10 Stunden hinaus auszudehnen. Weitere Ausnahmen und Genaueres hierzu siehe die Kommentierung zu § 7 ArbZG.

6. Verstöße gegen die Höchstarbeitszeiten und Rechtsschutz

21 Die Einhaltung der Höchstarbeitszeitgrenzen überwacht die zuständige **Aufsichtsbehörde** (siehe § 17 ArbZG). Handelt der Arbeitgeber fahrlässig oder vorsätzlich und beschäftigt den Arbeitnehmer über die Grenzen der Arbeitszeit hinaus, begeht er eine **Ordnungswidrigkeit** (siehe § 22 ArbZG). Handelt der Arbeitgeber vorsätzlich und gefährdet dadurch die Arbeitskraft oder die Gesundheit des Arbeitnehmers, begeht er eine **Straftat**. Dies gilt auch bei beharrlicher Wiederholung der Überschreitung der Grenzen der Arbeitszeit (siehe § 23 ArbZG).

22 Der Beschäftigte hat einen Rechtsanspruch auf Einhaltung der Höchstarbeitszeitgrenzen. Dieser kann gerichtlich durchgesetzt werden. Enthält ein Arbeitsvertrag eine Vereinbarung, die die Arbeitszeit über die Grenzen von § 3 ArbZG hinaus festlegt, ist diese Klausel teilnichtig. Sie bleibt insoweit bestehen, als sie mit den zeitlichen Grenzen von § 3 ArbZG vereinbar ist. Der Beschäftigte verliert dennoch nicht seinen Anspruch auf Vergütung, wenn er Arbeitszeiten über die Grenzen des § 3 ArbZG hinaus leistet.[18]

23 Der **Betriebsrat** hat keinen arbeitsgerichtlich durchsetzbaren Rechtsanspruch darauf, dass die Höchstarbeitszeitgrenzen des § 3 ArbZG eingehalten werden. Sein Mitbestimmungsrecht gemäß § 87 Abs. 1 Nr. 2 und Nr. 3 BetrVG besteht nur soweit eine gesetzliche Regelung den Gegenstand nicht abschließend regelt. § 3 ArbZG lässt jedoch keinen Spielraum hinsichtlich der maximalen täglichen oder wöchentlichen Arbeitszeit zu. Der Betriebsrat kann sich an die Aufsichtsbehörde wenden, wenn seine innerbetrieblichen Interventionen gegen die Verstöße erfolglos bleiben. Der Betriebsrat kann jedoch die Einhaltung der von ihm mit dem Arbeitgeber festgelegten Arbeitszeiten verlangen. Diesen Rechtsanspruch kann er auch vor dem Arbeitsgericht durchsetzen.

---

18 BAG 28. 9. 2005 – 5 AZR 52/05.

§ 4 Ruhepausen

Die Arbeit ist durch im voraus feststehende Ruhepausen von mindestens 30 Minuten bei einer Arbeitszeit von mehr als sechs bis zu neun Stunden und 45 Minuten bei einer Arbeitszeit von mehr als neun Stunden insgesamt zu unterbrechen. Die Ruhepausen nach Satz 1 können in Zeitabschnitte von jeweils mindestens 15 Minuten aufgeteilt werden. Länger als sechs Stunden hintereinander dürfen Arbeitnehmer nicht ohne Ruhepause beschäftigt werden.

Inhaltsübersicht Rn.
1. Regelungsinhalt.................................... 1, 2
2. Definition der Pause 3– 5
3. Dauer der Pause.................................... 6–10
4. Ausnahmeregelungen................................ 11, 12
5. Besondere Arbeitnehmergruppen 13–15
6. Pause und Entgeltzahlung 16, 17
7. Rechtsschutz 18–21

1. Regelungsinhalt

Alle Arbeitnehmer müssen eine angemessene Ruhezeit erhalten. Dazu zählt **1** nicht nur die Zeit zwischen zwei Arbeitstagen bzw. Schichten (siehe § 5 ArbZG), sondern auch eine angemessene Ruhepause während des Arbeitstags. Diese Pausen dienen dem Gesundheitsschutz, der Erholung und der Nahrungsaufnahme während der Arbeitszeit. Sie sollen einer Ermüdung und Unfallgefahr vorbeugen.[1] Die Vorschrift regelt deshalb zwingend einzuhaltende Pausen und ihre Dauer. Von diesen Regelungen darf nur auf Grund anderer gesetzlicher Vorgaben abgewichen werden. Solche Vorgaben gibt es z. B. für Beschäftigte in Schichtbetrieben und in den Verkehrsbetrieben.

Die Vorschrift setzt Art. 4 der Richtlinie 2003/88/EG über bestimmte **2** Aspekte der Arbeitszeitgestaltung um. Dort ist geregelt, dass nach einer Arbeitszeit von sechs Stunden zwingend eine Ruhepause eingelegt werden muss. Weitere Vorschriften zur Länge der Pausen während des Arbeitstags sind dort nicht geregelt. Dies wird in die Verantwortung der Tarifvertragsparteien bzw. der Mitgliedstaaten gelegt.

2. Definition der Pause

Pausen sind im Voraus feststehende Unterbrechungen der Arbeit. In dieser **3** Zeit dürfen die Arbeitnehmer weder Arbeit leisten noch auf Abruf bereitstehen. In der Ruhezeit, zu der die Pause zählt, muss der Arbeitnehmer frei über

---
1 ErfK-*Wank*, § 4 ArbZG, Rn. 1.

Steiner

seine Zeit verfügen können. Er soll sich aus dem betrieblichen Zusammenhang vollständig zurückziehen können, um einen Ausgleich für die durch Arbeit hervorgerufene Ermüdung zu erlangen.[2] Die Pause darf nicht durch Arbeit unterbrochen oder durch »kontinuierliche Weiterarbeit« überlagert oder vergessen werden. Der EuGH betont, dass Ruhezeit und Arbeitszeit sich einander ausschließen, es gibt keine Zwischenkategorie. Während der Arbeitszeit ist der Arbeitnehmer rechtlich verpflichtet, den Weisungen des Arbeitsgebers Folge zu leisten. Kann ein Arbeitnehmer ohne größere Zwänge über seine Zeit verfügen und seinen Interessen nachgehen, befindet er sich in der Pause.[3]

4 Die Vorschrift definiert nicht was unter »**im Voraus festgelegt**« zu verstehen ist. Das BAG hält es für ausreichend, dass die Lage und Dauer der Ruhepause zu Beginn des Arbeitstags festgelegt wird.[4] Es genügt, wenn ein Pausenkorridor festgelegt wird innerhalb dem die Pause genommen werden kann. Es ist nicht erforderlich, dass die Pause im Voraus exakt festgelegt wird. Das BAG hat bislang nicht entschieden, wann der späteste Zeitpunkt zur Festlegung einer Pause ist.

5 Eine Festlegung der Pause nach Beginn der Arbeitszeit darf aber nicht möglich sein, denn sie läuft dem Zweck der Ruhepause zu wieder. Der Arbeitnehmer muss frei darüber verfügen können wo und wie er seine Ruhepausen verbringt. Deshalb stellen z.B. die inaktiven Zeiten während eines Bereitschaftsdienstes keine Ruhepausen dar, denn der Arbeitnehmer kann nicht selbst bestimmen, wo er sich in dieser Zeit aufhält.[5]

3. Dauer der Pause

6 Die **Mindestdauer** der Pause beträgt bei einer Arbeitszeit von mehr als sechs und weniger als neun Stunden 30 Minuten. Es ist zulässig sechs Stunden ohne Unterbrechung zu arbeiten, danach ist zwingend eine Pause erforderlich, wenn die Arbeit nicht beendet wird. Wird die Arbeitszeit auf neun Stunden und mehr ausgedehnt, beträgt die Mindestpausenzeit 45 Minuten.

7 Die Ruhepausen können in mehrere Zeitabschnitte von 15 Minuten eingeteilt werden. Nicht zulässig ist es, die Pause in kürzere Zeitabschnitte einzuteilen. Dies würde dem Erholungszweck zuwiderlaufen. Eine Pause i.S.d. § 4 ArbZG liegt nur vor, wenn diese mindestens 15 Minuten angedauert hat. Kurze Raucherpausen können deshalb nicht auf die gesetzlich vorgeschriebene Pausenzeit angerechnet werden.

---

2 EuGH 9.3.2003 – C-151/02 – Jaeger.
3 EuGH 10.9.2015 – C-266/14 – Tyco.
4 BAG 25.2.2015 – 1 AZR 642/13.
5 BAG 16.12.2009 – 5 AZR 157/09; a.A. ErfK-*Wank*, § 4 ArbZG, Rn. 5.

Ruhepausen § 4

Die Pause darf weder an den Anfang noch an das Ende der Arbeitszeit gelegt werden, denn das Gesetz schreibt vor, dass die Pause die Arbeitszeit zu unterbrechen und nicht zu verkürzen hat.[6] Eine solche Lage der Pause würde auch dem Zweck der Pause zuwiderlaufen, weshalb anders lautende Rechtsauffassungen abzulehnen sind.[7] Ein Arbeitnehmer hat innerhalb der ersten Stunde der Arbeitszeit noch kein Erholungsbedürfnis von der Arbeit.

8

Im JArbSchG ist ausdrücklich geregelt, dass für **minderjährige Personen** die Pause frühestens eine Stunde nach Beginn und spätestens eine Stunde vor Arbeitsende gewährt werden muss (§ 11 JArbSchG).

9

Das Gesetz regelt ausdrücklich nur Mindestpausenzeiten. Die Pause kann deshalb ohne weiteres verlängert werden. Eine Regelung für die Höchstdauer der Pause kennt das Gesetz nicht. Arbeitgeber haben oftmals das Interesse an sogenannten geteilten Diensten. Die Arbeitszeit wird mehrere Stunden unterbrochen, z. B. an Flughäfen, wenn das Passagieraufkommen in bestimmten Zeiten gering ist oder im Einzelhandel das Kundenaufkommen. Bei längeren Unterbrechungen der Arbeitszeit hat der Arbeitgeber das Interesse des Arbeitnehmers an einer sinnvollen und zusammenhängenden Gestaltung der freien Zeit zu berücksichtigen. Deshalb hat der Arbeitgeber bei der Bestimmung der Länge der Pausenzeiten billiges Ermessen auszuüben (§ 315 BGB). Hiergegen verstößt er, wenn er ausschließlich seine Interessen bei der Bestimmung der Länge der Pausenzeiten verfolgt.[8]

10

4. Ausnahmeregelungen

In Schicht- und Verkehrsbetrieben sind Ausnahmeregelungen, die eine Absenkung der Mindestdauer der Pause zulassen, möglich. Durch Tarifvertrag oder wenn der Tarifvertrag eine entsprechende Öffnungsklausel enthält durch eine Betriebs- oder Dienstvereinbarung kann die Pause in Kurzpausen von angemessener Dauer aufgeteilt werden (siehe § 7 Abs. 1 Nr. 2 ArbZG). Eine Absenkung der Mindestpausenzeit von 30 bzw. 45 Minuten ist aber auch in diesen Fällen nicht zulässig.

11

Weitere Ausnahmen sieht § 7 Abs. 2 ArbZG für Beschäftigte vor, die mit der Behandlung, Pflege und Betreuung von Personen betraut sind, sowie für den öffentlichen Dienst (Siehe § 7 ArbGG).

12

5. Besondere Arbeitnehmergruppen

Bestimmte Schutzgesetze sehen Sonderregelungen für bestimmte Gruppen von Beschäftigten vor. So dürfen **minderjährige Personen** in keinem Fall

13

---

6 Buschmann/Ulber, § 4 ArbZG, Rn. 16.
7 Z. B. ErfK-*Wank*, § 4 ArbZG, Rn. 3.
8 BAG 19.5.1992 – 1 AZR 418/92.

Steiner

länger als vier Stunden und 30 Minuten ununterbrochen beschäftigt werden. Nach dieser Zeit ist zwingend eine Ruhepause von 30 Minuten zu gewähren. Beträgt die Arbeitszeit an einem Arbeitstag mehr als sechs Stunden, muss eine Pause von mindestens 60 Minuten gewährt werden (§ 11 JArbSchG).

14 **Fahrer in der Personenbeförderung und im Güterverkehr** haben Ruhepausen von 45 Minuten einzuhalten, wenn die Lenkzeit mehr als vier Stunden und dreißig Minuten betragen hat (Art. 7 der Verordnung (EG) Nr. 561/2006 zur Harmonisierung bestimmter Sozialvorschriften im Straßenverkehr vom 15. 3. 2006). In der Regel dürfen während der Pausenzeiten auch keine anderen Arbeiten verrichtet werden, wie z. B. das Be- und Entladen.

15 **Stillende Mütter** haben zusätzlich zu den Pausenzeiten nach § 4 ArbZG Anspruch auf Pausen, um ihr Kind zu stillen (§ 7 MuSchG). Ihnen ist zweimal täglich eine zusätzliche Pause von 30 Minuten zu gewähren oder einmal täglich eine zusätzliche Pause von 60 Minuten. Beträgt die tägliche Arbeitszeit mehr als acht Stunden, besteht Anspruch auf eine Stillpause von zweimal 45 Minuten oder 90 Minuten, wenn in der Nähe keine Stillgelegenheit vorhanden ist.

6. Pause und Entgeltzahlung

16 Die Pause wird grundsätzlich nicht vergütet, denn sie zählt zum Freizeitanspruch des Arbeitnehmers. Voraussetzung ist jedoch, dass es sich um eine Pause i. S. d. ArbZG handelt. Kann der Arbeitnehmer nicht frei über die Zeit verfügen oder ist die Pause in kürzere Abschnitte als 15 Minuten gestückelt, ist der Arbeitgeber zur Weiterzahlung des Entgelts verpflichtet. Betriebspausen, in denen z. B. die Produktion stockt, sind deshalb zu bezahlen. Nur wenn die Kurzpause ausschließlich einem persönlichen Bedürfnis dient, wie z. B. eine **Raucherpause**, besteht kein Anspruch auf Bezahlung.

17 In Tarifverträgen finden sich Vorschriften zur Bezahlung von Pausen. Damit werden oftmals persönliche Härten abgegolten, die dadurch entstehen, dass der Tarifvertrag von der Öffnungsklausel aus § 7 ArbZG Gebrauch macht.

7. Rechtsschutz

18 Die Mindestpausen sind unabdingbar. Der Arbeitgeber hat durch organisatorische Maßnahmen sicherzustellen, dass die Pausen in Anspruch genommen werden. Pausenunwillige Arbeitnehmer sind zu verpflichten, Pausen zu nehmen.[9]

---

9 Arbeitsrecht-Kompaktkommentar-*Wedde*, § 4 ArbZG, Rn. 14.

Arbeitnehmer können gerichtlich geltend machen, dass ihnen entspre- 19
chende Pausen gewährt werden. Im Wege einer Zahlungsklage kann Vergütung eingeklagt werden, wenn die Pausen keine »echte« Pausen i. S. d. § 4 ArbZG sind.

Den Arbeitnehmervertretungen dagegen steht kein solcher Anspruch zu, 20
denn sie sind nicht in ihrer (betriebsverfassungsrechtlichen) Rechtsposition betroffen. Aus dem Recht, die Einhaltung der Gesetze zu überwachen (§ 80 BetrVG), erwachsen nach der ständigen Rechtsprechung des BAG keine Durchführungsansprüche.[10]

Der Betriebsrat hat bei der **Lage** und der **Länge** der Pausen ein Mitbestim- 21
mungsrecht nach § 87 Abs. 1 Nr. 2 BetrVG. Für die Personalvertretungen ergibt sich dies aus den entsprechenden Landesgesetzlichen Regelungen und auf Bundesebene aus § 75 Abs. 3 Nr. 1 BPersVG.

§ 5 Ruhezeit

(1) Die Arbeitnehmer müssen nach Beendigung der täglichen Arbeitszeit eine ununterbrochene Ruhezeit von mindestens elf Stunden haben.

(2) Die Dauer der Ruhezeit des Absatzes 1 kann in Krankenhäusern und anderen Einrichtungen zur Behandlung, Pflege und Betreuung von Personen, in Gaststätten und anderen Einrichtungen zur Bewirtung und Beherbergung, in Verkehrsbetrieben, beim Rundfunk sowie in der Landwirtschaft und in der Tierhaltung um bis zu eine Stunde verkürzt werden, wenn jede Verkürzung der Ruhezeit innerhalb eines Kalendermonats oder innerhalb von vier Wochen durch Verlängerung einer anderen Ruhezeit auf mindestens zwölf Stunden ausgeglichen wird.

(3) Abweichend von Absatz 1 können in Krankenhäusern und anderen Einrichtungen zur Behandlung, Pflege und Betreuung von Personen Kürzungen der Ruhezeit durch Inanspruchnahmen während der Rufbereitschaft, die nicht mehr als die Hälfte der Ruhezeit betragen, zu anderen Zeiten ausgeglichen werden.

(4) (weggefallen)

Inhaltsübersicht	Rn.
1. Regelungsinhalt.	1– 4
2. Ununterbrochene Ruhezeit.	5– 7
3. Verkürzung der Ruhezeit in Krankenhäusern und weiteren Bereichen .	8, 9
4. Verkürzung der Ruhezeit im Gesundheitsbereich während der Rufbereitschaft	10–13

---

10 BAG 20. 5. 2008 – 1 AZR 19/07.

§ 5 Ruhezeit

1. Regelungsinhalt

1 Mit § 5 ArbZG sollen Art. 3 und Art. 5 der Richtlinie 2003/88/EG umgesetzt werden. Danach muss jedem Arbeitnehmer pro 24 Stunden eine Mindestruhezeit von 11 zusammenhängenden Stunden gewährt werden. Darüber hinaus muss jedem Arbeitnehmer pro 7-Tageszeitraum eine kontinuierliche Mindestruhezeit von 24 Stunden zuzüglich der täglichen Ruhezeit von 11 Stunden, also insgesamt 35 Stunden, gewährt werden. Das Recht auf tägliche und wöchentliche Ruhezeit ist ein besonderes soziales Grundrecht nach Art. 31 Abs. 2 GRC. § 5 ArbZG ist daher im Lichte der europäischen Richtlinie auszulegen. Durch den Bezug zu dem 24-Stundenzeitraum folgt, dass in einem 24-Stundenzeitraum höchstens 13 Stunden abzüglich der Ruhepausen nach § 4 ArbZG mit Arbeit geplant werden dürfen. Der 24-Stundenzeitraum ist nicht mit dem Kalendertag identisch. Bei der Verpflichtung, jedem Arbeitnehmer eine Ruhezeit von 11 zusammenhängenden Stunden zu gewähren, handelt es sich um eine Mindestforderung. § 3 ArbZG enthält strengere Vorschriften.

2 § 5 ArbZG enthält keine Definition der Ruhezeit. Der EuGH hat hierzu festgestellt, dass die Begriffe Arbeitszeit und Ruhezeit nicht nach Maßgabe der Regelungen der Mitgliedstaaten ausgelegt werden dürfen, sondern gemeinschaftsrechtliche Begriffe darstellen. Nur durch eine autonome Auslegung kann die volle Wirksamkeit der Richtlinie und eine einheitliche Anwendung der genannten Begriffe in sämtlichen Mitgliedstaaten sichergestellt werden.[1]

3 Nach Art. 2 der Richtlinie ist Ruhezeit jede Zeitspanne außerhalb der Arbeitszeit. Arbeitszeit ist jede Zeitspanne, während der ein Arbeitnehmer gemäß den einzelstaatlichen Rechtsvorschriften und/oder Gepflogenheiten arbeitet, dem Arbeitgeber zur Verfügung steht und seine Tätigkeit ausübt oder Aufgaben wahrnimmt. Beide Begriffe schließen einander aus. Die Arbeitszeit ist immer im Gegensatz zur Ruhezeit abzugrenzen.[2] Entscheidend für die Abgrenzung zwischen Arbeitszeit und Ruhezeit ist, ob der Arbeitnehmer sich zur Verfügung hält, um gegebenenfalls sofort seine Arbeitsleistung erbringen zu können. Dies gilt insbesondere dann, wenn Arbeitnehmer rechtlich verpflichtet sind, den Weisungen des Arbeitgebers Folge zu leisten. Können sie umgekehrt ohne größere Zwänge über ihre Zeit verfügen und ihren eigenen Interessen nachgehen, so ist dies ein Anhaltspunkt dafür, dass der Zeitraum keine Arbeitszeit, sondern Ruhezeit ist. Unter § 2 Rn. 7–15 sind Beispiele für eine Abgrenzung zwischen Arbeitszeit und Ruhezeit aufgeführt.

---

[1] EuGH 1.12.2005 – C-14/04 – Dellas, Rn. 44.
[2] Mitteilung der Europäischen Kommission zu Auslegungsfragen in Bezug auf die Richtlinie 2003/88/EG (2017/C 165/01).

Bei **Rufbereitschaft** müssen Arbeitnehmer zwar ständig erreichbar sein, jedoch nicht an einem vom Arbeitgeber bestimmten Arbeitsort. Sie können also freier über ihre Zeit verfügen. In Fällen der Rufbereitschaft ist daher nur die Zeit, in denen tatsächlich ein Einsatz erfolgt, Arbeitszeit, die übrige Zeit ist Ruhezeit.[3]

2. Ununterbrochene Ruhezeit

Arbeitnehmern muss nach dem Ende der Arbeitsleistung eine ununterbrochene Ruhezeit von mindestens 11 Stunden gewährt werden (Abs. 1). Der Beginn diese Frist wird durch das individuelle Ende der Arbeitszeit ausgelöst und berechnet sich unabhängig von dem, was man sonst unter einem Tag versteht. Die Ruhezeit muss ununterbrochen gewährt werden. Eine Aufteilung in mehrere Zeitabschnitte ist unzulässig.

Während der Ruhezeit darf der Arbeitgeber vom Arbeitnehmer keinerlei betriebliche Tätigkeiten einfordern. Deshalb ist jede Form von **Bereitschaftsdienst** oder **Arbeitsbereitschaft** während der Ruhezeit unzulässig. Auch die Einbindung in die Rufbereitschaft während der Ruhezeit ist unzulässig, da jeder Einsatz während der Ruhezeit zu einem Verstoß gegen die ununterbrochen zu gewährende Ruhezeit führen würde. Die Arbeitnehmer haben ein Recht darauf, während der ununterbrochenen Ruhezeit nicht erreichbar zu sein. Dies gilt für jede noch so kurze Ruhezeitunterbrechung wie Anrufe, Lesen von E-Mails und sonstige betriebliche Aktivitäten.

Die Ruhezeit kann auch durch die Gewährung von Freizeitausgleich oder Erholungsurlaub erfüllt werden.[4] Der Arbeitgeber verzichtet dabei regelmäßig auf sein Recht, vom Arbeitnehmer die vertraglich geschuldete Arbeitszeit, die wegen der Ruhezeit nicht erbracht werden kann, zu einem späteren Zeitpunkt zu verlangen.

3. Verkürzung der Ruhezeit in Krankenhäusern und weiteren Bereichen

Abs. 2 erlaubt die **Verkürzung der Ruhezeit** in Krankenhäusern und anderen Einrichtungen zur Behandlung, Pflege und Betreuung von Personen, in Gaststätten und anderen Einrichtungen zur Bewirtung und Beherbergung, in Verkehrsbetrieben, beim Rundfunk sowie in der Landwirtschaft und in der Tierhaltung um eine Stunde. Diese Regelung gilt nur für die genannten Bereiche und ist abschließend. Sie bedarf keiner weiteren Legitimation durch Tarifvertrag. Es handelt sich um eine durch Gesetz zugelassene Abweichungsmöglichkeit, von der aber nicht Gebrauch gemacht werden muss.

---

3 EuGH 3. 10. 2000 – C-303/98 – Simap, Rn. 50.
4 BAG 22. 7. 2010 – 6 AZR 78/09; BAG 23. 5. 2018 – 5 AZR 303/17.

Die Regelung der Ruhezeit wird vom Mitbestimmungsrecht des Betriebsrats umfasst. Der Betriebsrat muss einer Verkürzung der Ruhezeit also nicht zustimmen. Eine Einigungsstelle muss von der Kürzungsmöglichkeit ebenso wenig Gebrauch machen.[5]

9 Jede Verkürzung der Ruhezeit, auch wenn es sich nur um wenige Minuten handelt, muss durch eine Ruhezeitverlängerung innerhalb eines Kalendermonats oder innerhalb von vier Wochen ausgeglichen werden. Die Ruhezeitverlängerung muss auf mindestens 12 Stunden erfolgen.

4. Verkürzung der Ruhezeit im Gesundheitsbereich während der Rufbereitschaft

10 Abs. 3 räumt in **Krankenhäusern** und anderen Einrichtungen zur Behandlung, Pflege und Betreuung von Personen die Möglichkeit ein, die Ruhezeit im Zusammenhang mit der Inanspruchnahme während einer Rufbereitschaft zu kürzen. Die Bereiche, in denen dies zulässig ist, sind abschließend aufgeführt.

11 Eine Verkürzung der Ruhezeit ist nach dieser Regelung zulässig, wenn es zu einem Rufbereitschaftseinsatz (Arbeitszeit) während der Ruhezeit kommt. Die verkürzte Ruhezeit muss, unter Beachtung von Abs. 1, mindestens 5 ½ Stunden betragen. Außerdem sind die anderen Regelungen zur Höchstarbeitszeit von 10 Stunden gemäß § 3 ArbZG einzuhalten. Ausnahmen können allenfalls nach § 7 ArbZG (abweichende Regelungen) bestehen, wenn die dort genannten Voraussetzungen eingehalten sind (§ 7 Rn. 11ff.).

12 Die Regelung bezieht sich nur auf die Rufbereitschaft, nicht auf andere Formen der Arbeit, wie z. B. Bereitschaftsdienst oder Arbeitsbereitschaft.

13 Die Zeiten für die angefallenen Arbeitseinsätze müssen zu anderen Zeiten ausgeglichen werden. Einen Zeitpunkt nennt das Gesetz nicht. Unter Berücksichtigung des Gesetzeszwecks sollte der Zeitausgleich zeitnah erfolgen, da anderenfalls der Schutz der Gesundheit nicht erreicht werden kann. Eine Anhäufung der Ruhezeiten ist nicht zulässig.

§ 6 Nacht- und Schichtarbeit

(1) Die Arbeitszeit der Nacht- und Schichtarbeitnehmer ist nach den gesicherten arbeitswissenschaftlichen Erkenntnissen über die menschengerechte Gestaltung der Arbeit festzulegen.

(2) Die werktägliche Arbeitszeit der Nachtarbeitnehmer darf acht Stunden nicht überschreiten. Sie kann auf bis zu zehn Stunden nur verlängert werden, wenn abweichend von § 3 innerhalb von einem Kalendermonat

---

5 BAG 22.7.2003 – 1 ABR 28/02, Rn. 62.

oder innerhalb von vier Wochen im Durchschnitt acht Stunden werktäglich nicht überschritten werden. Für Zeiträume, in denen Nachtarbeitnehmer im Sinne des § 2 Abs. 5 Nr. 2 nicht zur Nachtarbeit herangezogen werden, findet § 3 Satz 2 Anwendung.

(3) Nachtarbeitnehmer sind berechtigt, sich vor Beginn der Beschäftigung und danach in regelmäßigen Zeitabständen von nicht weniger als drei Jahren arbeitsmedizinisch untersuchen zu lassen. Nach Vollendung des 50. Lebensjahres steht Nachtarbeitnehmern dieses Recht in Zeitabständen von einem Jahr zu. Die Kosten der Untersuchungen hat der Arbeitgeber zu tragen, sofern er die Untersuchungen den Nachtarbeitnehmern nicht kostenlos durch einen Betriebsarzt oder einen überbetrieblichen Dienst von Betriebsärzten anbietet.

(4) Der Arbeitgeber hat den Nachtarbeitnehmer auf dessen Verlangen auf einen für ihn geeigneten Tagesarbeitsplatz umzusetzen, wenn

a) nach arbeitsmedizinischer Feststellung die weitere Verrichtung von Nachtarbeit den Arbeitnehmer in seiner Gesundheit gefährdet oder

b) im Haushalt des Arbeitnehmers ein Kind unter zwölf Jahren lebt, das nicht von einer anderen im Haushalt lebenden Person betreut werden kann, oder

c) der Arbeitnehmer einen schwerpflegebedürftigen Angehörigen zu versorgen hat, der nicht von einem anderen im Haushalt lebenden Angehörigen versorgt werden kann,

sofern dem nicht dringende betriebliche Erfordernisse entgegenstehen. Stehen der Umsetzung des Nachtarbeitnehmers auf einen für ihn geeigneten Tagesarbeitsplatz nach Auffassung des Arbeitgebers dringende betriebliche Erfordernisse entgegen, so ist der Betriebs- oder Personalrat zu hören. Der Betriebs- oder Personalrat kann dem Arbeitgeber Vorschläge für eine Umsetzung unterbreiten.

(5) Soweit keine tarifvertraglichen Ausgleichsregelungen bestehen, hat der Arbeitgeber dem Nachtarbeitnehmer für die während der Nachtzeit geleisteten Arbeitsstunden eine angemessene Zahl bezahlter freier Tage oder einen angemessenen Zuschlag auf das ihm hierfür zustehende Bruttoarbeitsentgelt zu gewähren.

(6) Es ist sicherzustellen, daß Nachtarbeitnehmer den gleichen Zugang zur betrieblichen Weiterbildung und zu aufstiegsfördernden Maßnahmen haben wie die übrigen Arbeitnehmer.

Inhaltsübersicht	Rn.
1. Regelungsinhalt.	1– 4
2. Menschengerechte Gestaltung der Nacht- und Schichtarbeit	5–10
3. Tägliche Höchstarbeitszeit	11–19
4. Arbeitsmedizinische Untersuchung	20–26
5. Umsetzung auf Tagesarbeitsplatz	27–44
a) Allgemeine Voraussetzungen	27–32

b) Voraussetzungen auf Seiten des Beschäftigten 33–38
c) Ablehnungsgründe des Arbeitgebers. 39–41
d) Beteiligung des Betriebs- und Personalrats. 42–44
6. Ausgleichsregelungen für Nachtarbeit. 45–57
   a) Regelung durch Tarifvertrag 46
   b) Wahlschuld des Arbeitgebers. 47–49
   c) Angemessenheit des Ausgleichs 50–57
7. Chancengleichheit. 58
8. Abweichungen von der täglichen Höchstarbeitszeit 59
9. Mitbestimmungsrechte der Betriebs- und Personalräte 60–63

1. Regelungsinhalt

1 Diese Vorschrift sieht besondere Regelungen zum Schutz von Nacht- und Schichtarbeitern vor. Das BVerfG hat in einem wegweisenden Urteil ausgeführt, dass der Gesetzgeber verpflichtet sei, den Schutz der Arbeitnehmer vor den schädlichen Folgen der Nachtarbeit neu zu regeln.[1] Als schädliche Folgen der Nachtarbeit zählt das BVerfG Schlaflosigkeit, Appetitstörungen, Störungen des Magen-Darmtrakts, erhöhte Nervosität und Reizbarkeit sowie die Herabsetzung der Leistungsfähigkeit auf. Gegenstand dieses Urteils war die Aufhebung des Nachtarbeitsverbots für Frauen. Ergebnis dieses Auftrags des BVerfG an den Gesetzgeber ist § 6 ArbZG. Ob die dort enthaltenen Regelungen geeignet sind, dem Recht auf körperliche Unversehrtheit der Nacht- und Schichtarbeiter Genüge zu tun, ist stark zu bezweifeln.[2] Die Vorschrift enthält zwar den Auftrag an die Unternehmen, die Arbeitszeit der Nacht- und Schichtarbeiter nach gesicherten arbeitswissenschaftlichen Erkenntnissen über die menschengerechte Gestaltung der Arbeit festzulegen, sie konkretisiert aber nicht, was darunter zu verstehen ist. Darüber hinaus sind keine Sanktionsmöglichkeiten vorgesehen, wenn dieser Grundsatz bei der Gestaltung der Arbeitszeit nicht umgesetzt wird.

2 Anerkanntermaßen ist die Nachtarbeit gesundheitsschädigend und deshalb im Rahmen eines wirksamen Grundrechtsschutzes auf das absolut notwendige Maß zu beschränken.

3 Auch der Auftrag der Richtlinie 2003/88/EG an die Mitgliedstaaten, besondere Maßnahmen zum Schutz der Nachtarbeitsnehmer zu ergreifen, hat der bundesdeutsche Gesetzgeber nicht umgesetzt. Die Richtlinie schreibt vor, dass die normale Arbeitszeit für Nachtarbeiter im Durchschnitt 8 Stunden pro 24 Stunden-Zeitraum nicht überschreiten darf und für Nachtarbeiter, deren Arbeit mit besonderen Gefahren oder erheblicher körperlicher oder geistiger Anspannung verbunden ist, die Nachtarbeit in keinem Fall länger als 8 Stunden pro 24-Stunden-Zeitraum betragen darf.

---

1 BVerfG 28.1.1992 – 1 BVR 1025/84.
2 Kritisch Buschmann/Ulber, § 6 ArbZG, Rn. 3 und ErfK-*Wank*, § 6 ArbZG, Rn. 5.

Das Arbeitszeitgesetz enthält in § 2 ArbZG eine Definition des Nachtarbeiters (siehe § 2, Rn. 24). Das Arbeitszeitgesetz enthält jedoch keine Definition der **Schichtarbeit**. Hier kann auf die Definition der Richtlinie 2003/88/EG zurückgegriffen werden. Danach bedeutet Schichtarbeit jede Form der Arbeitsgestaltung, bei der Beschäftigte nach einem bestimmten Zeitplan auch rotierend, sukzessive an den gleichen Arbeitsplätzen eingesetzt werden. Die Beschäftigten verrichten ihre Arbeit dabei innerhalb eines Tage oder Wochen umfassenden Zeitraum zu unterschiedlichen Zeiten. Dabei ist es unerheblich, ob die Arbeitsgestaltung kontinuierlich oder nicht kontinuierlich erfolgt. Jeder Beschäftigte, der in einem Schichtplan eingesetzt wird, gilt nach der Richtlinie als Schichtarbeiter (Art. 2 RL 2003/88/EG).

2. Menschengerechte Gestaltung der Nacht- und Schichtarbeit

Nach Abs. 1 ist die Arbeitszeit der Nacht- und Schichtarbeitnehmer nach gesicherten arbeitswissenschaftlichen Erkenntnissen über die menschengerechte Gestaltung der Arbeit festzulegen.

Unter menschengerechter Gestaltung der Arbeit versteht man in der Regel eine Gestaltung der Arbeit, bei der psychische und physische Belastungen möglichst vermieden werden. Dabei sollen nicht erst solche Belastungen vermieden werden, die als krankheitsverursachend angesehen werden, sondern bereits solche, die das Wohlbefinden beeinträchtigen.[3]

Unter gesicherten arbeitsmedizinischen Erkenntnissen versteht man durch Erfahrung gewonnene Kenntnisse, die methodisch erhoben und möglichst statistisch abgesichert sind.

Bei Abs. 1 handelt es sich um einen Programmsatz, der nicht näher ausgestaltet ist. Damit verletzt der bundesdeutsche Gesetzgeber Art. 13 der RL 2002/88/EG, der von den Mitgliedstaaten Folgendes fordert: »*Die erforderlichen Maßnahmen, damit ein Arbeitgeber, der beabsichtigt, die Arbeit nach einem bestimmten Rhythmus zu gestalten, dem allgemeinen Grundsatz Rechnung trägt, dass die Arbeitsgestaltung dem Menschen angepasst sein muss, insbesondere im Hinblick auf die Verringerung der eintönigen Arbeit und des maschinenbestimmten Arbeitsrhythmus, nach Maßgabe der Art der Tätigkeit und der Erfordernisse der Sicherheit und des Gesundheitsschutzes, insbesondere was die Pausen während der Arbeit betrifft*«.

Trotz seiner fehlenden Konkretheit ist Abs. 1 eine öffentliche-rechtliche Verpflichtung und kann über behördliche Anordnung durchgesetzt werden (§ 17 Abs. 2 ArbZG). Abs. 1 schränkt das Weisungsrecht des Arbeitgebers ein und verpflichtet betriebliche Interessenvertretungen im Rahmen der Ausübung von Mitbestimmungsrechten bei der Arbeitszeitgestaltung. Noch

---

3 ErfK-*Wank*, § 6 ArbZG, Rn. 4.

1998 hat das BAG die These vertreten, dass es keine gesicherten arbeitswissenschaftlichen Erkenntnisse darüber gäbe, ob kurze oder längere Schichtfolgen die Gesundheit der Beschäftigten stärker beeinträchtigen.[4] Diese These ist nicht mehr haltbar. Es gibt zahlreiche arbeitswissenschaftliche Untersuchungen über die Belastungen durch Schicht- und Nachtarbeit.[5] Auf Grund dieser Erkenntnisse lauten die Empfehlungen der Bundesanstalt für Arbeitsschutz und Arbeitsmedizin zur Gestaltung von Schichtarbeit folgendermaßen:

1. Die Anzahl der aufeinanderfolgenden Nachtschichten sollte möglichst gering sein.
2. Nach einer Nachtschichtphase sollte eine möglichst lange Ruhephase folgen. Sie sollte auf keinen Fall weniger als 24 Stunden betragen.
3. Geblockte Wochenendfreizeiten sind besser als einzelne freie Tage am Wochenende.
4. Schichtarbeiter sollten möglichst mehr freie Tage im Jahr haben als Tagarbeiter.
5. Ungünstige Schichtfolgen sollten vermieden werden, das heißt immer vorwärts rotieren.
6. Die Frühschicht sollte nicht zu früh beginnen.
7. Die Nachtschicht sollte möglichst früh enden.
8. Zugunsten individueller Vorlieben sollte auf starre Anfangszeiten verzichtet werden.
9. Die Massierung von Arbeitstagen oder Arbeitszeiten auf einen Tag sollte begrenzt werden.
10. Schichtpläne sollen vorhersagbar und überschaubar sein.

10 Verstöße des Arbeitgebers gegen die Verpflichtung aus Abs. 1 sind nicht bußgeldbewehrt. Der Beschäftigte hat aber ein Leistungszurückbehaltungsrecht aus § 273 BGB, bis der Arbeitgeber angemessene Schutzmaßnahmen ergreift.[6]

3. Tägliche Höchstarbeitszeit

11 Auch für Nachtarbeitnehmer (Definition siehe § 2 Abs. 5) darf die tägliche Arbeitszeit acht Stunden nicht überschreiten. Sie kann wie für alle anderen Arbeitnehmer, die unter den Geltungsbereich dieses Gesetzes fallen (§ 2 Abs. 2), insgesamt auf 10 Stunden verlängert werden. Im Grundsatz gilt auch für diese Arbeitnehmer der 8-Stunden-Tag.

---

4 BAG 11.2.1998 – 5 AZR 427/97.
5 Z.B. Bundesanstalt für Arbeitsschutz und Arbeitsmedizin »Psychische Gesundheit in der Arbeitswelt – Atypische Arbeitszeiten« unter www.baua.de.
6 BAG 8.5.1996 – 5 AZR 315/95.

Nacht- und Schichtarbeit § 6

Der Ausgleichszeitraum, innerhalb dessen eine durchschnittliche werktägliche Arbeitszeit von 8 Stunden erreicht werden muss, beträgt bei Nachtarbeitnehmern abweichend von § 3 einen Kalendermonat oder die folgenden vier Wochen. Bei der Durchschnittsberechnung sind alle Arbeitszeiten miteinzubeziehen, die in diesem Zeitraum geleistet wurden, nicht nur diejenigen, die zur Nachtzeit erbracht wurden.[7] Auch Tage, an denen die Nachtarbeitnehmer urlaubs- oder krankheitsbedingt keine Arbeit leisten, zählen zu dem Ausgleichszeitraum.[8] **12**

Dieser Ausgleichszeitraum begegnet erheblichen Bedenken im Hinblick auf den Gesundheitsschutz. Denn er lässt im Ergebnis eine Dauernachtschicht mit Schichtlängen von 10 Stunden pro Nacht zu. Bei einer 5-Tage-Woche ist es möglich, in vier Nächten 10 Stunden zu arbeiten und in der 5. Nacht 8 Stunden. Oder während eines Monats mit 22 Arbeitstagen in 16 Nächten 10 Stunden Nachtschicht, solange die restlichen Arbeitstage lediglich 8 Stunden pro Tag gearbeitet werden.[9] **13**

Eine Verlängerung des Ausgleichszeitraums ist nur durch Tarifvertrag oder Betriebsvereinbarung, die auf einem Tarifvertrag basiert, zulässig (§ 7 Abs. 4 ArbZG). **14**

Nachtarbeitnehmer, die Arbeit mit besonderen Gefahren oder einer erheblichen körperlichen oder geistigen Anstrengung verrichten, dürfen lediglich 8 Stunden zur Arbeit herangezogen werden. Dies bestimmt die Richtlinie 2003/88/EG, die in diesem Punkt bislang nicht in innerdeutsches Recht umgesetzt wurde. **15**

Leistet der Nachtarbeiter für einen längeren Zeitraum keine Nachtarbeit mehr, gilt der Ausgleichszeitraum gemäß § 3 ArbZG. Das sind in der Regel 6 Kalendermonate oder 24 Wochen. Das Gesetz definiert den Zeitraum nicht, ab wann der Nachtarbeitnehmer unter den Ausgleichszeitraum des § 3 ArbZG fällt. Im Sinne des Gesundheitsschutzes ist davon auszugehen, dass es sich hierbei um einen Zeitraum von mehreren Monaten handeln muss. Leistet der Nachtarbeitnehmer jedoch periodisch immer wieder Nachtarbeit, kommt nur der Ausgleichszeitraum des § 6 Abs. 2 zur Anwendung. **16**

Von dem festgelegten Ausgleichszeitraum darf durch Tarifvertrag oder auf Grund eines Tarifvertrags durch eine Betriebs- oder Dienstvereinbarung abgewichen werden. Auch die tägliche Höchstarbeitszeit von zehn Stunden kann durch Tarifvertrag oder auf Grund eines Tarifvertrags ausgedehnt werden (siehe § 7 Abs. 1 Nr. 4 ArbZG), wenn in den Zeitraum in erheblichem Maß Arbeitsbereitschaft oder Bereitschaftsdienst fällt. Dabei muss die maximale Dauer eines Arbeitstages auf 13 Stunden beschränkt sein, da die ununterbrochene Ruhezeit von 11 Stunden gewährt werden muss. Aber sowohl **17**

---

7 ErfK-*Wank,* § 6 ArbZG, Rn. 6.
8 Ebenda.
9 Buschmann/Ulber, § 6 ArbZG, Rn. 27.

die Tarifvertragsparteien als auch die betrieblichen Interessenvertretungen müssen bei der Gestaltung der Arbeitszeit den Gesundheitsschutz der Nachtarbeiter und Abs. 1 der Vorschrift gewährleisten.

18 Verstöße gegen die Höchstarbeitszeitgrenzen führen jedoch nicht zur Nichtigkeit einer Arbeitszeitvereinbarung. Die Arbeitszeitvereinbarung hat Gültigkeit im Rahmen der gesetzlichen bzw. tarifvertraglichen Höchstgrenzen. Der Verstoß führt auch nicht zum Ausschluss des Vergütungsanspruchs. Das würde den Schutzzweck des Gesetzes unterlaufen. Hat der Arbeitgeber trotz Beschäftigungsverbots Arbeitsleistungen entgegengenommen, hat er sie auch zu vergüten.[10]

19 Für Beschäftigte in der Luftfahrt geht § 20, für Beschäftigte in der Binnenschifffahrt und für Beschäftigte im Straßenverkehr geht § 21a ArbZG als lex spezialis vor.

4. Arbeitsmedizinische Untersuchung

20 Der Nachtarbeitnehmer hat einen Anspruch darauf, dass er vor Beginn der Nachtarbeit **arbeitsmedizinisch untersucht** wird (Abs. 3). Diesen Anspruch muss der Nachtarbeitnehmer einfordern. Die arbeitsmedizinische Untersuchung ist keine zwingende Voraussetzung für den Einsatz zur Nachtzeit. Die Untersuchung ist auf Verlangen regelmäßig spätestens nach drei Jahren zu wiederholen. Nach Vollendung des 50. Lebensjahres kann der Nachtarbeitnehmer verlangen, dass die Untersuchung jährlich durchgeführt wird.

21 Dem Nachtarbeitnehmer steht ein Leistungsverweigerungsrecht in Bezug auf die Nachtarbeit zu, wenn der Arbeitgeber trotz Verlangen die Untersuchung nicht durchführen lässt bzw. solange bis die Nachtschichttauglichkeit bestätigt wurde.

22 Die Kosten der Untersuchung hat der Arbeitgeber zu tragen. Zu den Kosten zählen dabei nicht nur die Kosten der Untersuchung selbst, sondern auch die Aufwendungen, die der Arbeitnehmer im Zusammenhang mit der Untersuchung hat, wie z. B. Fahrtkosten zur Untersuchung.

23 Ob der Arbeitnehmer für die Zeit der arbeitsmedizinischen Untersuchung einen Entgeltanspruch gegen den Arbeitgeber hat, richtet sich nach eventuellen Regelungen eines Tarifvertrags oder nach § 616 BGB. Aus § 6 Abs. 3 ArbZG ist ein solcher Anspruch nicht herauszulesen.[11]

24 Bietet der Arbeitgeber die Untersuchung kostenlos durch einen **Betriebsarzt** oder überbetrieblichen medizinischen Dienst an, kann der Arbeitnehmer zwar einen Arzt seiner Wahl beauftragen, die Kosten muss der Arbeitgeber

---

10 BAG 24.8.2016 – 5 AZR 129/16.
11 A. A. Buschmann/Ulber, § 6 ArbZG, Rn. 37; teilweise auch ArbR KK-*Wedde*, § 6 ArbZG, Rn. 18.

dann aber i.d.R. dafür nicht tragen. Dies gilt nicht, wenn begründete Bedenken gegen die Fachkunde oder Unvoreingenommenheit des begutachtenden Arztes bestehen. In diesem Fall kann der Arbeitnehmer ablehnen, von diesem Arzt untersucht zu werden. Begründete Einwände liegen nicht schon deshalb vor, weil der Betriebsarzt durch den Arbeitgeber beschäftigt oder beauftragt wird.[12] Wichtig ist, dass der beauftragte Arzt Fachkenntnisse auf dem Gebiet der Arbeitsmedizin vorweist. Bedenken gegen die Beauftragung eines medizinischen Dienstes oder von Betriebsärzten ergeben sich in der Praxis daraus, dass eine kontinuierliche ärztliche Begutachtung des Nachtarbeitnehmers erforderlich ist, um Gesundheitsrisiken, die auf Grund der Nachtarbeit eintreten, erkennen zu können.[13] Ist diese Kontinuität nicht gewährleistet, handelt es sich um einen berechtigten Einwand gegen den untersuchenden Arzt.

Die Verpflichtung, einen vom Arbeitgeber vorgegebenen Betriebsarzt oder arbeitsmedizinischen Dienst aufzusuchen, verstößt laut Rechtsprechung des BAG nicht gegen den verfassungsrechtlich begründeten Grundsatz der freien Arztwahl, solange der Arbeitgeber bei der Auswahl des Arztes billiges Ermessen ausübt. Dies ist i.d.R. der Fall, wenn er den Arzt nicht von Fall zu Fall auswählt, sondern der Arzt allgemein für derartige Begutachtungen beauftragt wird.[14] **25**

Ist der Nachtarbeitnehmer gesundheitlich nicht in der Lage, Nachtschicht zu verrichten, kann er Ansprüche nach Abs. 4 geltend machen. Diese Vorschrift ist auch anzuwenden, wenn der Nachtarbeiter strenggenommen die Definition des § 2 Abs. 5 nicht erfüllt, weil er lediglich zur Nachtschicht vorgesehen war, aber aus gesundheitlichen Gründen diese nicht ausüben kann. **26**

5. Umsetzung auf Tagesarbeitsplatz

a) Allgemeine Voraussetzungen

Der Nachtarbeitnehmer hat Anspruch darauf, bei Vorliegen bestimmter Voraussetzungen auf einen geeigneten Tagesarbeitsplatz umgesetzt zu werden (Abs.4). **27**

Der Nachtarbeitnehmer muss diesen Anspruch gegenüber dem Arbeitgeber geltend machen. Eine bestimmte Form ist dafür nicht vorgesehen. Das **Verlangen** des Nachtarbeitnehmers kann deshalb schriftlich, in Textform oder mündlich erfolgen. Der Arbeitgeber seinerseits kann im Rahmen des Weisungsrechts (§ 106 GewO) die Zeit, in der die Arbeitsleistung zu erbringen ist, nach billigem Ermessen bestimmen und einen Tagesarbeitsplatz zuwei- **28**

---

12 BAG 27.9.2012 – 2 AZR 811/11.
13 Siehe dazu Buschmann/Ulber, § 6 ArbZG, Rn. 38.
14 Ebenda.

sen. Dies gilt nicht, wenn im Arbeitsvertrag ausdrücklich ausschließlich Nachtarbeit vereinbart wurde.

29 Das Gesetz sieht keine Definition dafür vor, was ein **Tagesarbeitsplatz** ist. Aus der Definition der Nachtzeit (§ 2 Abs. 3 ArbZG) folgt jedoch, dass ein Tagesarbeitsplatz immer dann vorliegt, wenn keine Arbeit zwischen 23.00 Uhr und 6.00 Uhr, in Bäckereien und Konditoreien zwischen 22.00 und 5.00 Uhr, angeordnet wird.

30 Der Tagesarbeitsplatz muss **geeignet** sein. Unstreitig ist ein Arbeitsplatz geeignet, wenn er der arbeitsvertraglich vereinbarten Tätigkeit oder der bisher ausgeübten Tätigkeit entspricht. Dies ist anhand der Auslegung des Arbeitsvertrags zu ermitteln. Dabei ist allein auf die Tätigkeit abzustellen.[15] Ist im Arbeitsvertrag Dauernachtschicht vereinbart, ist das bei der Beurteilung der Geeignetheit außer Betracht zu lassen. Anderenfalls würde der Anspruch nach § 6 Abs. 4 ArbZG leerlaufen. Eine Tätigkeit wird nicht dadurch geprägt, dass sie zu einer bestimmten Tageszeit verrichtet wird.[16] Auf diese Weise ist auch ausgeschlossen, dass dem Nachtarbeitnehmer ein geringwertigerer Arbeitsplatz zugewiesen wird.[17] Anhaltpunkte dafür können auch die Tätigkeitsmerkmale und die Eingruppierung nach einem Tarifvertrag bieten.[18]

31 Ein Tagesarbeitsplatz ist auch nicht deshalb ungeeignet, weil er mit einem anderen Arbeitnehmer besetzt ist. Gegebenenfalls ist dieser im Wege einer Versetzung freizumachen.[19] Denn nur wenn dringende betriebliche Erfordernisse der Versetzung auf einen Tagesarbeitsplatz entgegenstehen, kann der Arbeitgeber die **Umsetzung** ablehnen. Solange es möglich ist, im Rahmen des Direktionsrechts Um- bzw. Versetzungen vorzunehmen, stehen keine dringenden betrieblichen Erfordernisse entgegen. Ist der Beschäftigte wegen gesundheitlicher Beeinträchtigung nicht in der Lage, seine arbeitsvertraglich geschuldete Leistung zu erbringen, ist er arbeitsunfähig und hat i.d.R. Anspruch auf einen leidensgerechten Arbeitsplatz. Hierbei kann es sich auch um einen Arbeitsplatz handeln, der die arbeitsvertraglich vereinbarten Anforderungen nicht erfüllt.[20] Ist ein Beschäftigter lediglich nachdienstuntauglich, ist er dennoch in der Lage, seine arbeitsvertraglich geschuldete Leistung zu erfüllen.[21]

32 Gegen die Eignung des Arbeitsplatzes spricht nicht, dass der Nachtarbeitnehmer seine Nachtschichtzuschläge verliert. Nachtschichtzuschläge glei-

---

15 A. A. ArbR KK-*Wedde*, § 6 ArbZG, Rn. 21, der auch auf die individuellen Fähigkeiten des Arbeitnehmers abstellt.
16 BAG 24.2.2016 – 5 AZR 225/15.
17 A. A. Buschmann/Ulber, § 6 ArbZG, Rn. 45 ff.
18 ErfK-*Wank*, § 6 ArbZG, Rn. 10.
19 LAG München 21.3.2013 – 2 Sa 1047; a.A. ErfK-*Wank*, § 6 ArbZG, Rn. 10.
20 BAG 20.11.2014 – 2 AZR 664/13.
21 BAG 9.4.2014 – 10 AZR 637/13.

chen die besonderen Belastungen aus der Nachtarbeit aus. Diese Belastungen entfallen bei Umsetzung auf einen Tagesarbeitsplatz.

b) Voraussetzungen auf Seiten des Beschäftigten

Das Gesetz kennt drei Voraussetzungen aus Seiten des Beschäftigten, die einen Rechtsanspruch auf Umsetzung auf einen Tagesarbeitsplatz geben können: 33

- Die Nachtarbeit gefährdet die Gesundheit **des Arbeitnehmers**: 34
Es muss sich dabei um eine **konkrete Gefährdung** der Gesundheit des Arbeitnehmers handeln. Denn rein abstrakt gefährdet die Nachtarbeit generell die Gesundheit jedes Beschäftigten, auch wenn sich im Einzelfall die Gefährdung nicht konkretisiert. Diese konkrete Gefährdung muss durch **eine arbeitsmedizinische Untersuchung** festgestellt sein. Beweisbelastet für die Gefährdung ist im Streitfall der Beschäftigte. Dazu muss der Beschäftigte dem Arbeitgeber die medizinische Beurteilung in Bezug auf den Arbeitsplatz zur Verfügung stellen, nicht jedoch den Untersuchungsbefund nachweisen.[22]
- Im Haushalt lebt ein **Kind unter 12 Jahren**, das nicht von einer anderen im Haushalt lebenden Person betreut werden kann: 35
Die Vorschrift wurde in Anlehnung an § 45 SGB V gebildet, wonach ein Arbeitnehmer Anspruch auf Krankengeld für 10 Arbeitstage und als Alleinerziehender für 20 Arbeitstage pro Kalenderjahr hat, wenn er sein erkranktes Kind betreut. Im Unterschied dazu verlangt § 6 Abs. 4 nicht, dass es sich um das eigene Kind handelt. Einziges Kriterium ist, dass das Kind gemeinsam in einem Haushalt mit dem Nachtarbeitnehmer lebt. Das Kind darf von keiner anderen Person, die in dem Haushalt lebt, betreut werden können. Das kann z.B. der Fall sein, wenn die anderen im Haushalt lebenden Personen nicht geeignet sind, die Betreuung zu übernehmen oder selbst auf Grund arbeitsvertraglicher Verpflichtungen nicht in der Lage sind, die Betreuung zu übernehmen. Nicht relevant ist, ob die andere Person mit dem Kind verwandt ist.[23] Der Anspruch des Beschäftigten aus § 6 Abs. 4 auf einen geeigneten Tagesarbeitsplatz steht neben anderen zur Sicherstellung der Kinderbetreuung bestehenden Ansprüchen auf Teilzeit oder Brückenteilzeit. Er wird durch die gleichzeitige Inanspruchnahme von Teilzeit nicht aufgehoben.[24]
- **Ein schwerpflegebedürftiger Angehöriger** muss versorgt werden, der nicht durch eine andere im Haushalt lebende Person betreut werden kann: 36

---

22 ErfK-*Wank*, § 6 ArbZG, Rn. 11.
23 ErfK-*Wank*, § 6 ArbZG, Rn. 11.
24 Buschmann/Ulber, § 6 ArbZG, Rn. 48.

Der schwerpflegebedürftige Angehörige muss nicht im selben Haushalt wie der Beschäftigte leben. Das Gesetz definiert den Angehörigen nicht. Es kann auf die Definition des § 7 PflegeZG zurückgegriffen werden. Zwar ist dies lange nach dem ArbZG in Kraft getreten und kann deshalb keine Leitlinie für den Gesetzgeber gewesen sein. Aber es enthält eine heute zeitgemäße Definition des nahen Angehörigen, der auch Lebenspartner und Partner einer eheähnlichen Gemeinschaft einschließt. Das BGB kennt keine Definition für Angehörige. Es definiert nur Begriffe wie Verwandtschaft und Schwägerschaft.

37 **Schwerstpflegebedürftig** ist, wer die Kriterien nach dem Pflegegrad 4 und 5 gemäß § 15 Abs. 3 SGB XI erfüllt. Der Anspruch nach § 6 Abs. 4 besteht neben Ansprüchen aus dem PflegeZG und dem FPfZG auf Teilzeitbeschäftigung oder zeitweise völlige Freistellung.

38 Wie auch im Fall der Kinderbetreuung darf kein anderer im Haushalt Lebender für die Betreuung und Pflege zur Verfügung stehen.

c) Ablehnungsgründe des Arbeitgebers

39 Der Arbeitgeber kann die Umsetzung auf einen geeigneten Tagesarbeitsplatz aus dringenden betrieblichen Erfordernissen ablehnen. **Dringende betriebliche Erfordernisse** können vorliegen, wenn dem Anspruch auf Umsetzung auf einen Tagesarbeitsplatz überwiegende Interessen des Arbeitgebers entgegenstehen und die Umsetzung deshalb dem Arbeitgeber nicht zumutbar ist. Dringende betriebliche Erfordernisse liegen auch vor, wenn ein anderer Arbeitnehmer nicht umgesetzt werden kann, weil ihm die Umsetzung nicht zumutbar ist.

40 Zur Beurteilung dringender Erfordernisse ist eine Interessenabwägung notwendig. Dabei ist Ziel des § 6 Abs. 4 die Gesundheit und damit die grundrechtlich geschützte körperliche Unversehrtheit des Arbeitnehmers zu schützen, wenn es darum geht, dass sich durch die Nachtarbeit konkrete Gesundheitsgefahren realisieren könnten. Der Arbeitgeber müsste ein höherrangiges Recht geltend machen, das über dem Grundrechtsschutz aus Art. 2 GG steht. Das BVerfG hat in seiner Entscheidung zur Aufhebung des Nachtarbeitsverbots ausdrücklich nochmals die Schutzpflicht des Staates im Hinblick auf Art. 2 GG bei der Gestaltung der Nachtarbeit betont. Ein Rechtsgut des Arbeitgebers, das in der Interessenabwägung überwiegt, ist regelmäßig nicht gegeben. Er kann den Umsetzungsanspruch des Beschäftigten nur ablehnen, wenn er objektiv nicht in der Lage ist, einen Tagesarbeitsplatz zur Verfügung zu stellen.[25]

---

25 Buschmann/Ulber, § 6 ArbZG, Rn. 49.

Nacht- und Schichtarbeit § 6

Der Arbeitgeber ist bei der Festlegung der Arbeitszeit gehalten, im Rahmen billigen Interesses auf die persönlichen Bedürfnisse des Beschäftigen Rücksicht zu nehmen. Auch hier können die Interessen des Beschäftigten so stark überwiegen, dass das Ermessen des Arbeitgebers sich zu Null verdichtet. Das kann z. B. der Fall sein, wenn eine alleinerziehende Mutter ihr Kleinkind versorgen muss.[26] Die Tatsache, dass durch die Herausnahme aus der Nachtschicht andere Beschäftigte stärkeren Belastungen ausgesetzt sind, weil sie vermehrt in Nachtschicht eingesetzt werden müssen, kann kein dringendes Erfordernis darstellen.[27] Lehnt der Betriebsrat die Versetzung des Beschäftigten ab, so kann der Arbeitgeber nicht auf das Vorliegen eines dringenden Erfordernisses verweisen. Erst wenn ein Arbeitsgericht rechtskräftig die Zustimmung zur Versetzung nicht ersetzt hat, kann von einem dringenden Erfordernis ausgegangen werden.[28]

41

d) Beteiligung des Betriebs- und Personalrats

Wenn der Arbeitgeber der Auffassung ist, der Versetzung des Beschäftigten auf einen Tagesarbeitsplatz stünden dringende betriebliche Erfordernisse entgegen, hat er die im Betrieb oder der Dienststelle gewählte Interessenvertretung zu hören. Unterlässt er diese Anhörung, ist die Ablehnung der Umsetzung rechtswidrig.[29] Die Folge davon ist, dass in einem Klageverfahren auf Zuweisung eines Tagesarbeitsplatzes der Beschäftigte obsiegt. Da es sich hierbei lediglich um eine Verfahrensvorschrift handelt, kann der Arbeitgeber die Anhörung der Interessenvertretung jederzeit nachholen. Der zuständigen Interessenvertretung sind in dem Anhörungsverfahren alle vom Arbeitgeber geprüften Alternativen darzulegen und die Aktivitäten, die der Arbeitgeber unternommen hat, um einen Tagesarbeitsplatz bereitzustellen, zu beschreiben.[30]

42

Die Interessenvertretung hat in jedem Stadium des Verfahrens das Recht, dem Arbeitgeber eigene Vorschläge für die Umsetzung des Verlangens der Beschäftigten zu unterbreiten. Der Arbeitgeber ist nicht verpflichtet, diesen Vorschlägen zu folgen.

43

Unberührt von dieser Vorschrift verbleibt das Recht des Betriebsrats gemäß §§ 99 ff. BetrVG, zu einer Versetzung um Zustimmung ersucht zu werden, und sein Mitbestimmungsrecht nach § 87 Abs. 1 Nr. 2 BetrVG bei der Gestaltung von Dienstplänen. Die Rechte des Personalrats ergeben sich z. B. aus § 75 BPersVG auf Bundesebene und aus entsprechenden Vorschriften der Landespersonalvertretungsgesetze auf Länderebene.

44

---

26 LAG Mecklenburg-Vorpommern 26. 11. 2008 – 2 Sa 217/08.
27 ArbG Wuppertal 21. 3. 2007 – 3 Ca 2171/06.
28 Buschmann/Ulber, § 6 ArbZG, Rn. 50.
29 LAG Hamm 14. 9. 2000 – 8 Sa 307/00.
30 Buschmann/Ulber, § 6 ArbZG, Rn. 51; ErfK-*Wank*, § 6 ArbZG, Rn. 13.

6. Ausgleichsregelungen für Nachtarbeit

45 Die Kompensation (Abs. 5) muss für die Nachtzeit erfolgen, das ist die Zeit zwischen 23.00 und 6.00 Uhr, in Bäckereien und Konditoreien zwischen 22.00 und 5.00 Uhr (siehe § 2 Abs. 3 ArbZG). Der Ausgleich steht nur dem Nachtarbeitnehmer zu. Wer gelegentlich Nachtschicht leistet und die Definition des § 2 Abs. 5 nicht erfüllt, hat keinen Anspruch auf einen Ausgleich für Nachtarbeit

a) Regelung durch Tarifvertrag

46 Diese Vorschrift hat nur Bedeutung in Betrieben ohne Tarifvertrag. Regelt ein Tarifvertrag den Ausgleich für Nachtarbeit, verbleibt es bei dem dort geregelten. Die Tarifvertragsparteien sind grundsätzlich frei darin, wie sie den Ausgleich regeln. Ein Verzicht der Tarifvertragsparteien auf Ausgleich ist aber nicht möglich. Nächtlicher Bereitschaftsdienst ist ebenfalls ausgleichpflichtige Nachtarbeit.[31] Der Tarifvertrag muss eine Kompensation für geleistete Nachtarbeit vorsehen.[32] Sieht ein Tarifvertrag keine solche Kompensation vor, verbleibt es für die Beschäftigten bei einem Anspruch nach § 6 Abs. 5 ArbZG.

b) Wahlschuld des Arbeitgebers

47 Die Kompensation für Nachtarbeit erfolgt durch Zahlung eines Zuschlags oder durch die Gewährung freier Tage. Der Arbeitgeber hat eine **Wahlschuld**. Er ist frei in seinem Ermessen, wie er die Schuld erfüllt. Er kann in jeder Abrechnungsperiode sein Wahlrecht ausüben und ist nicht an das einmal gewählte gebunden. Der Ausgleich kann aber verbindlich arbeitsvertraglich vereinbart werden.[33]

48 Da der Arbeitgeber eine Wahlschuld hat, kann der Anspruch des Beschäftigten nur im Wege einer Alternativklage durchgesetzt werden.[34]

49 Dies gilt nicht in Betrieben mit einem Betriebsrat. Hier besteht ein **Mitbestimmungsrecht** gemäß § 87 Abs. 1 Nr. 10 BetrVG, in Dienststellen auf Bundesebene nach § 75 Abs. 3 BPersVG für den Personalrat (auf Länderebene gelten entsprechende Vorschriften in den Landespersonalvertretungsgesetzen). Der Arbeitgeber kann seine Wahlschuld nicht mehr einseitig ausüben, er benötigt hierzu die Zustimmung der zuständigen Interessenvertretung.

---

31 BAG 12.12.2012 – 10 AZR 192/11.
32 BAG 18.5.2011 – 10 AZR 369/10.
33 BAG 15.7.2009 – 5 AZR 867/08.
34 BAG 12.12.2012 – 5 AZR 918/11.

c) Angemessenheit des Ausgleichs

Der Ausgleich muss angemessen sein. Ziel ist es, dem Gesundheitsschutz des Nachtarbeitnehmers Rechnung zu tragen. Dies geschieht zwar in erster Linie durch die Gewährung freier Tage. Dennoch hat der Gesetzgeber die finanzielle Kompensation der Gewährung freier Tage gleichgestellt. Die Verteuerung der Nachtarbeit soll mittelbar dem Gesundheitsschutz dienen, indem sie den Arbeitgeber finanziell belastet. Er soll Abstand davon nehmen, Nachtarbeit anzuordnen. Der Ausgleich soll den Nachtarbeitnehmer für eine erschwerte Teilhabe am sozialen Leben entschädigen.[35]

Bei dem Begriff »angemessen« handelt es sich um einen unbestimmten Rechtsbegriff, dessen nähere Bestimmung den Arbeitsgerichten obliegt. Das BAG geht in ständiger Rechtsprechung davon aus, dass ein Nachtzuschlag von 25 % in der Regel als angemessen angesehen werden kann. Es stützt sich dabei auf die Überlegung, dass dies der durchschnittliche tarifliche Zuschlag ist. Dabei ist ein einschlägiger Tarifvertrag eine Orientierungshilfe bei der Festlegung des angemessenen Nachtzuschlags, kann aber der Berechnung nicht ohne weiteres zu Grunde gelegt werden.[36]

Bei Beschäftigten in Dauernachtschicht sieht das BAG einen Zuschlag in Höhe von 30 % des arbeitsvertraglich vereinbarten Stundenlohns für angemessen.[37]

Der Stundenlohn muss aber mindestens Mindestlohnhöhe betragen. Ist ein geringerer Stundenlohn vereinbart, ist der Mindestlohn bei der Berechnung zu Grunde zu legen.[38]

Der Nachtzuschlag kann auch geringer als 25 % ausfallen, nämlich dann, wenn die Belastung durch Nachtarbeit im Vergleich zum Üblichen geringer ist. Das ist z.B. der Fall, wenn in der Nachtzeit in erheblichem Umfang **Arbeitsbereitschaft** anfällt.[39] Das BAG definiert die Arbeitsbereitschaft als »*Zeit wacher Aufmerksamkeit im Zustand der Entspannung*«.[40] Diese Definition bereitet Schwierigkeiten, wenn man den Bereitschaftsdienst gegen die Arbeitsbereitschaft einerseits und gegen die Vollarbeit andererseits abgrenzen möchte. Unter Arbeitsbereitschaft versteht man ein Bereithalten für den Arbeitseinsatz. Das heißt, der Beschäftigte muss jederzeit in der Lage sein seine Arbeit sofort aufzunehmen und kann seinen Aufenthaltsort deshalb nicht frei wählen.

Ein Ausgleich für Nachtarbeit kann auch durch Erhöhung der Vergütung in der Nacht erfolgen. Die Höhe des Stundenlohns muss sich dann aber an den

---

35 BAG 5.9.2002 – 9 AZR 202/01.
36 Ebenda.
37 BAG 9.12.2015 – 10 AZR 423/14.
38 BAG 25.4.2018 – 5 AZR 25/17.
39 BAG 9.12.2015 – 10 AZR 423/14.
40 BAG 28.1.1981 – 4 AZR 892/78.

oben genannten Grundsätzen im Vergleich zum Stundenlohn während des Tages bemessen.

56 Regelmäßige Nachtarbeit in Wechselschicht darf nicht mit einem geringeren Zuschlag versehen werden als Nachtarbeit außerhalb des Schichtbetriebs. Dies verstößt gegen den Gleichheitsgrundsatz. Denn die Nachtarbeit außerhalb des Schichtbetriebs weist keine höheren Belastungen auf als die regelmäßige Nachtarbeit im Schichtbetrieb.[41] Das Argument der Nachtarbeitnehmer, im Schichtbetrieb könne sich besser auf die Nachtschicht einstellen als der Arbeitnehmer der gelegentlich und überraschend zur Nachtarbeit herangezogen wird, rechtfertigt keine unterschiedlichen Nachtzuschläge.

57 Wird der Ausgleich in Freizeit gewährt, ist er angemessen, wenn er die durch das BAG anerkannten üblichen Geldzuschläge proportional in Zeit umrechnet. In der Regel ergeben vier Nachtschichten einen freien Tag.

7. Chancengleichheit

58 Die Vorschrift soll in Abs. 6 sicherstellen, dass Nachtarbeitnehmer nicht auf Grund ihrer ungünstigen Arbeitszeiten der Zugang zu Weiterbildung und aufstiegsfördernden Maßnahmen verwehrt bleibt. Der Arbeitgeber muss deshalb Maßnahmen treffen, die es dem Nachtarbeitnehmer ermöglichen, an Weiterbildungsmaßnahmen teilzunehmen. Diese Maßnahmen können z. B. geänderte Schichtzeiten oder die vorrübergehende Einteilung in Tagschicht sein.[42] Damit soll eine Gleichbehandlung der Nachtarbeitnehmer mit den übrigen Arbeitnehmern des Betriebs erreicht werden.

8. Abweichungen von der täglichen Höchstarbeitszeit

59 Auf Grund von § 7 Abs. 1 Nr. 4 und Abs. 2a ist es zulässig, in Tarifverträgen oder Dienst- und Betriebsvereinbarungen, die auf einem Tarifvertrag beruhen, die tägliche Höchstarbeitszeit auch in der Nacht über 10 Stunden hinaus zu verlängern. Und zwar dann, wenn in der Nacht regelmäßig und in erheblichem Umfang Arbeitsbereitschaft oder Bereitschaftsdienst anfällt. Zur Definition des Bereitschaftsdienstes siehe Rn. 11 zu § 2 ArbZG, zur Definition der Arbeitsbereitschaft siehe oben Rn. 54. In bestimmten Branchen darf ebenfalls von der Begrenzung der Höchstarbeitszeit abgewichen werden, wenn dem Gesundheitsschutz der Arbeitnehmer durch Gewährung entsprechenden Zeitausgleichs ausreichend Rechnung getragen wird (siehe hierzu § 7 Abs. 2 ArbZG).

---

41 BAG 21.3.2018 – 10 AZR 34/17.
42 Buschmann/Ulber, § 6 ArbZG, Rn. 76; ErfK-*Wank*, § 6 ArbZG, Rn. 15.

9. Mitbestimmungsrechte der Betriebs- und Personalräte

Die Einführung von Schicht- und Nachtarbeit bedarf der Zustimmung des Betriebsrats gemäß § 87 Abs. 1 Nr. 2 BetrVG. Die Mitbestimmung des Personalrats ergibt sich z. B. aus § 75 Abs. 3 BPersVG oder den entsprechenden Landesvertretungsgesetzen. **60**

Das Mitbestimmungsrecht besteht auch bei der Streichung von Schichten. Es umfasst die Gestaltung des Schichtplans und bezieht sich auf alle Fragen der Verteilung der Arbeitszeit. Die Aufstellung jedes einzelnen Schichtplans und dessen konkrete Ausgestaltung bedürfen der Zustimmung des Betriebsrats bzw. des Personalrats. Dazu zählt auch die Zuordnung konkreter Mitarbeiter zu einzelnen Schichten. Die Einstellung neuer Beschäftigter oder von Leiharbeitnehmern ist dem Betriebsrat nicht nur nach § 99 BetrVG vorzulegen. Sie zieht im Schichtbetrieb auch die Veränderung des Schichtplans nach sich. Diese Veränderung darf nur mit Zustimmung der jeweiligen Interessenvertretung erfolgen.[43] Ist der Schichtplan einmal genehmigt, darf er nicht mehr ohne Beteiligung der Interessenvertretung verändert werden. Der reine Ausfall von Beschäftigten z. B. im Falle der Krankheit in einer Schicht ist laut BAG keine Schichtplanänderung, die eine Zustimmung erfordert.[44] **61**

Der Betriebsrat hat bei der Frage des Ausgleichs für die Nachtarbeit gem. § 6 Abs. 5 ein Mitbestimmungsrecht nach § 87 Abs. 1 Nr. 7 und Nr. 10 BetrVG soweit keine abschließende tarifliche Regelung besteht. Dieses Recht ergibt sich für den Personalrat auf Bundesebene aus § 75 Abs. 3 Nr. 4 BPersVG und auf Landesebene aus den entsprechenden Vorschriften der Landespersonalvertretungsgesetze. **62**

Hinsichtlich des Zugangs zu Weiterbildungsmaßnahmen besteht ein Mitbestimmungsrecht des Betriebsrats nach den §§ 96 ff. BetrVG. Der Personalrat hat auf Bundesebene Mitbestimmungsrechte nach § 76 Abs. 2 BPersVG und auf Länderebene nach den entsprechenden Vorschriften der Landespersonalvertretungsgesetze. **63**

§ 7 Abweichende Regelungen

(1) **In einem Tarifvertrag oder auf Grund eines Tarifvertrags in einer Betriebs- oder Dienstvereinbarung kann zugelassen werden,**
1. **abweichend von § 3**
   a) **die Arbeitszeit über zehn Stunden werktäglich zu verlängern, wenn in die Arbeitszeit regelmäßig und in erheblichem Umfang Arbeitsbereitschaft oder Bereitschaftsdienst fällt,**

---

43 LAG Baden-Württemberg 8. 12. 2015 – 22 TaBV 2/15.
44 BAG 28. 5. 2002 – 1 ABR 40/01.

§ 7 Abweichende Regelungen

  b) einen anderen Ausgleichszeitraum festzulegen,
  c) (weggefallen)
2. abweichend von § 4 Satz 2 die Gesamtdauer der Ruhepausen in Schichtbetrieben und Verkehrsbetrieben auf Kurzpausen von angemessener Dauer aufzuteilen,
3. abweichend von § 5 Abs. 1 die Ruhezeit um bis zu zwei Stunden zu kürzen, wenn die Art der Arbeit dies erfordert und die Kürzung der Ruhezeit innerhalb eines festzulegenden Ausgleichszeitraums ausgeglichen wird,
4. abweichend von § 6 Abs. 2
   a) die Arbeitszeit über zehn Stunden werktäglich hinaus zu verlängern, wenn in die Arbeitszeit regelmäßig und in erheblichem Umfang Arbeitsbereitschaft oder Bereitschaftsdienst fällt,
   b) einen anderen Ausgleichszeitraum festzulegen,
5. den Beginn des siebenstündigen Nachtzeitraums des § 2 Abs. 3 auf die Zeit zwischen 22 und 24 Uhr festzulegen.

(2) Sofern der Gesundheitsschutz der Arbeitnehmer durch einen entsprechenden Zeitausgleich gewährleistet wird, kann in einem Tarifvertrag oder auf Grund eines Tarifvertrags in einer Betriebs- oder Dienstvereinbarung ferner zugelassen werden,
1. abweichend von § 5 Abs. 1 die Ruhezeiten bei Rufbereitschaft den Besonderheiten dieses Dienstes anzupassen, insbesondere Kürzungen der Ruhezeit infolge von Inanspruchnahmen während dieses Dienstes zu anderen Zeiten auszugleichen,
2. die Regelungen der §§ 3, 5 Abs. 1 und § 6 Abs. 2 in der Landwirtschaft der Bestellungs- und Erntezeit sowie den Witterungseinflüssen anzupassen,
3. die Regelungen der §§ 3, 4, 5 Abs. 1 und § 6 Abs. 2 bei der Behandlung, Pflege und Betreuung von Personen der Eigenart dieser Tätigkeit und dem Wohl dieser Personen entsprechend anzupassen,
4. die Regelungen der §§ 3, 4, 5 Abs. 1 und § 6 Abs. 2 bei Verwaltungen und Betrieben des Bundes, der Länder, der Gemeinden und sonstigen Körperschaften, Anstalten und Stiftungen des öffentlichen Rechts sowie bei anderen Arbeitgebern, die der Tarifbindung eines für den öffentlichen Dienst geltenden oder eines im wesentlichen inhaltsgleichen Tarifvertrags unterliegen, der Eigenart der Tätigkeit bei diesen Stellen anzupassen.

(2a) In einem Tarifvertrag oder auf Grund eines Tarifvertrags in einer Betriebs- oder Dienstvereinbarung kann abweichend von den §§ 3, 5 Abs. 1 und § 6 Abs. 2 zugelassen werden, die werktägliche Arbeitszeit auch ohne Ausgleich über acht Stunden zu verlängern, wenn in die Arbeitszeit regelmäßig und in erheblichem Umfang Arbeitsbereitschaft oder Bereitschaftsdienst fällt und durch besondere Regelungen sichergestellt wird, dass die Gesundheit der Arbeitnehmer nicht gefährdet wird.

(3) Im Geltungsbereich eines Tarifvertrags nach Absatz 1, 2 oder 2a können abweichende tarifvertragliche Regelungen im Betrieb eines nicht tarifgebundenen Arbeitgebers durch Betriebs- oder Dienstvereinbarung oder, wenn ein Betriebs- oder Personalrat nicht besteht, durch schriftliche Vereinbarung zwischen dem Arbeitgeber und dem Arbeitnehmer übernommen werden. Können auf Grund eines solchen Tarifvertrags abweichende Regelungen in einer Betriebs- oder Dienstvereinbarung getroffen werden, kann auch in Betrieben eines nicht tarifgebundenen Arbeitgebers davon Gebrauch gemacht werden. Eine nach Absatz 2 Nr. 4 getroffene abweichende tarifvertragliche Regelung hat zwischen nicht tarifgebundenen Arbeitgebern und Arbeitnehmern Geltung, wenn zwischen ihnen die Anwendung der für den öffentlichen Dienst geltenden tarifvertraglichen Bestimmungen vereinbart ist und die Arbeitgeber die Kosten des Betriebs überwiegend mit Zuwendungen im Sinne des Haushaltsrechts decken.

(4) Die Kirchen und die öffentlich-rechtlichen Religionsgesellschaften können die in Absatz 1, 2 oder 2a genannten Abweichungen in ihren Regelungen vorsehen.

(5) In einem Bereich, in dem Regelungen durch Tarifvertrag üblicherweise nicht getroffen werden, können Ausnahmen im Rahmen des Absatzes 1, 2 oder 2a durch die Aufsichtsbehörde bewilligt werden, wenn dies aus betrieblichen Gründen erforderlich ist und die Gesundheit der Arbeitnehmer nicht gefährdet wird.

(6) Die Bundesregierung kann durch Rechtsverordnung mit Zustimmung des Bundesrates Ausnahmen im Rahmen des Absatzes 1 oder 2 zulassen, sofern dies aus betrieblichen Gründen erforderlich ist und die Gesundheit der Arbeitnehmer nicht gefährdet wird.

(7) Auf Grund einer Regelung nach Absatz 2a oder den Absätzen 3 bis 5 jeweils in Verbindung mit Absatz 2a darf die Arbeitszeit nur verlängert werden, wenn der Arbeitnehmer schriftlich eingewilligt hat. Der Arbeitnehmer kann die Einwilligung mit einer Frist von sechs Monaten schriftlich widerrufen. Der Arbeitgeber darf einen Arbeitnehmer nicht benachteiligen, weil dieser die Einwilligung zur Verlängerung der Arbeitszeit nicht erklärt oder die Einwilligung widerrufen hat.

(8) Werden Regelungen nach Absatz 1 Nr. 1 und 4, Absatz 2 Nr. 2 bis 4 oder solche Regelungen auf Grund der Absätze 3 und 4 zugelassen, darf die Arbeitszeit 48 Stunden wöchentlich im Durchschnitt von zwölf Kalendermonaten nicht überschreiten. Erfolgt die Zulassung auf Grund des Absatzes 5, darf die Arbeitszeit 48 Stunden wöchentlich im Durchschnitt von sechs Kalendermonaten oder 24 Wochen nicht überschreiten.

§ 7 Abweichende Regelungen

(9) Wird die werktägliche Arbeitszeit über zwölf Stunden hinaus verlängert, muss im unmittelbaren Anschluss an die Beendigung der Arbeitszeit eine Ruhezeit von mindestens elf Stunden gewährt werden.

Inhaltsübersicht Rn.
1. Regelungsinhalt 1
2. Abweichende Regelungen durch Tarifvertrag – Übersicht 2– 7
3. Arbeitszeitverlängerung über 10 Stunden werktäglich 8
4. Abweichende Ausgleichszeiträume 9
5. Abweichende Regelungen zu Ruhepausen 10
6. Abweichende Regelungen zu Ruhezeiten 11–13
7. Abweichende Ausgleichszeiträume bei Nachtarbeit. 14–16
8. Veränderung des Beginns der Nachtarbeit 17
9. Weitere Abweichungen 18–23
10. Abweichungen bei Bereitschaftsdienst und Arbeitsbereitschaft. 24–31
11. Abweichende Regelungen aufgrund eines Tarifvertrags 32–34
12. Abweichungen bei Kirchen und öffentlich-rechtlichen Religionsgesellschaften 35, 36
13. Abweichungen nach Bewilligung durch die Aufsichtsbehörde 37
14. Abweichungen durch Rechtsverordnung der Bundesregierung. 38
15. Einwilligung der Arbeitnehmer 39, 40
16. Durchschnitt der wöchentlichen Höchstarbeitszeit. 41, 42
17. Mindestruhezeit bei Überschreitung der werktäglichen Arbeitszeit um 12 Stunden. 43

1. Regelungsinhalt

1 Die Regelung in § 7 ArbZG erlaubt Abweichungen von den zwingenden Arbeitszeitregelungen der §§ 3–6 ArbZG unter den dort genannten Voraussetzungen.

2. Abweichende Regelungen durch Tarifvertrag – Übersicht

2 Mit den Regelungen in Abs. 1 bis Abs. 2a werden den Tarifvertragsparteien sehr weitgehende Rechte eingeräumt, von den zwingenden Vorschriften der §§ 3–6 ArbZG Abweichungen zu vereinbaren. Für die Herabsetzung des gesetzlichen Arbeitsschutzes ist ein strenger Maßstab anzusetzen. Die Öffnungsklauseln der Abs. 1 bis 2a sind abschließend.

3 Durch das Recht der Tarifvertragsparteien, mit Tarifverträgen in den öffentlich-rechtlichen Arbeitsschutz einzugreifen, entstehen eine Reihe von Problemen. Es besteht die Gefahr, dass Gewerkschaften ohne Durchsetzungsmacht Arbeitsschutz gegen Entgelt oder andere tarifliche Regelungen aufgeben. Dagegen bestehen verfassungsrechtliche Bedenken.[1]

---

[1] Ausführlich dazu Buschmann/Ulber, § 7 ArbZG, Rn. 20.

Abweichende Regelungen § 7

Haben die Tarifvertragsparteien Abweichungen von dem gesetzlichen Gesundheitsschutz vereinbart, muss die Regelung in einem förmlich korrekt vereinbarten Tarifvertrag geregelt sein. Ferner muss die Regelung klar und eindeutig sein und ein Mindestmaß an Gesundheitsschutz sicherstellen. Letztendlich muss der Arbeitgeber unter den sachlichen, räumlichen, zeitlichen und persönlichen Geltungsbereich des Tarifvertrags fallen. Die tariflichen Regelungen gelten nur bei beiderseitiger Tarifbindung, es sei denn, der Tarifvertrag gilt aufgrund arbeitsvertraglicher Bezugnahme. Wendet der Arbeitgeber einen Tarifvertrag aufgrund arbeitsvertraglicher Bezugnahme an, muss er den arbeitsrechtlichen Gleichbehandlungsgrundsatz beachten.[2]   4

Die Regelung begründet für die Tarifvertragsparteien keinen Verhandlungsanspruch. Weigert sich eine Partei, einen solchen Tarifvertrag abzuschließen, kann die andere Partei dies nicht rechtlich durchsetzen.[3]   5

Abweichende Regelungen sind auch durch **Betriebs- oder Dienstvereinbarung** zulässig, wenn ein Tarifvertrag ausdrücklich eine Regelung durch Betriebs- oder Dienstvereinbarung zulässt. Dies setzt voraus, dass der Tarifvertrag förmlich korrekt zustande gekommen ist und eine Öffnungsklausel enthält, die es den Betriebsparteien erlaubt, vom Gesetz abweichende Regelungen zu treffen. Die abweichenden Regelungen können nur durch Betriebs- oder Dienstvereinbarung geschlossen werden. Eine Regelungsabrede ist nicht zulässig.[4]   6

Der Abschluss einer Betriebs- oder Dienstvereinbarung liegt im Ermessen der Betriebsparteien und ist **nicht erzwingbar**. Das bedeutet, dass z. B. die Zulassung verlängerter Arbeitszeiten nicht über die Einigungsstelle erzwungen werden kann.[5]   7

3. Arbeitszeitverlängerung über 10 Stunden werktäglich

Durch die Regelung in Abs. 1 Nr. 1a ist es zulässig, die in § 3 ArbZG geregelte Höchstarbeitszeit von 10 Stunden täglich zu verlängern, wenn in die Arbeitszeit regelmäßig und in erheblichem Umfang **Arbeitsbereitschaft** oder **Bereitschaftsdienst** fällt. Regelmäßig und in erheblichem Umfang bedeutet, dass zu erwarten ist, dass bei diesem Arbeitseinsatz die Zeiten ohne Arbeitsleistung überwiegen. Diese sehr weitgehende Öffnungsklausel wird durch Abs. 8 eingeschränkt. Danach muss zumindest eine wöchentliche Arbeitszeit von 48 Stunden im Durchschnitt von 12 Monaten eingehalten werden. Da jedoch auch bei der Arbeitsbereitschaft oder dem Bereitschaftsdienst die Möglichkeit besteht, dass in vollem Umfang Arbeit anfällt, ist an die Nut-   8

---

2 BAG 16.5.2013 – 6 AZR 619/11.
3 ArbR KK-*Wedde*, § 7 ArbZG, Rn. 6.
4 Buschmann/Ulber, § 7 ArbZG, Rn. 23.
5 Buschmann/Ulber, § 7 ArbZG, Rn. 26.

zung dieser Möglichkeit ein strenger Maßstab anzulegen. Das BAG hat einen erheblichen Umfang bei einem Anteil von 35 % und mehr angesehen.[6] Bei einer Gesamtarbeitszeit von 11 Stunden hat das BAG einen Anteil von 27 % Bereitschaftsdienst als ausreichen angesehen, jedoch offengelassen, ob dies bei einer höheren Gesamtarbeitszeit anders zu bewerten ist.[7] Teilweise wird ein Anteil von 50 % als angemessen angesehen. Die Tarifvertragsparteien haben dies auch teilweise umgesetzt. So wird z. B. in dem Tarifvertrag Krankenhäuser VKA (§ 7.1 Abs. 1) gefordert, dass Zeiten, in denen keine Arbeit anfällt, gegenüber Zeiten, in denen Arbeit anfällt, überwiegen müssen.

4. Abweichende Ausgleichszeiträume

9 Durch die Regelung des Abs. 1 Nr. 1b wird den Tarifvertragsparteien die Möglichkeit eingeräumt, einen von § 3 Satz 2 abweichenden **Ausgleichszeitraum** festzulegen, in dem die durchschnittliche Arbeitszeit von 8 Stunden einzuhalten ist. Nach § 3 beträgt der Ausgleichszeitraum 6 Kalendermonate oder 24 Wochen. Nach Abs. 8 ist die zulässige Höchstgrenze des Ausgleichszeitraums auf 12 Monate beschränkt. Sowohl der 12-monatige als auch der 6-monatige Ausgleichszeitraum verstoßen gegen Art. 17 der Arbeitszeit-RL und sind daher europarechtswidrig.[8] Die Europäische Kommission hat einen Ausgleichszeitraum von bis zu 4 Monaten als angemessen angesehen.[9]

5. Abweichende Regelungen zu Ruhepausen

10 Nach der Regelung des Abs. 1 Nr. 2 ist es zulässig, in Tarifverträgen die Gesamtdauer der Ruhepausen in Schichtbetrieben und Verkehrsbetrieben auf **Kurzpausen** von angemessener Dauer aufzuteilen. Möglich sind nach dieser Vorschrift auch Kurzpausen von weniger als 15 Minuten. So hat das Bundesarbeitsgericht eine Lenkzeitunterbrechung von 8 Minuten als angemessen angesehen.[10] Diese Regelung kommt nur in Verkehrsbetrieben und in Schichtbetrieben zum Tragen. Die Dauer der Gesamtpause darf nicht gekürzt werden.

---

6 BAG 18. 2. 1970 – 4 AZR 257/69.
7 BAG 24. 2. 2006 – 1 ABR 6/05.
8 Näheres bei Buschmann/Ulber, § 7 ArbZG, Rn 34.
9 Mitteilung zu Auslegungsfragen in Bezug auf die Richtlinie 2003/88/EG des Europäischen Parlaments und des Rates über bestimmte Aspekte der Arbeitszeitgestaltung (2017/C 165/01), I.D. Abs. 4.
10 BAG 13. 10. 2009 – 9 AZR 139/08e.

6. Abweichende Regelungen zu Ruhezeiten

Nach Abs. 1 Nr. 3 der Vorschrift kann die in § 5 Abs. 1 gesetzlich vorgeschriebene Ruhezeit um bis zu zwei Stunden verkürzt werden. Die Verkürzung ist nur zulässig, wenn die Art der Arbeit dies erfordert und die Kürzung der Ruhezeit innerhalb eines festzulegenden Ausgleichszeitraums ausgeglichen wird. Die Kürzungsmöglichkeit ist nur für die Ruhezeit nach § 5 Abs. 1 von 11 Stunden möglich. Soweit in § 5 Abs. 2 und 3 Ausnahmen geregelt sind, können die dort genannten Ruhezeiten nicht weiter verkürzt werden. Das bedeutet 9 Stunden Ruhezeit dürfen nicht unterschritten werden. **11**

Mit der Regelung zur Verkürzung der Ruhezeit muss zwingend auch der Ausgleichszeitraum festgelegt werden, innerhalb dessen die Ruhezeit verlängert wird. Im Hinblick auf den Gesundheitsschutz und das Erholungsbedürfnis der Beschäftigten muss der Ausgleich alsbald erfolgen, z. B. innerhalb derselben oder der folgenden Woche.[11] **12**

Wenn nach einem Tarifvertrag die Möglichkeit besteht, die Ruhezeit zu verkürzen, muss der Betriebsrat hiervon keinen Gebrauch machen. Der Betriebsrat hat nach § 87 Abs. 1 Nr. 2 BetrVG ein umfassendes Mitbestimmungsrecht bei der Lage der Arbeitszeit und kann versuchen, die Einführung von verkürzten Ruhezeiten zu verhindern. Die Betriebsparteien sind nicht verpflichtet, von den tariflich angelegten Möglichkeiten Gebrauch zu machen. Durch Spruch der Einigungsstelle kann geregelt werden, dass von der Möglichkeit der verkürzten Ruhezeit kein Gebrauch gemacht wird. Eine solche Entscheidung ist nicht ermessensfehlerhaft.[12] **13**

7. Abweichende Ausgleichszeiträume bei Nachtarbeit

Abs. 1 Nr. 4 lässt Abweichungen von § 6 Abs. 2 für **Nachtarbeiter** zu. Grundsätzlich darf die werktägliche Arbeitszeit der Nachtarbeitnehmer 8 Stunden nicht überschreiten. Sie kann nur auf 10 Stunden verlängert werden, wenn in einem verkürzten Ausgleichszeitraum von einem Monat bzw. 4 Wochen die durchschnittliche Arbeitszeit von 8 Stunden erreicht wird. **14**

Nach der Nr. 1a) kann die Arbeitszeit über 10 Stunden werktäglich verlängert werden, wenn in die Arbeitszeit regelmäßig und in erheblichem Umfang Arbeitsbereitschaft oder Bereitschaftsdienst anfällt. Die Ausnahmeregelung gilt nur für die Tage Montag bis Samstag. An Sonn- und Feiertagen gilt diese Ausnahmeregelung nicht. Darüber hinaus kann auch ein von § 6 Abs. 2 S. 2 abweichender Ausgleichszeitraum festgelegt werden. **15**

---

11 Buschmann/Ulber, § 7 ArbZG, Rn. 42.
12 Buschmann/Ulber, § 7 ArbZG, Rn. 42.

16 Die Regelung trägt nicht der besonderen gesundheitlichen Belastung durch Nachtarbeit Rechnung und stellt diese mit den Tagesarbeitsplätzen gleich und ist verfassungsrechtlich zu beanstanden.[13]

8. Veränderung des Beginns der Nachtarbeit

17 Nachtarbeit nach § 2 Abs. 3 liegt vor, wenn zwischen 23.00 Uhr und 06.00 Uhr gearbeitet wird; für Bäckereien und Konditoreien in der Zeit von 22.00 Uhr bis 05.00 Uhr. Durch die Regelung des Abs. 1 Nr. 5 wird es den Tarifvertragsparteien gestattet, den Beginn des Nachtzeitraums auf die Zeit zwischen 22.00 Uhr und 24.00 Uhr festzulegen. Der siebenstündige Zeitraum für die Nachtarbeit wird dabei nicht verändert.

9. Weitere Abweichungen

18 Die in Abs. 2 geregelten Abweichungen sind nur zulässig, wenn der Gesundheitsschutz der Arbeitnehmer durch einen entsprechenden Zeitausgleich gewährleistet wird. Ein Ausgleich durch **Zuschläge** oder **Vergütung** scheidet aus. Der Zeitausgleich muss mindestens der zusätzlich aufgewendeten Zeit entsprechen, kann aber auch höher sein. Dies ist durch Prüfung der gesundheitlichen Belastungen zu ermitteln. Zu fordern ist hier, dass vor Einführung abweichender Regelungen eine Beurteilung der mit der Arbeit verbundenen Gefährdungen ermittelt wird (Gefährdungsbeurteilung). Danach ist festzulegen, welche Maßnahmen des Arbeits- und Gesundheitsschutzes zu ergreifen sind. Der Betriebsrat hat bei der Durchführung der Gefährdungsbeurteilung und bei der Festlegung der Maßnahmen des Gesundheitsschutzes ein Mitbestimmungsrecht nach § 87 Abs. 1 Nr. 7 BetrVG.

19 Durch die Regelung in Nr. 1 dürfen die Ruhezeiten bei Rufbereitschaft (zur Rufbereitschaft siehe § 5 Rn. 4) an die Besonderheiten des Dienstes angepasst werden. Weitere Voraussetzung (zusätzlich zum Gesundheitsschutz) ist also, dass es **Besonderheiten des Dienstes** gibt. Anderenfalls ist die Ruhezeit nicht zu verändern. Unter Berücksichtigung der Regelung in § 5 Abs. 3, die eine abweichende Regelung für Krankenhäuser etc. enthält, ist mindestens eine Ruhezeit von 5 ½ Stunden einzuhalten (§ 5 Rn. 11).

20 Die Regelung in Nr. 2 enthält Ausnahmen für die **Landwirtschaft** nach der die Arbeitszeit an die Besonderheiten der Bestellung- und der Erntezeit sowie an die Witterungseinflüsse angepasst werden kann. Mit den Begriffen Bestellungs- und Erntezeit ist der Zeitraum von der Vorbereitung des Bodens bis zur Ernte der Früchte anzusehen. Hierbei sind jeweils die Wetterbedingungen zu berücksichtigen. Angepasst werden können Regelungen zur

---

13 Buschmann/Ulber, § 7 ArbZG, Rn. 46.

Abweichende Regelungen § 7

Arbeitszeit (§ 3), zur Ruhezeit (§ 5 Abs. 1) und zur Höchstarbeitszeit (§ 6 Abs. 2).

Unter Nr. 3 ist es zugelassen, die Regelungen bei der Behandlung, Pflege und Betreuung von Personen der Eigenart dieser Tätigkeit und dem Wohl dieser Personen entsprechend anzupassen. Die Regelung gilt für Krankenhäuser, Pflege- und Betreuungseinrichtungen. Angepasst werden können Regelungen zur Arbeitszeit (§ 3), zur Ruhezeit (§ 5 Abs. 1) und zur Höchstarbeitszeit (§ 6 Abs. 2). 21

Nr. 4 enthält die Regelung für Verwaltungen und Betriebe des Bundes, der Länder, der Gemeinden und sonstigen Körperschaften, Anstalten und Stiftungen des öffentlichen Rechts. Im Hinblick auf die Vorbildfunktion der **öffentlichen Arbeitgeber** ist kein Ausnahmefall denkbar, nach dem von den Regelungen zur Arbeitszeit (§ 3), zur Ruhezeit (§ 5 Abs. 1) und zur Höchstarbeitszeit (§ 6 Abs. 2) abgewichen werden kann. 22

Die Regelung gilt jedoch auch für Arbeitgeber, die der Tarifbindung eines für den öffentlichen Dienst geltenden Tarifvertrags unterliegen oder bei denen ein im Wesentlichen inhaltsgleicher Tarifvertrag gilt. Zu prüfen ist hier als weitere Voraussetzung zu den Maßnahmen des Gesundheitsschutzes, inwiefern sich abweichende Regelungen aus der Eigenart der Tätigkeit ergeben. 23

10. Abweichungen bei Bereitschaftsdienst und Arbeitsbereitschaft

Die Regelung des Abs. 2a wurde im Jahre 2003 in das Arbeitszeitgesetz aufgenommen, nachdem der Europäische Gerichtshof entschieden hat, dass Zeiten des Bereitschaftsdienstes Arbeitszeiten i. S. d. Arbeitszeitgesetzes sind. Die Regelung unterscheidet sich von der Regelung in Abs. 1 Nr. 1 dadurch, dass die werktägliche Arbeitszeit auch ohne Ausgleich verlängert werden darf. 24

Bei **Arbeitsbereitschaft** galt seit langem, dass diese Arbeitszeit i. S. d. Arbeitszeitgesetzes ist. Arbeitsbereitschaft liegt vor, wenn der Arbeitnehmer sich am Arbeitsplatz aufhält und nur in bestimmten Fallkonstellationen, z. B. bei einem Alarm, seine Arbeit aufnehmen muss. 25

Bereitschaftsdienst liegt dagegen vor, wenn der Arbeitnehmer nur auf Anordnung des Arbeitgebers seine Arbeit aufnehmen muss. Während der inaktiven Phase des Bereitschaftsdienstes kann der Arbeitnehmer über sein Tun selbst entscheiden. Er kann lesen oder schlafen, muss aber innerhalb einer bestimmten Zeit seine Arbeit aufnehmen können. Bereitschaftsdienst gab und gibt es in vielen Krankenhäusern und Pflegeeinrichtungen. Nachdem durch die Entscheidung des EuGH Bereitschaftsdienst Arbeitszeit i. S. d. ArbZG ist, wurde diese Sonderregelung geschaffen. Die Regelung enthält keine maximalen Grenzen, sondern verlagert die Regelung der täglichen Arbeitszeit auf die Tarifvertragsparteien. Dies verstößt gegen Art. 22 der EU-Richtlinie 2003/88/EG. Darin ist geregelt, dass die Einhaltung der allgemei- 26 nen Grundsätze der Sicherheit und des Gesundheitsschutzes durch den Gesetzgeber erfolgen muss.[14]

27 Jedenfalls ist eine solche Regelung nicht erzwingbar. Auch dann nicht, wenn ein Tarifvertrag eine entsprechende Öffnungsklausel für Betriebs- oder Dienstvereinbarungen enthält.

28 Die in Abs. 2a geregelten Abweichungen sind darüber hinaus nur zulässig, wenn die Gesundheit der Arbeitnehmer nicht gefährdet wird.[15]

29 Die Arbeitszeit darf nur verändert werden, wenn der Arbeitnehmer in diese Änderung **schriftlich** einwilligt. Der Arbeitnehmer kann die Einwilligung jederzeit mit einer Frist von 6 Monaten schriftlich widerrufen. Wegen einer verwehrten Einwilligung oder einem Widerruf dürfen dem Arbeitnehmer keine Nachteile entstehen (§ 7 Abs. 7).

30 Angepasst werden können Regelungen zur Arbeitszeit (§ 3), zur Ruhezeit (§ 5 Abs. 1) und zur Höchstarbeitszeit (§ 6 Abs. 2) ohne entsprechenden Ausgleich.

31 Weitere Voraussetzung ist, dass in diese Zeit regelmäßig und in erheblichem Umfang Bereitschaftsdienst oder Arbeitsbereitschaft fällt (vgl. Rn. 8).

11. Abweichende Regelungen aufgrund eines Tarifvertrags

32 Nach Abs. 3 sind Abweichungen von den gesetzlichen Regelungen auch dann möglich, wenn der Arbeitgeber nicht tarifgebunden ist, jedoch eigentlich unter den Geltungsbereich eines Tarifvertrags fällt. Er muss unter den persönlichen, räumlichen und sachlichen Geltungsbereich fallen. Dieser Tarifvertrag muss vom Gesetz abweichende Regelungen enthalten, er muss noch in Kraft sein und kann nur insgesamt übernommen werden. Abweichungen von dem Tarifvertrag sind nur zugunsten der Arbeitnehmer möglich. Auf eine etwaige Tarifbindung des Arbeitnehmers kommt es bei dieser Vorschrift nicht an.

33 Übernommen werden können die Regelungen durch Betriebs- oder Dienstvereinbarung. Eine solche ist nicht erzwingbar und kann nicht durch Spruch der Einigungsstelle zustande kommen.[16]

34 Besteht kein Betriebs- oder Personalrat können die tariflichen Regelungen auch durch Vertrag zwischen Arbeitgeber und Arbeitnehmer übernommen werden. Auch hier gilt, dass Verschlechterungen nicht zulässig sind.

---

14 Buschmann/Ulber, § 7 ArbZG, Rn. 56 f.; offengelassen BAG 16.5.2003 – 6 AZR 619/11.
15 BAG 23.6.2010 – 10 AZR 543/19.
16 Buschmann/Ulber, § 7 ArbZG, Rn. 61.

12. Abweichungen bei Kirchen und öffentlich-rechtlichen Religionsgesellschaften

Gem. Abs. 4 können **Kirchen und Religionsgemeinschaften** die in Abs. 1, 2 oder 2a genannten Abweichungen in ihren Regelungen vorsehen. Eine kirchliche Regelung setzt voraus, dass sie durch ein kirchlich legitimiertes Verfahren zustande gekommen ist. Die Ausnahmeregelung kommt nicht schon deshalb zur Anwendung, weil irgendeine Regelung im kirchlichen Bereich getroffen wurde. Schließt das Kuratorium einer katholischen Krankenhausstiftung mit der Mitarbeitervertretung einen Haustarifvertrag, ist das keine Regelung i. S. d. Abs. 4.[17]

35

Es bestehen insgesamt bedenken, ob die Regelung europarechtskonform ist. Die europäische Arbeitszeitrichtlinie lässt zwar zahlreiche Abweichungen zu, wenn diese von den Tarifvertragsparteien abgeschlossen wurden. Ob aber einseitige Kirchenregelungen dem entsprechen, ist fraglich.[18]

36

13. Abweichungen nach Bewilligung durch die Aufsichtsbehörde

Die Regelung des Abs. 5 enthält eine Ermächtigung der Aufsichtsbehörde (§ 17), abweichende Regelungen zu bewilligen, soweit dies aus betrieblichen Gründen notwendig ist und die Gesundheit der Beschäftigten nicht gefährdet wird. In der Gesetzesbegründung werden Rechtsanwälte, Notare, Wirtschaftsprüfer, Unternehmens- und Steuerberater, Arbeitgeber- und Unternehmerverbände, Gewerkschaften, Industrie- und Handelskammern genannt.

37

14. Abweichungen durch Rechtsverordnung der Bundesregierung

Abs. 6 enthält eine Verordnungsermächtigung der Bundesregierung zur Zulassung von Ausnahmen im Rahmen des Abs. 1 oder 2a. Es gibt verfassungsrechtliche Bedenken gegen die Zulässigkeiten einer solchen Ermächtigung.[19]

38

15. Einwilligung der Arbeitnehmer

Nach Abs. 7 bedarf die Verlängerung der Arbeitszeit nach Abs. 2a und den Absätzen 3 bis 5 der **Einwilligung** der Beschäftigten. Die Einwilligung muss schriftlich erfolgen. Die Einwilligung ist Voraussetzung für die Zulässigkeit der Verlängerung der Arbeitszeit. Die Einwilligung muss freiwillig sein. Eine

39

---

17 BAG 16. 3. 2004 – 9 AZR 93/03.
18 Buschmann/Ulber, § 7 ArbZG, Rn. 67.
19 Buschmann/Ulber, § 7 ArbZG, Rn. 69.

Vereinbarung im Arbeitsvertrag ist unzulässig, da erhebliche Zweifel an der Freiwilligkeit bestehen.

40 Die Einwilligung kann mit einer Frist von 6 Monaten schriftlich widerrufen werden. Ein Nachteil darf den Beschäftigten nicht entstehen, wenn sie keine Einwilligung erteilen oder eine Einwilligung widerrufen haben.

16. Durchschnitt der wöchentlichen Höchstarbeitszeit

41 Abs. 8 regelt die Ausgleichszeiträume, die einzuhalten sind, wenn die wöchentliche Arbeitszeit von 48 Stunden (8 Stunden von Montag bis Samstag) überschritten wurde. Diese muss bei Verlängerungen aufgrund von Abs. 1 Nr. 1–4, Abs. 2 Nr. 2–4 und Abs. 3 und 4 im Durchschnitt in einem Zeitraum von 12 Monaten eingehalten werden.

42 Erfolgt die Zulassung der Überschreitung auf Basis des Abs. 5, ist im Durchschnitt von sechs Kalendermonaten oder 24 Wochen die 48-Stunden-Woche einzuhalten. Die Regelung verstößt gegen die Auslegung der Europäischen Kommission der Richtlinie 2003/88/EG nach der höchstens ein Ausgleichzeitraum von bis zu 4 Monaten zulässig sein soll (Rn. 9)

17. Mindestruhezeit bei Überschreitung der werktäglichen Arbeitszeit um 12 Stunden

43 Abs. 9 legt fest, dass bei einer Überschreitung der werktäglichen Arbeitszeit über 12 Stunden zwingend im Anschluss an diese Arbeitszeit eine Ruhezeit von 11 Stunden einzuhalten ist.

§ 8 Gefährliche Arbeiten

Die Bundesregierung kann durch Rechtsverordnung mit Zustimmung des Bundesrates für einzelne Beschäftigungsbereiche, für bestimmte Arbeiten oder für bestimmte Arbeitnehmergruppen, bei denen besondere Gefahren für die Gesundheit der Arbeitnehmer zu erwarten sind, die Arbeitszeit über § 3 hinaus beschränken, die Ruhepausen und Ruhezeiten über die §§ 4 und 5 hinaus ausdehnen, die Regelungen zum Schutz der Nacht- und Schichtarbeitnehmer in § 6 erweitern und die Abweichungsmöglichkeiten nach § 7 beschränken, soweit dies zum Schutz der Gesundheit der Arbeitnehmer erforderlich ist. Satz 1 gilt nicht für Beschäftigungsbereiche und Arbeiten in Betrieben, die der Bergaufsicht unterliegen.

Inhaltsübersicht	Rn.
1. Regelungsinhalt	1, 2
2. Gefährliche Arbeiten: Vorliegen einer besonderen Gefahr	3
3. Verordnungen nach bisherigem Recht	4

Gefährliche Arbeiten § 8

1. Regelungsinhalt

Die Vorschrift enthält eine **Verordnungsermächtigung** für die Bundesregierung in Bezug auf bestimmte, aufgrund des Inhalts der Tätigkeit besonders gefährliche Arbeiten, wobei die Zustimmung des Bundesrats erforderlich ist. Die Verordnungsermächtigung bezieht sich auf Regelungen 1
- zur täglichen und wöchentlichen Höchstarbeitszeit nach § 3,
- zur Verlängerung von Ruhepausen nach § 4,
- zur Verlängerung von Ruhezeiten nach § 5,
- zum Schutz für Nacht- und Schichtarbeiter nach § 6,
- aus Tarifvertrag oder Betriebs- bzw. Dienstvereinbarungen nach § 7.

Die Vorschrift dient dazu, die betroffenen Beschäftigten vor den von ihrer Tätigkeit ausgehenden besonderen Gefahren zu schützen. Die durch Verordnung erlassenen Maßnahmen können die genannten Vorschriften daher nicht zugunsten der Arbeitgeber flexibilisieren. Sie müssen diese vielmehr restriktiver handhaben, um so den Beschäftigten einen Ausgleich für bzw. einen höheren Schutz durch Erweiterung von Erholungszeiten vor den durch die ausgeübte Tätigkeit sich ergebenden besonderen Gefährdungen zu gewähren. Damit gibt die Vorschrift eine Ermächtigung allein zur **Beschränkung der genannten Arbeitszeitregelungen**, da nur so der mit der Regelung bezweckte erhöhte Arbeitsschutzgedanke erreicht werden kann.

Die Verordnungsermächtigung gilt nicht für Betriebe, die der Bergaufsicht 2 unterliegen. In diesem Bereich ergeben sich ähnliche Kompetenzen für das Bundesministerium für Arbeit und Soziales auf der Grundlage der §§ 66 Nr. 4 in Verbindung mit § 68 Abs. 3 Nr. 1 BBergG. Auch diese bedarf der Zustimmung des Bundesrats.

2. Gefährliche Arbeiten: Vorliegen einer besonderen Gefahr

Die Verordnungsermächtigung besteht dann, wenn von der auszuführenden 3 Tätigkeit für einzelne Beschäftigte oder Beschäftigtengruppen eine **besondere Gesundheitsgefahr** ausgeht. Dabei ist weder die Erwartung des Eintritts eines Schadens noch eine konkrete Gesundheitsgefährdung erforderlich. Es genügt die Erwartung einer abstrakten Gefahr.[1] Dabei hat die Bundesregierung die Erforderlichkeit einer solchen Verordnungsermächtigung zu prüfen, wobei ihr ein Wertungsfreiraum zusteht. Soweit Beschäftigte aufgrund der Gefährlichkeit der Tätigkeiten jedoch besonders schutzwürdig sind, kann sich aus dem Gesichtspunkt des grundgesetzlich geschützten Persönlichkeitsrechts gemäß Art. 2 Abs. 2 GG eine Pflicht zum Erlass einer entsprechenden Verordnung zur Begrenzung der Arbeitszeit ergeben.[2] Bei der

---
1 Buschmann/Ulber, § 8 ArbZG, Rn. 2; ErfK-*Wank*, § 8 ArbZG, Rn. 4.
2 BVerfGE 28. 1. 1992 – 1 BvR 1025/84, Rn. 71; Buschmann/Ulber, § 8 ArbZG, Rn. 4.

Ausgestaltung der konkreten Bestimmungen obliegt der Bundesregierung ein Gestaltungsspielraum.

3. Verordnungen nach bisherigem Recht

4 Bei Inkrafttreten des ArbZG galt eine Vielzahl von arbeitszeitbeschränkenden Verordnungen, die auf der Grundlage des bisherigen § 9 Abs. 2 AZO ergangen waren. Das Arbeitszeitrechtsgesetz vom 6.6.1994 (BGBl. I. S. 1170 ff.), mit dem das ArbZG eingeführt wurde, sah eine Fortgeltung für diejenigen Verordnungen vor, die nicht ausdrücklich aufgehoben wurden. Dabei handelt es sich um zwei Verordnungen, die noch heute in Kraft sind: Die **DruckluftVO** vom 4.12.1972 (zuletzt geändert am 29.3.2017, BGBl. I. S. 626) sieht verlängerte Ruhezeiten, eine tägliche und wöchentliche Höchstarbeitszeit sowie eine verlängerte Pause bei Arbeiten in Druckluft vor. Die **GefahrenstoffVO** vom 26.10.1993 (zuletzt geändert am 1.12.2010, BGBl. I S. 1643 f.) enthält die Möglichkeit, nach der Durchführung einer Gefährdungsermittlung im Rahmen einer Gefährdungsbeurteilung Arbeitszeitbeschränkungen auf betrieblicher Ebene einzuführen.

Dritter Abschnitt
Sonn- und Feiertagsruhe

§ 9 Sonn- und Feiertagsruhe

(1) Arbeitnehmer dürfen an Sonn- und gesetzlichen Feiertagen von 0 bis 24 Uhr nicht beschäftigt werden.

(2) In mehrschichtigen Betrieben mit regelmäßiger Tag- und Nachtschicht kann Beginn oder Ende der Sonn- und Feiertagsruhe um bis zu sechs Stunden vor- oder zurückverlegt werden, wenn für die auf den Beginn der Ruhezeit folgenden 24 Stunden der Betrieb ruht.

(3) Für Kraftfahrer und Beifahrer kann der Beginn der 24stündigen Sonn- und Feiertagsruhe um bis zu zwei Stunden vorverlegt werden.

Inhaltsübersicht Rn.
1. Regelungsinhalt 1, 2
2. Umfang der Sonn- und Feiertagsruhe. 3– 5
3. Verschiebung der Ruhezeit im Schichtbetrieb. 6– 8
4. Vorverlegung der Ruhezeit für Kraft- und Beifahrer 9
5. Sonderregelungen für besondere Beschäftigtengruppen 10, 11
6. Ausnahmeregelungen 12
7. Rechtsschutz 13, 14

Sonn- und Feiertagsruhe § 9

1. Regelungsinhalt

Die Regelung enthält ein **allgemeines Beschäftigungsverbot** für Sonn- und Feiertage. Sie setzt damit das sich aus Art. 140 GG in Verbindung mit Art. 139 Weimarer Reichsverfassung **grundgesetzlich geschützte Gebot** des Schutzes der Sonn- und Feiertagsruhe in arbeitszeitrechtlicher Hinsicht um. Art. 140 GG in Verbindung mit Art. 139 Weimarer Reichsverfassung stellt eine institutionelle Garantie der Sonn- und Feiertagsruhe dar und enthält eine Schutzpflicht des Gesetzgebers, diese zu wahren und zu konkretisieren. Dabei dient die Sonn- und Feiertagsruhe neben dem Schutz der Religionsfreiheit auch anderen Grund- und Freiheitsrechten wie der körperlichen Unversehrtheit, indem sie der physischen und psychischen Regeneration dient, aber auch dem Schutz der Familie sowie der Koalitions- und Versammlungsfreiheit, indem durch die generelle rhythmische und synchrone Taktung von Arbeit und Arbeitsruhe Räume für das soziale Leben geschaffen und erhalten werden.[1] Die Sonn- und Feiertagsruhe, die einen zeitlichen Gleichklang einer regelmäßigen Arbeitsruhe gewährleistet, ist somit ein grundlegendes Element für die Wahrnehmung der verschiedenen Formen des sozialen Lebens und ist insoweit von wesentlicher Bedeutung für den Alltag in einer gelebten Demokratie. Die Sonn- und Feiertagsruhe hat zudem einen besonderen Bezug zur Menschenwürde, da sie dem reinen ökonomischen Nutzgedanken Grenzen setzt.[2] Rein betriebswirtschaftliche Erwägungen dürfen keine Rechtfertigung sein, die allgemeine Sonn- und Feiertagsruhe einzuschränken. Das in § 9 aufgestellte allgemeine Beschäftigungsverbot hat als Schutzrecht für die Beschäftigten damit eine hohen Stellenwert.

Die Regelungen **definiert** hingegen nicht, was ein Feiertag ist. Als **Feiertage** gelten alle gesetzlichen Feiertage. Die Gesetzgebungskompetenz für deren Festlegung liegt bei den Bundesländern, die diese Kompetenz in jeweils eigenen Feiertagsgesetzen durchaus unterschiedlich ausgeübt haben. Dies bedeutet, dass in jedem Bundesland unterschiedliche Regelungen gelten, welche Tage als Feiertage anzusehen sind. Der einzige durch ein Bundesgesetz festgelegte Feiertag ist der Tag der deutschen Einheit am 3. Oktober, der auf Grund des Gesetzes über den deutschen Einheitsvertrag zum Feiertag wurde. Die Anzahl der Feiertage ist sehr unterschiedlich und variiert zwischen 10 und 14 Tagen im Jahr. Eine Übersicht über die gesetzlichen Feiertage findet sich im Anhang (s. S. 162).

---

1 BVerfG 1.12.2009 – 1 BvR 2857/07, Rn. 136f. und Rn. 143f.; VGH Hessen 12.9.2013 – 8 C 1776/12.N, Rn. 39f. bestätigt durch BVerwG 26.11.2014 – 6 CN 1.13, Rn. 16f.
2 BVerfG 1.12.2009 – 1 BVR 2857/07, Rn. 144.

2. Umfang der Sonn- und Feiertagsruhe

3 Gemäß Abs. 1 gilt die Sonn- und Feiertagsruhe **ganztägig**, also von 0 Uhr bis 24 Uhr. Sie hat damit einen Umfang von 24 Stunden. Fallen zwei Feiertage oder ein Sonn- und ein Feiertag nacheinander an, so beträgt die Ruhezeit 48 Stunden. Die Feiertagsruhe ist grundsätzlich in Verbindung mit einer Ruhezeit im Sinne des § 5 ArbZG zu gewähren (§ 11 Abs. 4 ArbZG), sodass die Ruhezeit der Beschäftigten in Verbindung mit einem Sonn- und Feiertagen insgesamt regelmäßig 35 Stunden beträgt. Bei zwei aufeinanderfolgenden Feiertagen oder einem Feiertag, der einem Sonntag folgt, beträgt die (arbeitsfreie) Ruhezeit damit 56 Stunden.[3]

4 Die Sonn- und Feiertagsruhe umfasst jede **Form der Beschäftigung**. Hierunter fallen auch Sonderformen der Beschäftigung wie Bereitschaft und Rufbereitschaft[4], aber auch Vorbereitungsarbeiten, Umkleide- und Rüstzeiten sowie Tätigkeiten der Weiterbildung im Betrieb.[5] Dabei kommt es nicht darauf an, ob die Arbeit angeordnet, vom Arbeitgeber nur geduldet oder gar freiwillig von den Beschäftigten erbracht wird.[6] Unter den Begriff der Beschäftigung fallen auch einfache Routinearbeiten, die keines großen Aufwands bedürfen. Für den Begriff der Beschäftigung kommt es nicht darauf an, wo sie geleistet wird. Tätigkeiten, die Beschäftigte an Sonn- und Feiertagen von zu Hause aus etwa in Form des mobilen Arbeitens erbringen, sind also ebenfalls vom Beschäftigungsverbot erfasst.[7] Vom Verbot der Sonntagsarbeit sind auch Abschluss- und Aufräumarbeiten umfasst, wenn sich diese unmittelbar an die bis 24.00 Uhr erfolgte werktägliche Öffnung des Betriebs (hier: ein Einzelhandelsgeschäft) anschließt.[8] Auch die Aufholung streikbedingter Rückstände fällt unter den Begriff der Beschäftigung und ist grundsätzlich unzulässig.[9] Der Begriff der Beschäftigung meint diejenige der abhängig beschäftigten Arbeitnehmerinnen und Arbeitnehmer. Nicht unter das Verbot fällt daher die Tätigkeit von Beschäftigten, die auf der Grundlage einer echten Selbständigkeit tätig sind.[10] Nicht unter den Begriff der Beschäftigung fällt auch das automatisierte Laufen von Maschinen, ohne dass es eines Eingreifens oder Überwachens von Beschäftigten bedarf.

---

3 Buschmann/Ulber, § 9 ArbZG, Rn. 14; ErfK-*Wank*, § 9 ArbZG, Rn. 3.
4 BAG 22. 9. 2005 – 6 AZR 579/04.
5 Buschmann/Ulber, § 9 ArbZG, Rn. 13; ErfK-*Wank*, § 9 ArbZG, Rn. 1.
6 BAG 24. 5. 2005 – 2 AZR 211/04); Buschmann/Ulber, § 9 ArbZG, Rn. 19; ErfK-*Wank*, § 9 ArbZG, Rn. 1.
7 Buschmann/Ulber, § 9 ArbZG, Rn. 13.
8 BVerwG 4. 12. 2014 – 8 B 66/14.
9 OVG Nordrhein-Westphalen 10. 7. 2015 – 4 B 792/15.
10 ErfK-*Wank*, § 9 ArbZG, Rn. 2.

Ob ein Arbeitstag auf einen Feiertag fällt, richtet sich nach dem **Arbeitsort** 5
der Beschäftigten, nicht nach deren Wohnort.[11] Dies ist für Beschäftigte von
Bedeutung, die in verschiedenen Bundesländern arbeiten und wohnen, da
die Feiertage am Wohn- und Arbeitsort aufgrund der jeweiligen Ländergesetze unterschiedlich sein können. Von Bedeutung ist dies aber auch für Beschäftigte, die zu Dienstreisen verpflichtet sind. Und auch für Außendienstmitarbeiter, bei denen der Wohnort vertraglich als Arbeitsort vereinbart ist.
Hier können die Feiertage, die im Betrieb gelten, abweichen von denen am
vereinbarten Arbeitsort (= Wohnort), sofern der Sitz des Betriebs und der
Wohnort in verschiedenen Bundesländern liegen.

3. Verschiebung der Ruhezeit im Schichtbetrieb

Gemäß Abs. 2 ist es zulässig, in Betrieben, in denen regelmäßig mehrschich- 6
tig Tag- und Nachtschicht gearbeitet wird, den Beginn oder das Ende der
Feiertagsruhe um bis zu sechs Stunden vor- oder zurück zu verlegen. Dies
ermöglicht es, mit der Montagsschicht schon am Sonntag (frühestens) um
18.00 Uhr zu beginnen oder die Samstagsschicht erst am Sonntag (spätestens) um 6.00 Uhr enden zu lassen. Zulässig ist nur, entweder den Beginn
vorzuverlegen oder das Ende nach hinten zu verschieben; beides zusammen
ist nicht zulässig, denn dies kann zu einer Verkürzung der 24-stündigen
Ruhe führen. Die Regelung lässt nur eine **Verschiebung**, nicht dagegen eine
Verkürzung zu.[12]

Die Möglichkeit der Verschiebung des Beginns oder des Endes der Sonn- 7
und Feiertagsruhe ist nur in Betrieben zulässig, die **mehrschichtig** am Tag
und in der Nacht arbeiten. Dies bedeutet, dass dies nur in Betrieben zulässig ist, in denen im Rahmen der regelmäßigen – also normalen – Produktion bzw. Arbeitsorganisation neben einer vollen Tag- auch eine volle Nachtschicht gearbeitet wird. Eine Verschiebung der Sonn- und Feiertagsruhe ist
damit nur in Betrieben zulässig, in denen regelmäßig Wechselschicht gearbeitet wird.[13]

Weitere Voraussetzung für die Verschiebung ist, dass der Betrieb für die auf 8
den Beginn der Ruhezeit folgenden 24 Stunden ruht. Umstritten ist, ob hiermit eine **Betriebsruhe** für den gesamten Betrieb gemeint ist oder ob die Voraussetzung bereits erfüllt ist, wenn dies für die einzelnen Beschäftigten gegeben ist. Der Wortlaut der Regelung spricht dafür, dass der gesamte Betrieb
ruhen muss. Auch der Schutzzweck der Regelung – nämlich die grundgesetzlich geschützte Sonn- und Feiertagsruhe im Arbeitszeitrecht zu veran-

---

11 BAG 16.4.2014 – 5 AZR 483/12; 13.5.2005 – 5 AZR 475/04.
12 Buschmann/Ulber, § 9 ArbZG, Rn. 16; ErfK-*Wank*, § 9 ArbZG, Rn. 4.
13 BAG 29.4.2004 – 1 AZR 445/03; Buschmann/Ulber, § 9 ArbZG, Rn. 16.

kern – spricht für eine objektive Betriebsruhe, sodass der überwiegenden Ansicht in der Literatur der Vorzug zu geben ist.[14]

4. Vorverlegung der Ruhezeit für Kraft- und Beifahrer

9   Auch für die Berufsgruppe der Kraft- und Beifahrer ist (gemäß Abs. 3) eine Verschiebung der Sonn- und Feiertagsruhe möglich. Wiederum handelt es sich ausschließlich um die Möglichkeit der Verschiebung, nicht um eine Möglichkeit der Verkürzung. Auch im Falle einer Vorverlegung muss die Ruhezeit 24 Stunden betragen. Anders als nach Abs. 2 ist jedoch ausschließlich eine **Vorverlegung** der Ruhezeit um bis zu zwei Stunden möglich. Damit kann die Sonntagsruhe bereits am Samstag um 22.00 Uhr beginnen. Diese Regelung soll die Arbeitszeit der Kraft- und Beifahrer an die Regelung des Sonntagsfahrverbot nach § 30 Abs. 3 StVO anpassen, wonach diese Beschäftigtengruppe ihre Arbeit bereits am Sonntag ab 22.00 Uhr wieder aufnehmen darf.

5. Sonderregelungen für besondere Beschäftigtengruppen

10 Für **schwangere und stillende Mütter** ergibt sich ein Beschäftigungsverbot an Sonn- und Feiertagen zusätzlich aus § 6 Abs.1 MuSchG. Die im Jahr 2017 neu geschaffene Regelung enthält die nicht unproblematische Möglichkeit, dass die betroffene Beschäftigte unter Beachtung der weiteren in dieser Regelung enthaltenen Bedingungen sowie unter Beachtung der Regelungen des ArbZG auf das Beschäftigungsverbot verzichten kann.

11 Für **Jugendliche** ergibt sich ein Beschäftigungsverbot für Sonn- und Feiertage aus §§ 17, 18 JArbSchG. Auch dieses Verbot enthält Ausnahmen. Da die im JArbSchG enthaltenen Regelungen weitergehend sind, sind die Jugendschutzbestimmungen vorrangig vor denen des ArbZG.

6. Ausnahmeregelungen

12 Ein absolutes Verbot der Sonn- und Feiertagsarbeit existiert trotz des grundgesetzlichen Schutzes nicht. Ausnahmen finden sich im ArbZG selbst und zwar in den Regelungen der §§ 10, 13 und 14. Weitere Ausnahmen ergeben sich aus den Ladenschlussgesetzen der Länder, die unterschiedliche Regelungen für ausnahmsweise Öffnungen an einzelnen Sonntagen unter jeweils unterschiedlichen Regelungen zulassen. Außerdem gilt in Bayern das Ladenschlussgesetz des Bundes, das ebenfalls die ausnahmsweise Öffnung der Läden des Einzelhandels an einzelnen Sonntagen zulässt. In Bayern gilt das

---

14 ArbR KK-*Wedde*, § 9 ArbZG, Rn. 5; ErfK-*Wank*, § 9 ArbZG, Rn. 6; Buschmann/Ulber, § 9 ArbZG, Rn. 9 mit weiteren Nachweisen.

Sonn- und Feiertagsbeschäftigung § 10

Ladenschlussgesetz des Bundes, da es seit der Föderalismusreform im Jahr 2006, in dem die Zuständigkeit für die Gesetzgebung vom Bund auf die Länder überging, kein eigenes Landesgesetz verabschiedet hat.

7. Rechtsschutz

Die Sonn- und Feiertagsruhe ist **zwingendes Recht**. Das bedeutet, dass hiervon weder durch Tarifvertrag noch durch Betriebsvereinbarung oder durch Arbeitsvertrag zu Lasten der Beschäftigten abgewichen werden kann. Die Beschäftigten können auch nicht auf das Sonntagsarbeitsverbot verzichten.[15] Der Arbeitgeber muss die Arbeit an Sonn- und Feiertagen unterbinden, sofern nicht eine Ausnahmeregelung greift. Die Beschäftigten haben ein Leistungsverweigerungsrecht[16] und müssen – sofern keine Ausnahmeregelung vorliegt – die Tätigkeit nicht erbringen. Regelungen in Arbeitsverträgen, die gegen das Sonn- und Feiertagsarbeitsverbot verstoßen, sind nichtig und insoweit unwirksam.[17]

13

Sofern der Arbeitgeber von der Verlegung des Beginns oder des Endes der Ruhezeit nach Abs. 2 oder 3 Gebrauch machen will, unterliegt dies der **Mitbestimmung des Betriebsrats** nach § 87 Abs. 1 Nr. 2 BetrVG. Es bedarf hierfür also der Zustimmung des Betriebsrats. Dies ist am rechtssichersten im Wege einer Betriebsvereinbarung zu regeln.

14

§ 10 Sonn- und Feiertagsbeschäftigung

(1) Sofern die Arbeiten nicht an Werktagen vorgenommen werden können, dürfen Arbeitnehmer an Sonn- und Feiertagen abweichend von § 9 beschäftigt werden

1. **in Not- und Rettungsdiensten sowie bei der Feuerwehr,**
2. **zur Aufrechterhaltung der öffentlichen Sicherheit und Ordnung sowie der Funktionsfähigkeit von Gerichten und Behörden und für Zwecke der Verteidigung,**
3. **in Krankenhäusern und anderen Einrichtungen zur Behandlung, Pflege und Betreuung von Personen,**
4. **in Gaststätten und anderen Einrichtungen zur Bewirtung und Beherbergung sowie im Haushalt,**
5. **bei Musikaufführungen, Theatervorstellungen, Filmvorführungen, Schaustellungen, Darbietungen und anderen ähnlichen Veranstaltungen,**

---

15 BAG 24. 2. 2005 – 2 AZR 211/04.
16 BayVGH 26. 6. 1999 – 22 B 98.1524.
17 Buschmann/Ulber, § 9 ArbZG, Rn. 19.

§ 10 Sonn- und Feiertagsbeschäftigung

6. bei nichtgewerblichen Aktionen und Veranstaltungen der Kirchen, Religionsgesellschaften, Verbände, Vereine, Parteien und anderer ähnlicher Vereinigungen,
7. beim Sport und in Freizeit-, Erholungs- und Vergnügungseinrichtungen, beim Fremdenverkehr sowie in Museen und wissenschaftlichen Präsenzbibliotheken,
8. beim Rundfunk, bei der Tages- und Sportpresse, bei Nachrichtenagenturen sowie bei den der Tagesaktualität dienenden Tätigkeiten für andere Presseerzeugnisse einschließlich des Austragens, bei der Herstellung von Satz, Filmen und Druckformen für tagesaktuelle Nachrichten und Bilder, bei tagesaktuellen Aufnahmen auf Ton- und Bildträger sowie beim Transport und Kommissionieren von Presseerzeugnissen, deren Ersterscheinungstag am Montag oder am Tag nach einem Feiertag liegt,
9. bei Messen, Ausstellungen und Märkten im Sinne des Titels IV der Gewerbeordnung sowie bei Volksfesten,
10. in Verkehrsbetrieben sowie beim Transport und Kommissionieren von leichtverderblichen Waren im Sinne des § 30 Abs. 3 Nr. 2 der Straßenverkehrsordnung,
11. in den Energie- und Wasserversorgungsbetrieben sowie in Abfall- und Abwasserentsorgungsbetrieben,
12. in der Landwirtschaft und in der Tierhaltung sowie in Einrichtungen zur Behandlung und Pflege von Tieren,
13. im Bewachungsgewerbe und bei der Bewachung von Betriebsanlagen,
14. bei der Reinigung und Instandhaltung von Betriebseinrichtungen, soweit hierdurch der regelmäßige Fortgang des eigenen oder eines fremden Betriebs bedingt ist, bei der Vorbereitung der Wiederaufnahme des vollen werktägigen Betriebs sowie bei der Aufrechterhaltung der Funktionsfähigkeit von Datennetzen und Rechnersystemen,
15. zur Verhütung des Verderbens von Naturerzeugnissen oder Rohstoffen oder des Misslingens von Arbeitsergebnissen sowie bei kontinuierlich durchzuführenden Forschungsarbeiten,
16. zur Vermeidung einer Zerstörung oder erheblichen Beschädigung der Produktionseinrichtungen.

(2) Abweichend von § 9 dürfen Arbeitnehmer an Sonn- und Feiertagen mit den Produktionsarbeiten beschäftigt werden, wenn die infolge der Unterbrechung der Produktion nach Absatz 1 Nr. 14 zulässigen Arbeiten den Einsatz von mehr Arbeitnehmern als bei durchgehender Produktion erfordern.

(3) Abweichend von § 9 dürfen Arbeitnehmer an Sonn- und Feiertagen in Bäckereien und Konditoreien für bis zu drei Stunden mit der Herstellung und dem Austragen oder Ausfahren von Konditorwaren und an diesem Tag zum Verkauf kommenden Bäckerwaren beschäftigt werden.

Sonn- und Feiertagsbeschäftigung § 10

(4) Sofern die Arbeiten nicht an Werktagen vorgenommen werden können, dürfen Arbeitnehmer zur Durchführung des Eil- und Großbetragszahlungsverkehrs und des Geld-, Devisen-, Wertpapier- und Derivatehandels abweichend von § 9 Abs. 1 an den auf einen Werktag fallenden Feiertagen beschäftigt werden, die nicht in allen Mitgliedstaaten der Europäischen Union Feiertage sind.

Inhaltsübersicht Rn.
1. Regelungsinhalt 1– 5
2. Ausnahmen vom Sonn- und Feiertagsarbeitsverbot 6– 8
3. Ausnahmen im öffentlichen Interesse 9–12
4. Ausnahmen im gesellschaftlichen Interesse 13–21
5. Ausnahmen im betrieblichen Interesse 22–32
6. Ausnahmen bei durchgehender Produktion 33
7. Ausnahmen im Bäcker- und Konditorgewerbe 34–36
8. Ausnahmen für den Finanzsektor 37–39
9. Rechtsschutz 40, 41

1. Regelungsinhalt

Obwohl die Sonn- und Feiertagsruhe grundgesetzlich geschützt ist, gilt sie 1
nicht absolut. Das bedeutet, dass Ausnahmen vom Verbot der Arbeit an Sonn- und Feiertagen existieren. Die Regelung des § 10 enthält **Ausnahmen kraft Gesetzes**. Das bedeutet, dass es für die in dieser Vorschrift aufgeführten Fälle der ausnahmsweisen zulässigen Sonn- und Feiertagsarbeit keiner behördlichen Anhörung, Bewilligung oder Erlaubnis bedarf.

Mit Blick auf den verfassungsrechtlichen Schutz der Sonn- und Feiertags- 2
ruhe sind die in § 10 enthaltenen Ausnahmen nicht nur **restriktiv auszulegen**[1], sondern die Regelung ist auch **abschließend**.[2] Das bedeutet, dass sich eine analoge Anwendung der zugelassenen Ausnahmen über den Wortlaut der Regelung hinaus auf ähnliche Sachverhalte verbietet. Auch eine Erweiterung der Ausnahmen durch Tarifvertrag, Betriebsvereinbarung oder Arbeitsvertrag ist ausgeschlossen.[3] Liegt eine Ausnahme vor, ist die Tätigkeit an Sonn- und Feiertagen auf das notwendige Maß zu beschränken, da andernfalls dem verfassungsrechtlichen Gebot der Sonn- und Feiertagsruhe nicht genüge getan wird.

Ob eine Ausnahme und deren Voraussetzungen gegeben sind, liegt in der 3
Verantwortung des Arbeitgebers. Er muss die Voraussetzungen in eigener

---

1 ArbR KK-*Wedde*, § 10 ArbZG, Rn. 1; Buschmann/Ulber, § 10 ArbZG, Rn. 2 m. w. N.
2 Buschmann/Ulber, § 10 ArbZG, Rn. 3; ArbR KK-*Wedde*, § 10 ArbZG, Rn. 1.
3 Buschmann/Ulber, § 10 ArbZG, Rn. 4.

Verantwortung prüfen.[4] Eine Fehleinschätzung kann zu einer Ordnungswidrigkeit gem. § 22 oder einer Straftat nach § 23 führen. Ist der Arbeitgeber unsicher, so kann er gemäß § 13 Abs. 3 Nr. 1 die zuständige Aufsichtsbehörde um Auskunft und Feststellung der Zulässigkeit der Sonn- und Feiertagsarbeit ersuchen.

4 Die Regelung gilt nicht für **werdende und stillende Mütter** sowie für **Jugendliche**. Die Regelungen in § 6 MuSchG bzw. §§ 17, 18 JArbSchG haben für diese Beschäftigtengruppe Vorrang.

5 Weitere Ausnahmen der Sonn- und Feiertagsruhe ergeben sich für den Einzelhandel aus den **Ladenschlussgesetzen der Länder**, die in unterschiedlicher Weise Sonntagsöffnungen zulassen. Zu beachten ist dabei, dass mit der Föderalismusreform zwar die Zuständigkeit für den Ladenschluss auf die Länder übergegangen ist, so dass diese in eigener Gesetzkompetenz die Öffnungszeiten für den Einzelhandel – und somit auch für den Sonntag – selbständig regeln können. Die Zuständigkeit für Arbeitszeitfragen als Teil des Arbeits- und Gesundheitsschutzes ist jedoch beim Bund geblieben[5], so dass für die Sonntagsöffnungen weiterhin die bundesrechtlichen Arbeitszeitregelungen des ArbZG und des LadenschlussG gelten.

2. Ausnahmen vom Sonn- und Feiertagsarbeitsverbot

6 Gemeinsame Voraussetzung für das Vorliegen einer ausnahmsweise zulässigen Sonn- und Feiertagsarbeit nach den Regelungen des Abs. 1 ist, dass diese **nicht an einem Werktag** ausgeführt werden kann. Damit stellt der Eingangssatz die erlaubte Sonn- und Feiertagsarbeit unter einen besonderen **Vorbehalt**. Dieser Vorbehalt ist Ausdruck der grundgesetzlich garantierten Sonn- und Feiertagsruhe und hat das Ziel, die Sonn- und Feiertagsarbeit auf ein Mindestmaß zu reduzieren.[6] Die Unmöglichkeit der Vornahme der Tätigkeit an einem Werktag kann sich aus technischen Gründen ergeben. Sie kann sich aber auch daraus ergeben, dass das Verlegen der Tätigkeiten auf einen Werktag wegen **unverhältnismäßiger Nachteile** sozialer oder wirtschaftlicher Art sich als unverhältnismäßig erweist.[7] Dabei ist auf die betrieblichen Verhältnisse abzustellen. Hieraus ergibt sich somit für den Arbeitgeber die Pflicht, alternative Gestaltungsmöglichkeiten der Ausübung der Tätigkeiten zu prüfen, etwa durch Verlängerung der Schichten an Werktagen, einen veränderten Personaleinsatz oder technische und personelle Veränderungen, um die Maschinenauslastung während der Werktage zu er-

---

4 Buschmann/Ulber, § 10 ArbZG, Rn. 3; ErfK-*Wank*, § 10 ArbZG, Rn. 1.
5 BVerfG 14.1.2015 – 1 BvR 931/12.
6 BVerwG 19.9.2000 – 1 C 17.99.
7 BVerwG 19.9.2000 – 1 C 17.99.

höhen.[8] Nach diesen Grundsätzen kann es etwa unzulässig sein, **streikbedingte Rückstände** an Sonn- und Feiertagen aufzuarbeiten, wenn die Arbeitgeberin nicht ernsthaft prüft, ob eine vorübergehende Veränderung der Arbeitsorganisation bzw. der Arbeitszeiten an Werktagen zu einer Erhöhung der Arbeitskapazitäten führen kann.[9] Insbesondere dann, wenn wirtschaftliche Interessen herangezogen werden, um eine ausnahmsweise Sonn- und Feiertagsruhe zu begründen, ist die Verhältnismäßigkeit besonders sorgfältig zu prüfen. Der Vorbehalt im Eingangssatz dient dazu, die Sonn- und Feiertagsarbeit auf ein Minimum zu reduzieren,[10] denn die grundgesetzlich geschütze Sonn- und Feiertagsruhe setzt dem ökonomischen Nutzdenken eindeutig Grenzen, indem sie die Menschen vor einer weitgehenden Ökonomisierung schützen soll.[11] Daher wurde beispielsweise einem privaten Paketzusteller verwehrt, während der Corona-Pandemie an Feiertagen Pakete zuzustellen, da das Unternehmen nicht darlegen konnte, dass ihm ohne die Feiertagsarbeit ein unzumutbarer wirtschaftlicher Schaden entsteht.[12] Ist das Arbeiten an Sonn- und Feiertagen ausnahmsweise erlaubt, dürfen nur **so viele Beschäftigte** tätig sein, wie dies für deren Bewältigung erforderlich ist.

Sofern Arbeiten ausnahmsweise an Sonn- und Feiertagen zulässig sind, sind hiervon auch **Hilfs- und Nebenarbeiten** erfasst, die mit der zulässigen Tätigkeit unmittelbar in Verbindung stehen. Diese sind jedoch auf denjenigen Umfang zu beschränken, der für die Durchführung der erlaubten Tätigkeit unerlässlich ist und nicht an einem Werktag vor- oder nachbereitet werden kann.[13] 7

Die in Abs. 1 geregelten Ausnahmen von der Sonn- und Feiertagsruhe betreffen **drei verschiedene Schutzgüter und Tatbestände**. Die Nr. 1 bis 3 betreffen Ausnahmen, die im öffentlichen Interesse liegen. Die Ausnahmen der Nr. 4 bis 11 betreffen solche, die im gesellschaftlichen Interesse liegen und schließlich betreffen die Ausnahmen in Nr. 12 bis 16 solche, die mit betrieblichen Interessen begründet sind. Bei Anwendung der Ausnahmen sind die in den Blick genommenen Schutzgüter jeweils in die Betrachtung mit einzubeziehen. Je gewichtiger das Schutzgut im Einzelfall ist, umso eher ist es zulässig, die Sonn- und Feiertagsruhe ausnahmsweise zu verdrängen. 8

---

8 Buschmann/Ulber, § 10 ArbZG, Rn. 8; ErfG-*Wank*, § 10 ArbZG, Rn. 2.
9 OVG Nordrhein-Westfalen 10.7.2015 – 4 B 791.15 und 4 B 792.15.
10 BVerwG 19.9.2000 – 1 C 17.99; Buschmann/Ulber, § 10 ArbZG, Rn. 9, die wirtschaftliche Gründe als Grund für eine Ausnahme ablehnen.
11 BVerfG 1.12.2009 – 1 BvR 2857/07 und 1 BvR 2858/07.
12 VG Berlin 9.4.2020 – 4 L 132.20.
13 ErfK-*Wank*, § 10 ArbZG, Rn. 3; ArbR KK-*Wedde*, § 10 ArbZG, Rn. 7.

3. Ausnahmen im öffentlichen Interesse

9 Die Ausnahmen, die in den Nr. 1 bis 3 beschrieben sind, dienen öffentlichen Interessen insbesondere der Sicherstellung demokratischer Rechte gegenüber dem Staat sowie der Aufrechterhaltung von Not- und Rettungsdiensten auch an Sonn- und Feiertagen.

10 Ausnahmen von der Sonn- und Feiertagsruhe sind gem. Nr. 1 zunächst für die **Not- und Rettungsdienste** sowie die **Feuerwehren** zulässig. Als Rettungsdienste sind dabei solche Einrichtungen zu verstehen, die an einem Unfallort oder im Rahmen einer lebensbedrohlichen Situation die Erstversorgung der Patieten und deren Beförderung in ein Krankenhaus sicherstellen. Als Notdienst werden Einrichtungen verstanden, die zur Versorgung, Betreuung und Beratung von Personen in Notsituationen tätig sind.[14] Der Begriff der Not- und Rettungsdienste ist nicht nur auf die Personenfürsorge durch öffentliche Institutionen beschränkt. Vielmehr steht die helfende Funktion einer Einrichtung in einer Notsituation im Vordergrund, so dass unter den Regelungsbereich auch private Rettungsdienste, Schlüsselnot- und Sperrannahmedienste im Finanzbereich, Notrufzentralen der Automobilclubs und handwerkliche Notdienste fallen.[15] Dabei ist jedoch zu beachten, dass unter Notdienste nur solche Tätigkeiten fallen, die unaufschiebar sind, um die Versorgung und Betreuung von Personen in Notsituationen zur Abwendung gesundheitlicher Beeinträchtigungen, wirtschaftlicher Schäden oder sonstiger erheblicher Nachteile sicherzustellen.[16]

11 Ausnahmsweise ist Sonn- und Feiertagsarbeit gem. Nr. 2 zur **Aufrechterhaltung der öffentlichen Sicherheit und Ordnung**, zur **Funktionsfähigkeit von Gerichten und Behörden** sowie für **Zwecke der Verteidigung** zulässig. Da unter das ArbZG ausschließlich Arbeitnehmerinnen und Arbeitnehmer fallen, richtet sich die Regelung ausschließlich an Angestellte und Arbeiter des öffentlichen Dienstes. Die Beschäftigung der Beamten an Sonn- und Feiertagen richtet sich hingegen nach den Regelungen der Beamtengesetze. Angestellte und Arbeiter verrichten in den genannten Bereichen in der Regel Hilfsdienste, so dass stets zu prüfen ist, ob deren Tätigkeit nicht auf einen Werktag verlagert werden kann. Unter die Vorschrift fallen auch Fälle von Schäden der öffentlichen Verkehrsnetze (z. B. Straßen- und Gleisbauarbeiten) oder sonstige Störungen des öffentlichen Lebens (z. B. Telekommunikation). Dabei kommt eine Sonn- und Feiertagsarbeit – wie in allen anderen Fällen – nur dann in Betracht, wenn es sich um **unaufschiebbare Tätigkeiten** handelt.

---

14 Zu den Definitionen: Buschmann/Ulber, § 10 ArbZG, Rn. 11.
15 Buschmann/Ulber, § 10 ArbZG, Rn. 11; ErfK-*Wank*, § 10 ArbZG, Rn. 4.
16 Buschmann/Ulber, § 10 ArbZG, Rn. 11.

Sonn- und Feiertagsbeschäftigung § 10

Schließlich ist gemäß Nr. 3 Sonn- und Feiertagsarbeit auch in **Krankenhäusern** und anderen **Einrichtungen zur Behandlung, Pflege und Betreuung** zulässig. Neben dem Bereich der Krankenpflege ist auch der Bereich der pflegenden Versorgung umfasst. Hierunter fallen auch ambulante Pflegedienste sowie ununterbrochen betriebene Heime und Pflegeeinrichtungen, aber auch Rehabilitations- und Kureinrichtungen.[17]

12

4. Ausnahmen im gesellschaftliche Interesse

Die Regelung des § 10 sieht weitere Ausnahmen vor, die dem **gesellschaftlichen Interesse** dienen. Hierunter sind solche Tatbestände erfasst, die kulturellen, gesellschaftlichen oder religiösen Zwecken dienen. Diese sind in den Nr. 4 bis Nr. 11 enthalten.

13

Eine ausnahmsweise Erlaubnis zur Sonn- und Feiertagsarbeit ist gem. Nr. 4 in **Gaststätten** und sonstigen **Einrichtungen der Bewirtung** (etwa Ausflugslokale) sowie in **Beherbergungsbetrieben** aller Art (also von der Jugendherberge bis zu Mehr-Sterne-Hotels sowie Campingplätzen) gegeben. Als Einrichtungen der Bewirtung sind nicht nur solche zu verstehen, die (selbsthergestellte) Speisen anbieten, sondern auch so genannte Schankwirtschaften, denn die Regelungen bildet insoweit die frühere Vorschrift des § 105i GewO a. F. ab.[18] Auch die Bewirtung im Rahmen von Partyservice ist von der Vorschrift erfasst.

14

Gem. Nr. 5 ist Sonn- und Feiertagsarbeit auch im Rahmen von **Theater- und Filmvorstellungen** sowie von **Musikaufführungen**, Schaustellungen, Darbietungen und anderen ähnlichen Veranstaltungen zulässig. Zu den ähnlichen Veranstaltungen zählen dabei insbesondere die Tätigkeiten des Schaustellergewerbes. Aber wohl auch das Aufstellen von Musik- und Unterhaltungsautomaten (z. B. in Spielhallen oder Kneipen) sowie die Tätigkeiten derjenigen Beschäftigten, die zur Beseitigung eventueller Störungen eingesetzt sind, werden von der Ausnahmeregelung erfasst.[19] Hierbei ist jedoch stets zu prüfen, ob die Beseitigung der Störung nicht am folgenden Werktag erfolgen kann.

15

Sofern **Kirchen, Religionsgemeinschaften, Verbände, Vereine und Parteien** sowie andere ähnliche Vereinigungen an einem Sonn- oder Feiertag **nichtgewerbliche** Veranstaltungen abhalten, besteht für die zur Durchführung dieser Veranstaltungen notwendigen Tätigkeiten eine Ausnahme gem. Nr. 6. Hiermit soll insbesondere die freie Religionsausübung und die freie Betätigung der Vereine sowie Parteien sichergestellt werden. Nicht gewerblich bedeutet in diesem Zusammenhang, dass die Veranstaltung nicht auf die

16

---

17 Buschmann/Ulber, § 10 ArbZG, Rn. 14; ErfK-*Wank*, § 10 ArbZG, Rn. 6.
18 ErfK-*Wank*, § 10 ArbZG, Rn. 7.
19 ErfK-*Wank*, § 10 ArbZG, Rn. 8.

Erzielung eines Gewinns gerichtet sein darf. Wird auf der Veranstaltung ein Reinerlös erwirtschaftet, ist diese dennoch nichtgewerblich, sofern der gemeinnützige Zweck im Vordergrund steht.[20]

17 Auch im Bereich des **Sports** bestehen Ausnahmen von der Sonn- und Feiertagsruhe. Diese sind in Nr. 7 enthalten. Neben Wettkämpfen sind auch alle anderen sportliche Veranstaltungen erfasst, so z. B. Schauveranstaltungen. Von der Ausnahme erfasst sind neben den Sportlern auch diejenigen, die für die Durchführung der Veranstaltung erforderlich sind, wie etwa Kampfrichter, Betreuer, Ordner, Organisatoren.[21] Die Regelung in Nr. 7 erlaubt Sonn- und Feiertagsarbeit ferner in **Freizeit-, Erholungs- und Vergnügungseinrichtungen** aller Art sowie in **Museen**. Die Regelung soll damit sicherstellen, dass das Bedürfnis der Menschen nach freier Gestaltung der freien Zeit auch an Sonn- und Feiertagen befriedigt werden kann. Maßstab für die Zulässigkeit der Arbeit an diesen Tagen bleibt, dass diese innerhalb der Freizeiteinrichtung nicht auch an einem Werktag möglich ist. So werden Buchhaltungs- und Controllingarbeiten selbst dann nicht an Sonn- und Feiertagen zulässig sein, wenn sie in bzw. für ein Museum durchgeführt werden. Weiterhin erlaubt Nr. 7 die Sonn- und Feiertagsarbeit in **wissenschaftlichen Präsenzbibliotheken** (z. B. Universitäts- und Institutsbibliotheken). Da der Wortlaut ausdrücklich auf wissenschaftliche Bibliotheken verweist und darüber hinaus auch die Präsenz betont, sind hiervon weder die Ausleihe noch Bibliotheken erfasst, die nicht der Wissenschaft und Forschung dienen. Das bedeutet, dass für alle weiteren Bibliotheken die Sonn- und Feiertagsruhe des § 9 gilt.

18 Ausnahmen sind ebenso im Bereich der **Presse und des Rundfunks** gegeben. Diese sind in Nr. 8 aufgenommen. Die Regelung schützt das Grundrecht der Rundfunk- und Pressefreiheit in Art. 5 GG und stellt sicher, dass dieses auch an Sonn- und Feiertagen gewährleistet ist. Daher sind alle Tätigkeiten erfasst, die der Tagesaktualität der Medien – nicht nur in Bezug auf politische Nachrichten, sondern jede Form der Berichterstattung – dienen. Erfasst ist auch die Tätigkeit elektronischer Medien einschließlich der Erstellung von elektronischen Pressespiegeln.[22] Nicht erfasst sind jedoch Tätigkeiten für Anzeigenblätter, Werbematerial und Zeitschriften;[23] für diese Tätigkeiten bleibt es bei der Sonn- und Feiertagsruhe des § 9. Von der Regelung erfasst sind neben der Recherche, Berichterstattung und Erstellung der Beiträge über Veranstaltungen an Sonn- und Feiertagen, auch die Erstellung der Beiträge für den folgenden Werktag sowie das Austragen der Sonn- und Feiertagsausgaben.

---

20 Buschmann/Ulber, § 10 ArbZG, Rn. 16.
21 ErfK-*Wank*, § 10 ArbZG, Rn. 10.
22 VG Berlin 10. 3. 2017 – 14 K 13.15 mit Bezug zu BVerfG 25. 6. 2009 – 1 BvR 134/03.
23 Buschmann/Ulber, § 10 ArbZG, Rn. 17.

Sonn- und Feiertagsbeschäftigung § 10

Weitere Ausnahmen sind in Nr. 9 für **Messen**, Ausstellungen, Märkte und **Volksfeste** vorgesehen. Erlaubt ist hierdurch nur die Tätigkeit auf solchen Veranstaltungen, nicht jedoch die Tätigkeiten im Einzelhandel anlässlich solcher Veranstaltungen. Deren Zulässigkeit ergibt sich im Einzelfall aus dem Ladenschlussrecht.[24] 19

Aus Nr. 10 ergibt sich eine Ausnahme für die Beschäftigung an Sonn- und Feiertagen beim Transport und Kommissionieren von **leicht verderblicher Ware** durch Verkehrsbetriebe. Zum Transport und Kommissionieren gehören auch das Sortieren, Verpacken, Verladen, Ausladen sowie Ausliefern der Ware. Leicht verderbliche Ware sind neben Milch und Milcherzeugnissen, frisches Fleisch und Fleischprodukte, frischer Fisch und Fischerzeugnisse sowie leicht verderbliches Obst und Gemüse.[25] Die Regelung dient nicht nur der Verhinderung des Verderbens, sondern bezweckt auch die Befriedigung der Bedürfnisse der Verbraucher nach Frischware am folgenden Werktag.[26] Nr. 10 bildet zugleich eine Ausnahmeregelung für **Verkehrsbetriebe**, also solche Betriebe, deren Betriebszweck darauf gerichtet ist, Personen, Güter oder Nachrichten Dritter an andere zu befördern, worunter alle gewerblichen und nichtgewerblichen Betriebe des Güternah- und -fernverkehrs, des Personennah- und -fernverkehrs – gleich mit welchem Verkehrsmittel – fallen. Ausgenommen ist lediglich der innerbetriebliche Werksverkehr.[27] 20

Für die **Versorgung** der Bevölkerung **mit Energie und Wasser** sowie für die **Abfall- und Abwasserentsorgung** enthält Nr. 11 eine Ausnahme von der Sonn- und Feiertagsruhe für die in diesen Bereichen tätigen Betriebe, und zwar öffentliche und private Betriebe. Erfasst sind alle Betriebe der Energieversorgung mit Gas, elektrischem Strom und Wärme sowie diejenigen, die den Bedarf nach Trink- und Brauchwasser sicherstellen. Abfallentsorgung umfasst nicht nur Haushaltsabfälle aller Art, sondern darüber hinaus den Industrieabfall. Unter Wasserentsorgung ist nicht nur die Sammlung des Abwassers, sondern auch dessen Aufbereitung zu verstehen. Die Vorschrift soll sicherstellen, dass die Versorgung der Bevölkerung auch an Sonn- und Feiertagen gewährleistet ist. Zu beachten ist, dass auch im Rahmen der Nr. 11 nur solche Tätigkeiten an Sonn- und Feiertagen zulässig sind, die nicht an Werktagen erledigt werden können. 21

5. Ausnahmen im betrieblichen Interesse

Auch Ausnahmen, die vorrangig im **betrieblichen Interesse** liegen, sieht § 10 vor. Diese sind in den Nr. 12 bis 16 normiert. Mit Blick darauf, dass 22

---

24 Siehe hierzu Ausführungen oben in Rn. 5.
25 Buschmann/Ulber, § 10 ArbZG, Rn. 22; ErfK-*Wank*, § 10 ArbZG, 14.
26 OVG Nordrhein-Westfalen 11.12.2017 – 4 B 634/17.
27 Buschmann/Ulber, § 10 ArbZG, Rn. 21.

Mittländer

diese Ausnahmen nicht übergeordneten Interessen dienen, ist somit ein besonders strenger, auf den betrieblichen Einzelfall bezogener Maßstab bei der Begründung der Ausnahme anzulegen. Eine weite Auslegung der Voraussetzungen liefe Gefahr, die grundgesetzlich garantierte Sonn- und Feiertagsruhe allein aus ökonomischen Gründen einzuschränken, was dem vom Bundesverfassungsgericht entwickelten Grundgedanken des Verbots des reinen ökonomischen Nutzendenkens widerspräche.[28]

23 Im Bereich der **Landwirtschaft** und der **Tierhaltung** sind in Nr. 12 Ausnahmen von der Sonn- und Feiertagsruhe normiert. Dort sind Tätigkeiten zulässig, die naturnotwendig an Sonn- und Feiertagen anfallen oder erledigt werden müssen und an Werktagen nicht durchgeführt werden können. Hierrunter ist vorallem das Füttern der Tiere, das notwendig tägliche Bewässern von Pflanzgut und ähnliches zu verstehen. Ferner erlaubt die Regelung eine **Notfallversorgung** von Tieren in **Tierarztpraxen** oder Tierheimen.

24 Für den Bereich des **Bewachungsgewerbes** sieht Nr. 13 Ausnahmen von der Sonn- und Feiertagsruhe vor. Das Bewachungsgewerbe umfasst gem. § 34a GewO alle Betriebe, deren Zweck darauf gerichtet ist, gewerbsmäßig Leben oder Eigentum fremder Personen zu bewachen. Es geht also um den Personen- und Objektschutz. Von der Ausnahme nicht erfasst sind Tätigkeiten, die allein dazu dienen, laufende Produktionsanlagen zu überwachen.[29] Ebenfalls nicht erfasst sind Tätigkeiten von Detekteien.[30] Die zuletzt genannten Tätigkeiten können nur dann an Sonn- und Feiertagen erbracht werden, wenn sie unter eine andere Nummer des § 10 subsumiert werden können oder eine behördliche Erlaubnis nach § 13 vorliegt.

25 Die in Nr. 14 aufgenommene Regelung erfasst drei Varianten, die sich auf die **Funktionsfähigkeit von Betriebseinrichtungen** beziehen.

26 Die **erste Variante** ermöglicht es, Beschäftigte an Sonn- und Feiertagen mit **Reinigungs- oder Instandhaltungsarbeiten** eigener Betriebseinrichtungen oder solche eines anderen zu betrauen. Da derartige Tätigkeiten zum regelmäßigen Fertigungs- und Produktionsbetrieb gehören, und somit in der Regel an Werktagen durchzuführen sind, dürfen diese nur höchst ausnahmsweise an Sonn- und Feiertagen vorgenommen werden, da anderenfalls die Gefahr droht, dem verfassungsrechtlichen Gebot der Sonn- und Feiertagsruhe nicht zu genügen.[31] Reinigungsarbeiten sind solche, die darauf gerichtet sind, Betriebsanlagen einschließlich Maschinen und Apparate sowie die Betriebsstätte von Schmutz, Staub, Abfällen und sonstigen Fremdkörpern zu befreien.[32] Instandhaltungsarbeiten sind darauf gerichtet, die Arbeits-

---

28 Kritisch auch Buschmann/Ulber, § 10 ArbZG, Rn. 2 und 24.
29 OVG Münster 16.12.1993 – 4 A 799/91.
30 Buschmann/Ulber, § 10 ArbZG, Rn. 26.
31 Buschmann/Ulber, § 10 ArbZG, Rn. 28 m.w.N.
32 ErfK-*Wank*, § 10 ArbZG, Rn. 18.

stätte einschließlich Maschinen, Werkzeuge und Fuhrpark verwendungs- und einsatzbereit zu halten. Daher ist das Aufstellen neuer Maschinen oder das Auswechseln ganzer Betriebsanlagen nicht vom Begriff der Instandhaltung erfasst.[33] Weitere Voraussetzung für die Zulässigkeit von Reinigungs- oder Instandhaltungsarbeiten an Sonn- und Feiertagen ist, dass der regelmäßige Fortgang des eigenen oder fremden Betriebs von diesen Tätigkeiten abhängt.

Die **zweite Variante** der Nr. 14 umfasst Vorbereitungsarbeiten zur **Wiederaufnahme des werktäglichen Betriebs**. Die Regelung kann nur eingreifen bei diskontinuierlicher Arbeitsweise, also wenn die Produktion am Samstag oder am Werktag vor Feiertagen unterbrochen wird. Die Ausnahme erfasst nur Vorbereitungsarbeiten, nicht bereits den Vollbetrieb. Die Vorbereitungsarbeiten müssen auf die Funktionsfähigkeit aller regelmäßig betriebenen Maschinen und Produktionsanlagen in einem Umfang gerichtet sein, die eine ausreichende Beschäftigungsmöglichkeit für die Gesamtbelegschaft ermöglichen.[34] Hierzu zählen insbesondere das Anfeuern der Öfen, die Inbetriebnahme von Förder- und Aufzuganlagen oder das Ingangsetzen von Maschinen im Leerlauf. Ob das Ingangsetzen der Maschinen zur Produktionsaufnahme, die mit einer technologisch bedingten Funktionsprüfung der Maschine oder eine Prüfung des Produkts verbunden ist (sog. 2. Produktionsstufe), ebenfalls von der Ausnahmeregelung erfasst ist, ist umstritten.[35] Der grundrechtliche Schutz der Sonn- und Feiertagsruhe verbunden mit dem Verbot rein ökonomischen Nutzdenkens und dem sich hieraus ergebenden Gebot der engen Auslegung der Ausnahmeregelungen sprechen dafür, die Tätigkeiten der zweiten Produktionsstufe nicht unter die Ausnahmeregelung zu subsumieren. 27

Die **dritte Variante** der Nr. 14 erlaubt die Beschäftigung an Sonn- und Feiertagen zur Kontrolle und **Aufrechterhaltung der Datennetze und Rechnersysteme**. Auch wenn der Gesetzgeber die Regelung ursprünglich zur Sicherstellung des bargeldlosen Zahlungsverkehrs – der nur mit Hilfe von Großrechnern möglich ist – gedacht hatte, erstreckt sich die Ausnahme auf alle Datennetze und Rechnersysteme, also nicht nur auf die des Banken- und Sparkassensektors.[36] Erfasst sind alle Tätigkeiten, die der Aufrechterhaltung der Datennetze und Rechnersysteme sowie deren Einzelkomponenten dienen, soweit diese nicht an einem Werktag durchgeführt werden können. 28

Auch die Regelung in Nr. 15 enthält drei verschiedene Fälle von Ausnahmeregelungen. Die **erste Variante** lässt Sonn- und Feiertagsarbeit zu, wenn diese 29

---

33 Buschmann/Ulber, § 10 ArbZG, Rn. 28; ErfK-*Wank*, § 10 ArbZG, Rn. 18.
34 Buschmann/Ulber, § 10 ArbZG, Rn. 29.
35 Zustimmend: ErfK-*Wank*, § 10 ArbZG, Rn. 19 mit Verweis auf die herrschende Meinung; ablehnend: Buschmann/Ulber, § 10 ArbZG, Rn. 29 m. w. N.
36 Buschmann/Ulber, § 10 ArbZG, Rn. 30; ErfK-*Wank*, § 10 ArbZG, Rn. 20.

dazu dient, das **Verderben von Naturerzeugnissen oder Rohstoffen** zu verhindern. Naturerzeugnisse sind alle tierischen oder pflanzlichen Erzeugnisse, die in naturbelassenem Zustand verbraucht oder weiterverarbeitet werden. Zu den Rohstoffen gehören sowohl die aus der Natur gewonnen mineralischen, pflanzlichen oder tierischen Erzeugnisse als auch die hieraus gewonnen Zwischenprodukte.[37] Die Sonn- und Feiertagsarbeit muss zweckgerichtet dazu dienen, deren Verderben zu verhindern. Ein Verderben liegt vor, wenn die Naturerzeugnisse oder Rohstoffe bei Unterbrechung der Tätigkeit bis zum nächsten regelmäßigem Arbeitstag, also Werktag, sich so verändern, dass sie nicht mehr bestimmungsgemäß verwendet werden können.[38] Dabei genügt eine bloße Verschlechterung der Qualität der Stoffe nicht.[39] Eine ausnahmsweise Tätigkeit an Sonn- und Feiertagen ist aber nur zulässig, wenn der Arbeitgber zuvor alle technischen und organisatorischen Maßnahmen geprüft und ausgeschöpft hat, um ein Verderben auch ohne Beschäftigung an Sonn- und Feiertagen zu verhindern.[40] Zu denken ist hier insbesondere an Kühlung, Einfrieren, Haltbarmachen oder besonderes Verpacken.

30   Die **zweite Variante** der Nr. 15 lässt eine Ausnahme zu, wenn die Sonn- und Feiertagsarbeit dazu dient, das **Misslingen von Arbeitsergebnissen** zu verhindern. Arbeitsergebnisse eines Produktionsbetriebs sind dann misslungen, wenn sie zu dem vom Unternehmen bestimmten Zweck nicht mehr brauchbar und verwendbar sind. Die bestimmungsgemäße Verwendung muss ausgeschlossen oder wesentlich beeiträchtigt sein.[41] Es muss also zu einem nicht verwendbaren Ausschuss der Produktion kommen. Um dies festzustellen, ist eine Misslingensquote erforderlich, die bei einer Massenproduktion bei 5 % der Wochenproduktion angesetzt werden soll.[42] Erforderlich ist stets, dass die Unterbrechung der Arbeit an Sonn- und Feiertagen ursächlich für das Erreichen der Misslingensquote ist.[43] Die Sonn- und Feiertagsarbeit muss damit gerade dem Zweck dienen, das Misslingen von Arbeitsergebnissen zu verhindern. Andere Zwecke, wie etwa die Produktionssteigerung oder eine bessere Auslastung der Maschinen, fallen nicht unter die Ausnahme.[44] Sie ist ferner – wie die Variante 1 der Nr. 15 – nur dann zulässig, wenn alle organisatorischen und technischen Gestaltungsmöglichkeiten ausgenutzt sind und der Ausschuss dennoch nicht verhindert werden kann.[45]

---

37 Buschmann/Ulber, § 10 ArbZG, Rn. 34; ErfK-*Wank*, § 10 ArbZG, Rn. 21.
38 Buschmann/Ulber, § 10 ArbZG, Rn. 34; ErfK-*Wank*, § 10 ArbZG, Rn. 21.
39 Buschmann/Ulber, § 10 ArbZG, Rn. 34.
40 Buschmann/Ulber, § 10 ArbZG, Rn. 35; ErfK-*Wank*, § 10 ArbZG, Rn. 21.
41 BVerwG 19.9.2000 – 1 C 17.99.
42 BVerwG 19.9.2000 – 1 C 17.99; kritisch hierzu: Buschmann/Ulber, § 10 ArbZG, Rn. 38 m.w.N.
43 BVerwG 19.9.2000 – 1 C 17.99.
44 BVerwG 19.9.2000 – 1 C 17.99.
45 Buschmann/Ulber, § 10 ArbZG, Rn. 38.

Schließlich lässt die **dritte Variante** der Nr. 15 Sonn- und Feiertagsarbeit ausnahmsweise bei **kontinuierlich durchzuführenden Forschungsarbeiten** zu. Erforderlich ist hierfür, dass die Forschungsarbeit nicht unterbrochen werden darf, da anderenfalls deren Ergebnis verloren geht. Die kontinuierliche Arbeitsweise muss sich damit aus dem Forschungsgegenstand ergeben.[46] Ein Neubeginn einer Forschungsarbeit ist hingegen nicht von der Ausnahmeregelung erfasst; die Forschungsarbeit muss somit am vorangegangenen Werktag begonnen haben.[47] Dabei sind wiederum alle technischen und organisatorischen Maßnahmen zu prüfen, die die Sonn- und Feiertagsarbeit verhindern können.

Schließlich erlaubt die Regelung in Nr. 16 Sonn- und Feiertagsarbeit zur **Vermeidung der Zerstörung** oder erheblicher Beeinträchtigung von **Produktionseinrichtungen**. Der Begriff der Produktionseinrichtung ist weit gefasst. Es sind hierunter alle Produktionsmittel, Produktionsanlagen, Produktionslinien zu verstehen, mit denen Produkte gefertigt und hergestellt werden.[48] Eine erhebliche Beeinträchtigung liegt vor, wenn die Beschädigung zu einer für den Arbeitgeber unzumutbaren Belastung führt, etwa die Kosten für die Schadensbeseitigung unzumutbar hoch sind.[49] Die Ausnahme ist somit nur dann einschlägig, wenn ohne die Sonn- und Feiertagsarbeit die Zerstörung oder ein erhebliche Schaden eintreten würde, wenn also eine Kausalität zwischen Nichtarbeiten und Schadenseintritt besteht.

6. Ausnahmen bei durchgehender Produktion

Die Ausnahmeregelung des Abs. 2 erlaubt eine durchgehende Produktion auch an Sonn- und Feiertagen. Voraussetzung ist stets, dass im Verhältnis zu den ausnahmsweise zulässigen Reinigungs- und Instandhaltungsarbeiten nach Abs. 1 Nr. 14 weniger Beschäftigte im Rahmen dieser Produktionsarbeiten eingesetzt werden können. Ziel der Ausnahme ist damit eine **Verringerung der Anzahl** der **bei durchgehender Produktion** eingesetzten Beschäftigten.[50] Um dem Zweck der Regelung zur möglichst weitgehenden Reduzierung der Sonn- und Feiertagsarbeit gerecht zu werden, soll bei dem vorzunehmenden Vergleich nicht auf die Anzahl der Beschäftigten, sondern auf die Anzahl der notwendigen Arbeitsstunden abgestellt werden.[51] In den Vergleich dürfen nur die Arbeitsstunden einbezogen werden, die für Tätig-

---

46 Buschmann/Ulber, § 10 ArbZG, Rn. 39.
47 Buschmann/Ulber, § 10 ArbZG, Rn. 39; ErfK-*Wank*, § 10 ArbZG, Rn. 23.
48 Buschmann/Ulber, § 10 ArbZG, Rn. 40; ErfK-*Wank*, § 10 ArbZG, Rn. 24.
49 Buschmann/Ulber, § 10 ArbZG, Rn. 40; ErfK-*Wank*, § 10 ArbZG, Rn. 24.
50 Buschmann/Ulber, § 10 ArbZG, Rn. 42; ErfK-*Wank*, § 10 ArbZG, Rn. 25 mit Verweis auf die Gesetzesbegründung.
51 Buschmann/Ulber, § 10 ArbZG, Rn. 42; ErfK-*Wank*, § 10 ArbZG, Rn. 25.

keiten aufzuwenden sind, die am Sonn- bzw. Feiertag erforderlich sind und nicht auf einen Wochentag verlegt werden können. Diese enge Auslegung ist erforderlich, um dem grundrechtlich aufgestellten Gebot der Minimierung der Sonn- und Feiertagsarbeit zum Schutz der Ruhe an diesen Tagen gerecht zu werden.[52] Eine **analoge Anwendung** und damit Ausdehnung der Ausnahmeregelung auch auf die anderen Fälle des Abs. 1 – insbesondere der Nr. 15 und 16 – scheidet angesichts des eindeutigen Wortlauts der Regelung sowie der grundrechtlich geschützten Sonn- und Feiertagsruhe aus.[53]

7. Ausnahmen im Bäcker- und Konditorgewerbe

34 Nach Abs. 3 darf in Bäckereien und Konditoreien an Sonn- und Feiertagen für **maximal** drei Stunden gearbeitet werden. Die Arbeitszeit darf ausschließlich zur Herstellung, zum Austragen oder Ausfahren sowie zum Verkauf am selben Tag genutzt werden. Daher darf an Sonn- und Feiertagen in Bäckereien und Konditoreien weder Ware für den Folgetag, noch haltbare Ware hergestellt und produziert werden.[54]

35 Die maximale Arbeitszeit bezieht sich darüber hinaus auf den gesamten Betrieb und nicht auf einzelne Beschäftigte. Eine geschickte Arbeitszeitverteilung, etwa durch rollierende Arbeitszeit oder mehrere 3-Stunden-Schichten, die dazu führen, dass im Betrieb insgesamt länger als drei Stunden gearbeitet wird, sind daher nicht gestattet und somit unzulässig.[55]

36 Für den Verkauf von Bäcker- und Konditorware an Sonn- und Feiertagen in Verkaufsstellen ergeben sich Abweichungen in den Ladenschlussgesetzen der Länder. Zu beachten ist dabei jedoch, das die arbeitszeitlichen Vorgaben wegen der Zuständigkeit des Bundes für das Arbeitszeitrecht nicht nach den Ladenschlussgesetzen der Länder, sondern nach dem des Bundes erfolgen.[56]

8. Ausnahmen für den Finanzsektor

37 Die Regelung des Abs. 4 enthält eine Ausnahme für den Finanzsektor, die anlässlich der Einführung des EURO eingefügt wurde, und soll der Sicherung des Finanzstandorts Deutschland dienen.[57] Hierdurch soll vermieden

---

52 Buschmann/Ulber, § 10 ArbZG, Rn. 42 m.w.N.
53 Buschmann/Ulber, § 10 ArbZG, Rn. 41; ErfK-*Wank*, § 10 ArbZG, Rn. 25.
54 Buschmann/Ulber, § 10 ArbZG, Rn. 44.
55 Buschmann/Ulber, § 10 ArbZG, Rn. 43.
56 Zur Gesetzgebungszuständigkeit: BVerfG 14.1.2015 – 1 BvR 931/12.
57 BT-Drs. 13/10334 S. 42.

werden, dass den deutschen Kreditinstituten Nachteile im Wettbewerb mit Konkurrenten aus anderen EU-Mitgliedsstaaten entstehen.

Die Regelung ermöglicht ausschließlich das ausnahmsweise Arbeiten an **Feiertagen**, die auf einen Werktag fallen. Das Arbeiten an Sonntag ist von der Vorschrift somit nicht erfasst, und zwar auch dann nicht, wenn dieser ein Feiertag ist. Weitere Voraussetzung ist, dass es sich um einen nicht EU-einheitlichen Feiertag handelt. An einem deutschen Feiertag darf somit nur gearbeitet werden, wenn mindestens in einem anderen EU-Land kein Feiertag ist. Umgekehrt darf an einem deutschen Feiertag dann nicht gearbeitet werden, wenn in allen anderen EU-Ländern ebenfalls ein Feiertag ist. Dieser letzte Fall ist nur am ersten Weihnachtstag und an Neujahr der Fall, so dass an allen anderen Feiertagen ausnahmsweise gearbeitet werden kann. 38

Gestattet sind nach dieser Ausnahmeregelung nicht alle im Finanzsektor üblichen Tätigkeiten. Die mögliche Beschäftigung erfasst lediglich Tätigkeiten zur Durchführung des Eil- und Großbetragszahlungsverkehrs sowie des Geld-, Devisen-, Wertpapier- und Derivatehandels. Wegen der verfassungsrechtlich gebotenen engen Auslegung der Erlaubnisnorm, die dazu dient die Sonn- und Feiertagsarbeit auf ein Minium zu beschränken, sind nur solche Tätigkeiten erlaubt, die nicht an einem Werktag erledigt werden können.[58] Ferner sind nur solche Tätigkeiten erlaubt, die der unmittelbaren Ausführung dienen, und nicht auch Vorbereitungstätigkeiten, die im Rahmen der normalen werktäglichen Arbeitszeit auszuführen sind.[59] 39

9. Rechtsschutz

Die Regelung des § 10 legt nur fest, wann ausnahmsweise an Sonn- und Feiertagen gearbeitet werden darf. Sie stellt jedoch keine Regelung dar, aus der Arbeitgeber eine Pflicht zur Arbeit an diesen Tagen herleiten können. Hierzu bedarf es einer gesonderten arbeitsrechtlichen Grundlage. Eine solche kann sich aus dem **Arbeitsvertrag** ergeben. Nach der kritikwürdigen Rechtsprechung des BAG ist eine solche Anordnungsbefugnis für die ausnahmsweise zulässige Sonn- und Feiertagsarbeit bereits dann arbeitsvertraglich vereinbart, wenn diese nicht ausdrücklich ausgeschlossen wurde oder aus dem Arbeitsvertrag sich Anhaltspunkte ergeben, dass eine Tätigkeit an Sonn- und Feiertagen nicht angeordnet werden soll.[60] Diese Rechtsprechung berücksichtigt nicht in ausreichendem Maße den Ausnahmecharakter der Sonn- und Feiertagsarbeit und die damit verbundenen Erwartungen, die die Beschäftigten an die Anordnung einer solchen Tätigkeit zu Recht haben. Will der Arbeitgeber von der gesetzlich eingeräumten Ausnahme Gebrauch ma- 40

---

58 Buschmann/Ulber, § 10 ArbZG, Rn. 47; ErfK-*Wank*, § 10 ArbZG, Rn. 27.
59 Buschmann/Ulber, § 10 ArbZG, Rn. 47.
60 BAG 15.9.2009 – 9 AZR 757/08.

chen, muss er sich dies ausdrücklich arbeitsvertraglich vorbehalten.[61] Eine Pflicht zur Sonn- und Feiertagsarbeit kann sich zudem aus einem **Tarifvertrag** ergeben, nicht aber aus einer **Betriebsvereinbarung**.[62] Weder Tarifvertrag noch Arbeitsvertrag dürfen dabei jedoch die Möglichkeiten der Sonn- und Feiertagsarbeit über das gesetzliche Maß hinaus erweitern. Liegt keine arbeits- oder tarifvertragliche Verpflichtung zu Sonn- und Feiertagsarbeit vor, so können die Beschäftigten die Arbeitsleistung an diesen Tagen verweigern.[63] Selbst wenn eine solche Verpflichtung besteht, kann den Beschäftigten ein Leistungsverweigerungsgrund zustehen, wenn diese seiner religiösen Überzeugung entgegensteht und der Arbeitgeber die Tätigkeit anders organisieren kann, etwa durch Veränderung des Schichtplans.[64]

41 In Betrieben, in denen Sonn- und Feiertagsarbeit zulässig ist, hat der Betriebsrat gem. § 87 Abs. 1 Nr. 2 BetrVG ein Mitbestimmungsrecht. Sofern die (ausnahmsweise) Sonn- und Feiertagsarbeit zu Mehrarbeit führt, ergibt sich ein Mitbestimmungsrecht zudem aus § 87 Abs. 1 Nr. 3 BetrVG.

§ 11 Ausgleich für Sonn- und Feiertagsbeschäftigung

(1) Mindestens 15 Sonntage im Jahr müssen beschäftigungsfrei bleiben.
(2) Für die Beschäftigung an Sonn- und Feiertagen gelten die §§ 3 bis 8 entsprechend, jedoch dürfen durch die Arbeitszeit an Sonn- und Feiertagen die in den §§ 3, 6 Abs. 2, §§ 7 und 21a Abs. 4 bestimmten Höchstarbeitszeiten und Ausgleichszeiträume nicht überschritten werden.
(3) Werden Arbeitnehmer an einem Sonntag beschäftigt, müssen sie einen Ersatzruhetag haben, der innerhalb eines den Beschäftigungstag einschließenden Zeitraums von zwei Wochen zu gewähren ist. Werden Arbeitnehmer an einem auf einen Werktag fallenden Feiertag beschäftigt, müssen sie einen Ersatzruhetag haben, der innerhalb eines den Beschäftigungstag einschließenden Zeitraums von acht Wochen zu gewähren ist.
(4) Die Sonn- oder Feiertagsruhe des § 9 oder der Ersatzruhetag des Absatzes 3 ist den Arbeitnehmern unmittelbar in Verbindung mit einer Ruhezeit nach § 5 zu gewähren, soweit dem technische oder arbeitsorganisatorische Gründe nicht entgegenstehen.

---

61 Im Ergebnis ebenso: Buschmann/Ulber, § 10 ArbZG, Rn. 52 m.w.N. Siehe hierzu auch Beckmann/Steiner (Hrsg.), Arbeitszeit und Mitbestimmung von A bis Z, Stichwort Sonn- und Feiertagsarbeit, Rn. 22 ff.
62 Buschmann/Ulber, § 10 ArbZG, Rn. 51; ArbR KK-*Wedde,* § 10 ArbZG, Rn. 3.
63 Buschmann/Ulber, § 10 ArbZG, Rn. 49.
64 LAG Hamm 8.11.2007 – 15 Sa 271/07.

Ausgleich für Sonn- und Feiertagsbeschäftigung § 11

Inhaltsübersicht Rn.
1. Regelungsinhalt 1– 3
2. Mindestanzahl arbeitsfreier Sonntage 4– 7
3. Anwendung weiterer arbeitszeitrechtlicher Regelungen bei Sonn- und Feiertagsarbeit 8
4. Ausgleich für Sonn- und Feiertagsarbeit: Ersatzruhetag 9–13
5. Sonn- und Feiertagsruhe/Ersatzruhetag und Ruhezeit 14, 15
6. Feiertagsvergütung 16, 17
7. Rechtsschutz 18, 19

1. Regelungsinhalt

Die Regelung enthält **Ausgleichsansprüche** der Beschäftigten, die ihnen für zulässige Sonn- und Feiertagsarbeit zustehen. Diese sind in Form von Ersatzruhetagen und eine Mindestanzahl arbeitsfreier Sonntage geregelt. Die Regelungen dienen insbesondere dem Arbeits- und Gesundheitsschutz für die Beschäftigten,[1] sollen aber auch einen Ausgleich für entgangene arbeitsfreie Tage sicherstellen.[2] 1

Abweichende Regelungen für die festgelegten Ausgleichsansprüche sind nur im Rahmen der in § 12 vorgesehenen Fälle zulässig. 2

Für **werdende und stillende Mütter** gelten vorrangig die Regelungen des § 6 Abs. 1 Satz 2 Nr. 3 MuSchG. Für **Jugendliche** ist vorrangig die Ausgleichsregelung in § 17 Abs. 3 JArbSchG zu beachten. 3

2. Mindestanzahl arbeitsfreier Sonntage

Die Regelung des Abs. 1 soll sicherstellen, dass Beschäftigte, die in zulässiger Weise an Sonntagen zu Arbeitsleistungen herangezogen werden, an mindestens 15 Sonntagen im Jahr arbeitsfrei haben. Dabei stellt die Regelung nicht auf das Kalenderjahr ab. Vielmehr wird hiervon ein Bezugszeitraum von jeweils zwölf Monaten erfasst, der auch erst mit dem Zeitpunkt beginnen kann, an dem erstmals an einem Sonntag gearbeitet wurde.[3] Die Regelung der Mindestanzahl arbeitsfreier Tage nimmt ausdrücklich nur die Sonntage in Bezug, so dass die Regelung nicht für **Wochenfeiertage** gilt. Damit ist es zulässig, dass Beschäftigte an jedem Wochenfeiertag des Jahres zu Arbeitsleistungen herangezogen werden können, sofern dies an diesen Tagen ausnahmsweise zulässig ist. 4

An **beschäftigungsfreien** Tagen hat die Heranziehung zu jeglicher Arbeitsleistung zu unterbleiben. Dies bedeutet, dass die Beschäftigten zu keinerlei 5

---

1 BAG 24.2.2005 – 2 AZR 211/04; LAG Rheinland-Pfalz 24.9.2019 – 6 Sa 55/19.
2 BVerwG 9.5.2018 – 8 C 13.17.
3 Buschmann/Ulber, § 11 ArbZG, Rn. 2; ErfK-*Wank*, § 11 ArbZG, Rn. 1.

arbeitsvertraglichen Tätigkeiten herangezogen werden dürfen, somit auch nicht zu Bereitschafts- oder Rufbereitschaftsdiensten.[4]

6 Auf die Mindestanzahl der arbeitsfreien Sonntage werden nach der herrschenden Meinung nicht nur die vom Arbeitgeber als freie Tage geplanten Sonntage angerechnet, sondern auch alle diejenigen, die aus anderen Gründen arbeitsfrei sind, also auch diejenigen, die wegen Urlaub, Arbeitsunfähigkeit oder anderen Gründen arbeitsfrei bleiben.[5] Diese Ansicht ist kritikwürdig, da sie den Zwecken der Arbeitsfreiheit aus anderen Gründen sowie dem Gedanken des Ausgleichs »verloren gegangener« Tage nicht ausreichend Rechnung trägt.[6]

7 Die Mindestanzahl arbeitsfreier Tage ist beschäftigtenbezogen zu betrachten, nicht betriebsbezogen.[7]

3. Anwendung weiterer arbeitzeitrechtlicher Regelungen bei Sonn- und Feiertagsarbeit

8 Durch die Regelung in Abs. 2 wird sichergestellt, dass die weiteren arbeitszeitrechtlichen Regelungen zur täglichen **Höchstarbeitszeit** sowie zu **Pausen** und **Ruhezeiten** auch für die ausnahmsweise zulässige Sonn- und Feiertagsarbeit gelten. Dies bedeutet, dass auch an Sonn- und Feiertagen die tägliche Arbeitszeit in der Regel auf acht Stunden begrenzt ist, jedoch ausnahmsweise auf maximal zehn Stunden nach den in § 3 aufgestellten Regelungen erhöht werden kann. Durch den Verweis auf §§ 3, 6 Abs. 2, 7 und 21a Abs. 4 ist zudem festgelegt, dass die an diesen Tagen geleistete Arbeit zu der wöchentlichen Arbeitszeit zählt, sodass die Sonn- und Feiertagsarbeit nicht dazu führen darf, dass die **maximale Wochenarbeitszeit** von 48 bzw. ausnahmsweise 60 Stunden überschritten wird.[8] Auch an Sonn- und Feiertagen sind die Pausenzeiten nach § 4 einzuhalten und im Anschluss an die Arbeit ist eine 11-stündige Ruhezeit nach § 5 zu gewähren.

4. Ausgleich für Sonn- und Feiertagsarbeit: Ersatzruhetag

9 Während die Regelung in Abs. 1 sicherstellt, dass eine Mindestzahl von Sonntagen arbeitsfrei bleiben muss, stellt Abs. 3 eine Regelung auf, wie

---

4 BAG 22.9.2005 – 6 AZR 579/04.
5 BAG 13.2.1992 – 6 AZR 638/89; LAG Berlin-Brandenburg 20.5.2019 – 5 Sa 2060/18 und 24.9.2019 – 11 Sa 568/19; ErfK-*Wank*, § 11 ArbZG, Rn. 1.
6 Siehe ausführlich: Buschmann/Ulber, § 11 ArbZG, Rn. 7; im Ergebnis ebenso: ArbR KK-*Wedde*, § 10 ArbZG, Rn. 4.
7 So die hM: ErfK-*Wank*, § 11 ArbZG, Rn. 1; ArbR KK-*Wedde*, § 10 ArbZG, Rn. 3; anders aber Buschmann/Ulber, § 11 ArbZG, Rn. 3 ff.
8 Buschmann/Ulber, § 11 ArbZG, Rn. 19.

die besonderen Belastungen an Sonn- und Feiertagen ausgeglichen werden. Dies erfolgt durch die Gewährung von Ersatzruhetagen. Zweck der Regelung ist es, den Beschäftigten einen Ersatzruhetag als Ausgleich für einen »verlorenen« Ruhetag zu gewähren.[9]

Der Ersatzruhetag muss **vollständig arbeitsfrei** sein, was nicht nur bedeutet, dass die Beschäftigten an diesem Tag zu keinerlei arbeitsvertraglicher Tätigkeit – also auch keiner Rufbereitschaft oder Bereitschaft – herangezogen weden dürfen, sondern auch, dass dies für den gesamten Tag, also von 0.00 Uhr bis 24.00 Uhr gilt.[10]

Als Ersatzruhetag kommt nach der herrschenden Ansicht jeder Werktag in Betracht, also grundsätzlich auch ein Samstag.[11] Dies führt für Beschäftigte, die in einer fünf Tage Woche beschäftigt sind, dazu, dass das Ziel der Regelung einen Ausgleich für einen verlorenen Ruhetag zu schaffen, gerade nicht erreicht werden kann, denn für diese Beschäftigten ist der Samstag ohnehin arbeitsfrei, so dass die herrschende Ansicht zu Recht Kritik ausgesetzt ist.[12]

Die **Frist zur Gewährung** des Ersatzruhetags ist für Sonn- und Feiertagsarbeit unterschiedlich ausgestaltet. Für Tätigkeiten an einem Sonntag ist der Ersatzruhetag innerhalb eines Ausgleichszeitraums von zwei Wochen zu gewähren. Sind hingegen Tätigkeiten an einem Feiertag erbracht worden, der auf einen Wochentag fällt, hat der Ausgleich in Form des Ersatzruhetags innerhalb von acht Wochen zu erfolgen. Da der Ersatzruhetag in erster Linie unter dem Gesichtspunkt des Arbeits- und Gesundheitsschutzes gewährt wird und damit der Erholung dient, wird er in der Regel im **Nachhinein** – also nach der erbrachten Tätigkeit – gewährt werden. Allerdings lässt der Wortlaut der Vorschrift auch eine Gewährung im Vorhinein zu.[13] Was allerdings nur dann zulässig sein dürfte, wenn der Erholungszweck hierdurch nicht unmöglich wird.[14]

Für die Gewährung des Ersatzruhetags trägt der Arbeitgeber die Verantwortung. D. h. er muss dafür Sorge tragen, dass den Beschäftigten die Ersatzruhetage gewährt werden, aber auch dass es den Beschäftigten möglich ist, den Ruhetag einzuhalten. Kann der Arbeitgeber den Ersatzruhetag nicht gewähren, weil die Beschäftigten in einem zweiten Arbeitsverhältnis an allen Werktagen beschäftigt sind, besteht für ihn ein Beschäftigungshindernis, das ihn

---

9 BVerwG 9. 5.2 018 – 8 C 13.17.
10 LAG Rheinland-Pfalz 24. 9. 2019 – 6 Sa 55/19.
11 BAG 19. 9. 2012 – 5 AZR 727/11; LAG Rheinland-Pfalz 24. 9. 2019 – 6 Sa 55/19; ErfK-*Wank*, § 11 ArbZG, Rn. 3.
12 Im Ergebnis ebenso: Buschmann/Ulber, § 11 ArbZG, Rn. 28 bis 31; ArbR KK-*Wedde*, § 11 ArbZG, Rn. 9.
13 ErfK-*Wank*, § 11 ArbZG, Rn. 4.
14 ArbR KK-*Wedde*, § 11 ArbZG, Rn. 10.

zur Kündigung des Arbeitsverhältnisses aus personenbezogenen Gründen berechtigen kann.[15]

5. Sonn- und Feiertagsruhe/Ersatzruhetag und Ruhezeit

14 Die Regelung des Abs. 4 sieht vor, dass die Sonn- und Feiertagsruhe unmittelbar in Verbindung mit einer Ruhezeit des § 5 gewährt wird, die in der Regel elf Stunden beträgt. Gleiches gilt für den Ersatzruhetag, auch dieser muss in Verbindung mit einer Ruhezeit gewährt werden. Hierdurch soll sichergestellt werden, dass eine wöchentliche zusammenhängende Mindestruhezeit von 35 Stunden für jeden Beschäftigten möglich ist.

15 Abs. 4 enthält jedoch selbst eine mögliche Ausnahme: sofern der Gewährung einer Ruhezeit von elf Stunden technische oder arbeitsorganisatorische Gründe entgegenstehen, kann die Ruhezeit verkürzt werden. Als arbeitsorganisatorischer Grund kommt bei vollkontinuierlicher Schichtarbeit ein Schichtwechsel in Betracht. So ist es etwa zulässig, die Spätschicht am Samstag um 22.00 Uhr zu beenden und bei Schichtwechsel am Montag die Frühschicht um 6.00 Uhr bereits beginnen zu lassen. Dies führt zu einer Verkürzung der Gesamtruhezeit auf 32 Stunden. Dies soll aber zur Sicherstellung der vollkontinuierlichen Arbeitsweise zulässig sein.[16] Mit Blick auf den hohen Stellenwert des mit der Mindestruhezeit verbundenen Gedankens des Arbeits- und Gesundheitsschutzes ist jedoch zu beachten, dass die Regelung eine Ausnahme darstellt und insoweit der Arbeitgeber immer verpflichtet ist, zu prüfen, ob die Verkürzung der Ruhezeit durch arbeitsorganisatorische Maßnahmen verhindert werden kann. Dabei ist auf objektive Kriterien abzustellen, so dass auch lang geübte, aber vermeidbare Verkürzungen der Ruhezeit nicht gerechtfertigt sind.[17]

6. Feiertagsvergütung

16 Die Vorschrift des § 11 enthält keine Regelung zur Gewährung von Zuschlägen für ausnahmsweise zulässige Sonn- und Feiertagsarbeit. Da eine dem § 6 Abs. 5 entsprechende Regelung fehlt, erfolgt der Ausgleich für die Sonn- und Feiertagsarbeit nach der gesetzlichen Regelung allein über die Gewährung von Ersatzruhetagen. Dies bedeutet, dass nach der gesetzlichen Regelung den Beschäftigten für die Sonn- und Feiertage in vergütungsrechtlicher Hinsicht allein die Grundvergütung zusteht. Nur wenn Sonn- und Feiertagsarbeit mit

---

15 BAG 24.2.2005 – 2 AZR 211/04.
16 ErfK-*Wank*, § 11 ArbZG, Rn. 5; Buschmann/Ulber, § 11 ArbZG, Rn. 35.
17 Buschmann/Ulber, § 11 ArbZG, Rn. 35 mit Verweis auf die Regelung in Art. 5 Satz 2 der RL 2003/88/EG.

einer Nachtarbeit zusammenfällt, besteht ein Anspruch auf Zuschläge für diese Nachtarbeit, der sich aus § 6 Abs. 5, aber nicht aus § 11 ergibt.

Zuschläge für Sonn- und Feiertagsarbeit können sich jedoch aus **Tarifverträgen** ergeben, die regelmäßig derartige Regelungen enthalten. Denkbar ist auch die Vereinbarung von derartigen Zuschlägen in Arbeitsverträgen. In praktischer Hinsicht erfolgt dies jedoch meist nur in Arbeitsverträgen, die einen Tarifvertrag in Bezug nehmen.

7. Rechtsschutz

Der Arbeitgeber ist für die Gewährung des Ersatzruhetags und die 35-stündige Mindestruhezeit verantwortlich ist. Die Beschäftigten können sich hierauf berufen, diese verlangen und wenn diese nicht gewährt werden, auf die Einhaltung der Regelung bestehen. Dies kann gegebenenfalls auch klageweise vor dem Arbeitsgericht durchgesetzt werden. Denkbar ist auch, die arbeitszeitwidrig verlangte Arbeit zurückzuweisen und nicht zu leisten.

Sowohl ausnahmsweise zulässige Sonn- und Feiertagsarbeit als auch die Gewährung der Ersatzruhetage als auch die Lage der Ersatzruhetage unterliegen der Mitbestimmung des Betriebsrats nach § 87 Abs. 1 Nr. 2 und Nr. 3 BetrVG, da diese den Beginn und das Ende der Arbeit tangieren. Auch das Absagen von bereits geplanten Schichten löst ein Mitbestimmungsrecht aus.[18] In Bezug auf die Ersatzruhetage und die durch Verbindung des Ersatzruhetags mit einer Ruhezeit entstehende Mindestruhezeit besteht ein starker Bezug zu Fragen des Arbeits- und Gesundheitsschutzes, so dass ein Mitbestimmungsrecht sich aus § 87 Abs. 1 Nr. 7 BetrVG ergibt. Sofern der Ersatzruhetag oder die Mindestruhezeiten in Zusammenhang mit Urlaubstagen gewährt werden sollen, besteht zudem ein Mitbestimmungsrecht nach § 87 Abs. 1 Nr. 5 BetrVG.

§ 12 Abweichende Regelungen

In einem Tarifvertrag oder auf Grund eines Tarifvertrags in einer Betriebs- oder Dienstvereinbarung kann zugelassen werden,
1. **abweichend von § 11 Abs. 1 die Anzahl der beschäftigungsfreien Sonntage in den Einrichtungen des § 10 Abs. 1 Nr. 2, 3, 4 und 10 auf mindestens zehn Sonntage, im Rundfunk, in Theaterbetrieben, Orchestern sowie bei Schaustellungen auf mindestens acht Sonntage, in Filmtheatern und in der Tierhaltung auf mindestens sechs Sonntage im Jahr zu verringern,**

---

18 BAG 1.7.2003 – 1 ABR 22/02; ArbR KK-*Wedde*, § 11 ArbZG, Rn. 13.

2. abweichend von § 11 Abs. 3 den Wegfall von Ersatzruhetagen für auf Werktage fallende Feiertage zu vereinbaren oder Arbeitnehmer innerhalb eines festzulegenden Ausgleichszeitraums beschäftigungsfrei zu stellen,
3. abweichend von § 11 Abs. 1 bis 3 in der Seeschiffahrt die den Arbeitnehmern nach diesen Vorschriften zustehenden freien Tage zusammenhängend zu geben,
4. abweichend von § 11 Abs. 2 die Arbeitszeit in vollkontinuierlichen Schichtbetrieben an Sonn- und Feiertagen auf bis zu zwölf Stunden zu verlängern, wenn dadurch zusätzliche freie Schichten an Sonn- und Feiertagen erreicht werden.

§ 7 Abs. 3 bis 6 findet Anwendung.

Inhaltsübersicht Rn.
1. Regelungsinhalt 1, 2
2. Abweichung durch Tarifvertrag sowie durch Betriebs- oder Dienstvereinbarung 3, 4
3. Reduzierung der Mindestanzahl arbeitsfreier Sonntage 5
4. Wegfall von Ersatzruhetagen und Veränderung des Ausgleichszeitraums 6, 7
5. Zusammenhängende Ersatzruhetage in der Seeschiffahrt 8
6. Arbeitszeitverlängerung in vollkontinuierlicher Schichtarbeit 9
7. Erweiterung der abweichenden Regelung auf nicht tarifgebundene Betriebe. 10–13

1. Regelungsinhalt

1 Die Vorschrift enthält diverse Möglichkeiten, um Abweichungen von den in § 11 vorgesehenen Ausgleichsregelungen für ausnahmsweise zulässige Sonn- und Feiertagsarbeit zu vereinbaren bzw. anzuordnen. Die Befugnis für derartige abweichende Regelungen ist dabei vorrangig den Tarifvertragsparteien sowie den Arbeitnehmervertretungen (Betriebsräte und Personalräten) eingeräumt. Sie ist jedoch durch Satz 2 der Vorschrift auch auf nicht tarifgebundene Arbeitgeber und staatliche Stellen erstreckt.

2 Die Vorschrift ermöglicht – anders als § 7 – keine abweichenden Regelungen, die zu einer Verlängerung der Arbeitszeit führen. Vielmehr können abweichende Regelungen nur dann getroffen werden, wenn die betroffenen Beschäftigten **gleichwertig geschützt** sind, insbesondere mit dem Ziel, mehr freie Zeiten vorrangig in Form von Wochenendfreizeiten zu erreichen.[1] Die Verpflichtung zum gleichwertigen Schutz der Beschäftigten bei Vereinbarung abweichender Regelungen ergibt sich aus Art. 18 RL 2003/88/EG.[2]

---
1 Buschmann/Ulber, § 12 ArbZG, Rn. 1; ArbR KK-*Wedde*, § 12 ArbZG, Rn. 1.
2 Richtlinie 2003/88/EG des europäischen Parlaments und des Rats über bestimmte Aspekte der Arbeitszeitgestaltung vom 4.11.2003.

Trotz dieser Vorgabe bestehen gegen die Vorschrift verfassungsrechtliche Bedenken, da durch die Delegation auf die Tarif- bzw. Betriebsparteien dem Grundsatz einer rechtlich zulässigen Einschränkung der grundgesetzlich geschützten Sonn- und Feiertagsruhe allein und nur auf der Grundlage eines legislativen Akts, also eines parlamentarischen Gesetzes, nicht Genüge getan wird.[3]

2. Abweichung durch Tarifvertrag sowie durch Betriebs- oder Dienstvereinbarung

»Abweichende Regelungen« durch einen **Tarifvertrag** nach Satz 1 bedeutet, dass eine Tarifbindung nach dem Tarifvertragsgesetz gegeben sein muss, d. h. mindestens der Arbeitgeber muss der Tarifbindung unterliegen. Abweichende Regelungen sind somit in einem Betrieb bzw. Unternehmen zulässig, wenn der Arbeitgeber tarifgebunden ist, der Tarifvertrag solche Regelungen enthält und der Tarifvertrag im Arbeitsverhältnis anzuwenden ist.

Der Betriebs- oder Personalrat ist darüber hinaus dann befugt, abweichende Regelungen im Sinne des § 12 mit dem Arbeitgeber/der Dienststelle zu vereinbaren, wenn der Tarifvertrag eine entsprechende Öffnungsklausel enthält, die eine entsprechende Delegation an die Betriebsparteien enthält. Dabei darf der Tarifvertrag sich allerdings nicht darauf beschränken, lediglich pauschal die Möglichkeit von abweichenden Regelungen einzuräumen oder das Gesetz zu zitieren. Vielmehr muss der Tarifvertrag konkrete inhaltliche Vorgaben enthalten, die dann durch die Betriebsparteien konkretisiert und auf den Betrieb/die Dienststelle abgestimmt umgesetzt werden können.[4] Die Konkretisierung hat nach dem eindeutigen Wortlaut der Vorschrift in Form einer **Betriebsvereinbarung** bzw. einer **Dienstvereinbarung** zu erfolgen. Eine Regelungsabrede genügt zur wirksamen Regelung von Abweichungen hingegen nicht. Dies ist dem Umstand geschuldet, dass nur Betriebs- bzw. Dienstvereinbarungen unmittelbar und zwingend gelten und somit verbindlich die Arbeitsbedingungen regeln können. Eine Regelungsabrede entfaltet eine derartige Wirkung hingegen nicht.

3. Reduzierung der Mindesanzahl arbeitsfreier Sonntage

Durch die Regelung in Satz 1 Nr. 1 ist es den Tarifvertrags- bzw. Betriebsparteien möglich, die Mindestanzahl der freien Sonntag – nach § 11 insgesamt 15 – zu verringern. Dies ist aber nicht in allen Betrieben, in denen sonntags gearbeitet wird, und nicht im selben Umfang zulässig. Durch Verweis auf die

---

3 Buschmann/Ulber, § 12 ArbZG, Rn. 2 m. w. N.; im Ergebnis ebenso: ArbR KK-*Wedde*, § 12 ArbZG, Rn. 1.
4 Buschmann/Ulber, § 12 ArbZG, Rn. 13.

Vorschrift des § 10 Abs. 1 Nr. 2, 3, 4 und 10 ist es zulässig, in Betrieben, die zur Aufrechterhaltung der öffentlichen Ordnung sowie der Funktionsfähigkeit von Gerichten und Behörden (einschließlich derer zum Zwecke der Verteidigung), in Krankenhäusern und weiteren Einrichtungen der Pflege und Betreuung, in Gaststätten und weiteren Einrichtungen der Bewirtung und Beherbergung sowie in Verkehrsbetrieben und beim Transport und Kommissionieren von verderblicher Ware die freien Sonntag auf nur zehn pro Jahr zu reduzieren. Im Rundfunk, in Theaterbetrieben, Orchestern und Schaustellern ist eine noch weitergehende Reduzierung zulässig. Dort kann die Mindestanzahl auf acht freie Sonntag festgelegt werden. Noch weitreichender ist eine Reduzierung in Betrieben der Tierhaltung zulässig. Hier ist eine Reduzierung der arbeitsfreien Sonntage auf lediglich sechs im Jahr möglich. Im Ergebnis bedeutet dies, dass die in diese Bereichen tätigen Beschäftigten an bis zu 46 (im Bereich der Tierhaltung) bzw. bis zu 44 oder 42 Sonntagen im Jahr arbeiten dürfen. Dies bedeutet für diese Beschäftigten eine besonders starke Einschränkung der Sonn- und Feiertagsruhe. Mit Blick auf diese besondere Einschränkung für die betroffenen Beschäftigten sind entsprechende Tarifverträge besonders strengen Voraussetzungen unterworfen. Insbesondere ist ein strenger Maßstab an die Erforderlichkeit der Abweichungen anzulegen und stets zu prüfen, ob jeweils objektive Kriterien im Betrieb bzw. im Unternehmen oder in der Branche vorliegen, die derartig einschneidende Abweichungen vom gesetzlich definierten Mindestschutz des § 11 Abs. 1 rechtfertigen.[5]

4. Wegfall von Ersatzruhetagen und Veränderung des Ausgleichszeitraums

6 Die Regelung des Satz 1 Nr. 2 enthält zwei mögliche Abweichungen. Zunächst erlaubt die Vorschrift den Tarifvertrags- bzw. den Betriebsparteien, den in § 11 Abs. 3 vorgesehenen Ersatzruhetag für Feiertage, die auf einen Werktag fallen, entfallen zu lassen. Der **Wegfall** des Ersatzruhetags kann nach der Vorschrift ersatzlos vereinbart werden. Ein solcher Wegfall kann für einzelne oder für alle Feiertage, die auf einen Werktag fallen, erfolgen. Ausdrücklich von der Regelung nicht erfasst sind Sonntage und auch solche Feiertage, die auf einen Sonntag fallen. Für diese Tage verbleibt es bei der Regelung über die Ersatzruhetage nach § 11 Abs. 3.

7 Die zweite Möglichkeit zulässiger abweichender Regelungen betrifft den in § 11 Abs. 3 geregelten **Ausgleichszeitraum** für geleistete Sonn- und Feiertagsarbeit. Dieser kann durch Tarifverträge oder auf Grund von solchen Tarifverträgen in Betriebs- bzw. Dienstvereinbarungen verkürzt oder verlän-

---

5 Buschmann/Ulber, § 12 ArbZG, Rn. 5.

gert werden. Diese Möglichkeit betrifft sowohl die Ersatzruhetage für geleistete Sonntagstätigkeit als auch Ersatzruhetage für Tätigkeiten an Feiertagen, die auf einen Werktag fallen. Dabei kann der Ausgleichszeitraum auch sehr weitläufig verlängert werden. Einen Ausgleichszeitraum von einem Jahr hat das BAG dabei nicht beanstandet, was mit dem Zweck der Regelung zu Ersatzruhetagen, nämlich einen zeitnahen Belastungsausgleich zu schaffen, nur schwer in Einklang zu bringen ist.[6] Denkbar wäre nach dieser Regelung auch, die Ersatzruhetage im Rahmen eines Altersteilzeitvertrags, der im Blockmodell durchgeführt wird, auf das Ende der aktiven Phase zu legen, um so einen früheren Übergang in die Freistellung zu ermöglichen.[7]

5. Zusammenhängende Ersatzruhetage in der Seeschiffahrt

Die Regelung in Satz 1 Nr. 3 erlaubt Tarifvertragsparteien, abweichende Regelungen in Bezug auf die Beschäftigten in der Seeschiffahrt in Tarifverträgen zu vereinbaren. Von dieser Regelung erfasst sind jedoch nur diejenigen Beschäftigten aus der Seeschiffahrt, die nicht unter das Seearbeitsgesetz fallen. Dies ergibt sich aus der Regelung des § 18 Abs. 3. Unter die Regelungen des Satz 1 Nr. 3 können beispielsweise Besatzungen von Forschungsschiffen des Bundes fallen. Die Regelung soll den Besonderheiten der Arbeitsbedingungen auf See gerecht werden und ermöglicht es, die nach § 11 Abs. 1 und 3 gewährten arbeitsfreien Tage **zusammenhängend zu gewähren**. Dabei ist auch denkbar, die volle Zahl der arbeitsfreien Tage in mehreren zusammenhängenden Zeitfenstern zu gewähren. Die Vorschrift berechtigt aber nicht, die Anzahl der freien Tage zu verringern oder die Höchstarbeitszeit zu verlängern.[8]

8

6. Arbeitszeitverlängerung in vollkontinuierlicher Schichtarbeit

Durch die Regelung in Satz 1 Nr. 4 ist es möglich, bei vollkontinuierlicher Schichtarbeit die **Höchstarbeitszeit** an Sonn- und Feiertagen von acht auf bis zu zwölf Stunden **zu erhöhen**. Hierfür müssen jeoch zwei Voraussetzungen erfüllt sein: Die Regelung gilt nur für vollkontinuierliche Schichtarbeit, also für Schichtsysteme, die an allen Wochentagen jeweils über den ganzen Tag hinweg Arbeitsleistungen der Beschäftigten abrufen. Die Schichtsysteme müssen also eine durchlaufende Tätigkeit mit einem Umfang von 168 Stunden in der Woche (7 x 24 Stunden) vorsehen.[9] Die Regelung gilt also ausschließlich in Betrieben bzw. in Schichtmodellen, in denen regelmäßig an

9

---

6 BAG 23. 3. 2006 – 6 AZR 497/05.
7 Buschmann/Ulber, § 12 ArbZG, Rn. 8.
8 Buschmann/Ulber, § 12 ArbZG, Rn. 9; ErfK-*Wank*, § 12 ArbZG, Rn. 4.
9 BAG 30. 7. 2006 – 3 AZR 560/01.

Wochenenden und Feiertagen durchgearbeitet wird. Für andere Schichtmodelle findet die Regelung keine Anwendung. Eine Verlängerung der zulässigen (sonn-)täglichen Höchstarbeitszeit setzt weiter voraus, dass durch die Verlängerung der Höchstarbeitszeit zusätzliche freie Schichten an Sonn- und Feiertagen ermöglicht werden. Die Erhöhung ist also nur dann zulässig, wenn durch eine entsprechende Gestaltung der Dienst- bzw. Schichtpläne zusätzliche freie Sonn- und Feiertagsschichten für die betroffenen Beschäftigten ermöglicht werden. Im Ergebnis muss die Erhöhung der Höchstarbeitszeit dazu führen, dass die Beschäftigten weniger oft zu Sonn- und Feiertagsarbeit herangezogen werden.

7. Erweiterung der abweichenden Regelungen auf nichttarifgebundene Betriebe

10 Durch die Regelung in Satz 2 wird die Befugnis, abweichende Regelungen in Bezug auf die Ausgleichsansprüche des § 11 zu treffen, auch auf nicht tarifgebundene Arbeitgeber erweitert. Dies erfolgt durch eine Bezugnahme auf die Vorschriften in § 7 Abs. 3 bis 6 des Gesetzes.

11 Durch Verweis auf § 7 Abs. 3 ist es zunächst möglich, abweichende Regelungen nach § 12 Satz 1 bei nichttarifgebundenen Arbeitgebern durch den Abschluss einer **Betriebs- oder Dienstvereinbarung** zu vereinbaren. Dies setzt zunächst voraus, dass der Arbeitgeber dem Geltungsbereich eines Tarifvertrags unterliegt, ohne selbst tarifgebunden zu sein. Weiter setzt dies voraus, dass der Tarifvertrag abweichende Regelungen in Bezug auf Mindestruhetage an Sonntagen oder den Umgang mit Ersatzruhetagen enthält. Denkbar ist die Vereinbarung derartiger abweichender Regelungen in einer Dienst- oder Betriebsvereinbarung zusätzlich dann, wenn der entsprechende Tarifvertrag eine Öffnungs- bzw. Delegationsklausel für betriebliche Regelungen enthält. Besteht bei einem nichttarifgebundenen Arbeitgeber kein Betriebs- oder Personalrat, können abweichende Regelungen auch durch **individualrechtliche Einzelverträge** vereinbart werden. Auch dies leitet sich aus dem Verweis auf § 7 Abs. 3 ab.

12 Arbeitgebern aus dem Bereich der **Kirchen und öffentlich-rechtlichen Religionsgemeinschaften** können in ihren kollektivrechtlichen Regelungen ebenfalls von den in § 12 Satz 1 vorgesehenen Abweichungen Gebrauch machen. Dies ergibt sich aus dem Verweis auf § 7 Abs. 4.

13 Schließlich können auch die **Aufsichtsbehörden** für einzelne Betriebe abweichende Regelungen nach § 12 Satz 1 zulassen, wenn dies aus betrieblichen Gründen geboten erscheint. Ferner ist die **Bundesregierung** mit Zustimmung des Bundesrats ermächtigt, entsprechende Rechtsverordnungen zu erlassen, wenn dies betrieblich geboten ist und die Gesundheit der Beschäftigten nicht gefährdet wird. Die Ermächtigung der staatlichen Stellen ergibt sich aus dem Verweis auf § 7 Abs. 5 und 6.

§ 13 Ermächtigung, Anordnung, Bewilligung

(1) Die Bundesregierung kann durch Rechtsverordnung mit Zustimmung des Bundesrates zur Vermeidung erheblicher Schäden unter Berücksichtigung des Schutzes der Arbeitnehmer und der Sonn- und Feiertagsruhe
1. die Bereiche mit Sonn- und Feiertagsbeschäftigung nach § 10 sowie die dort zugelassenen Arbeiten näher bestimmen,
2. über die Ausnahmen nach § 10 hinaus weitere Ausnahmen abweichend von § 9
   a) für Betriebe, in denen die Beschäftigung von Arbeitnehmern an Sonn- oder Feiertagen zur Befriedigung täglicher oder an diesen Tagen besonders hervortretender Bedürfnisse der Bevölkerung erforderlich ist,
   b) für Betriebe, in denen Arbeiten vorkommen, deren Unterbrechung oder Aufschub
      aa) nach dem Stand der Technik ihrer Art nach nicht oder nur mit erheblichen Schwierigkeiten möglich ist,
      bb) besondere Gefahren für Leben oder Gesundheit der Arbeitnehmer zur Folge hätte,
      cc) zu erheblichen Belastungen der Umwelt oder der Energie- oder Wasserversorgung führen würde,
   c) aus Gründen des Gemeinwohls, insbesondere auch zur Sicherung der Beschäftigung,

zulassen und die zum Schutz der Arbeitnehmer und der Sonn- und Feiertagsruhe notwendigen Bedingungen bestimmen.

(2) Soweit die Bundesregierung von der Ermächtigung des Absatzes 1 Nr. 2 Buchstabe a keinen Gebrauch gemacht hat, können die Landesregierungen durch Rechtsverordnung entsprechende Bestimmungen erlassen. Die Landesregierungen können diese Ermächtigung durch Rechtsverordnung auf oberste Landesbehörden übertragen.

(3) Die Aufsichtsbehörde kann
1. feststellen, ob eine Beschäftigung nach § 10 zulässig ist,
2. abweichend von § 9 bewilligen, Arbeitnehmer zu beschäftigen
   a) im Handelsgewerbe an bis zu zehn Sonn- und Feiertagen im Jahr, an denen besondere Verhältnisse einen erweiterten Geschäftsverkehr erforderlich machen,
   b) an bis zu fünf Sonn- und Feiertagen im Jahr, wenn besondere Verhältnisse zur Verhütung eines unverhältnismäßigen Schadens dies erfordern,
   c) an einem Sonntag im Jahr zur Durchführung einer gesetzlich vorgeschriebenen Inventur,

und Anordnungen über die Beschäftigungszeit unter Berücksichtigung der für den öffentlichen Gottesdienst bestimmten Zeit treffen.

(4) **Die Aufsichtsbehörde soll abweichend von § 9 bewilligen, daß Arbeitnehmer an Sonn- und Feiertagen mit Arbeiten beschäftigt werden, die aus chemischen, biologischen, technischen oder physikalischen Gründen einen ununterbrochenen Fortgang auch an Sonn- und Feiertagen erfordern.**

(5) **Die Aufsichtsbehörde hat abweichend von § 9 die Beschäftigung von Arbeitnehmern an Sonn- und Feiertagen zu bewilligen, wenn bei einer weitgehenden Ausnutzung der gesetzlich zulässigen wöchentlichen Betriebszeiten und bei längeren Betriebszeiten im Ausland die Konkurrenzfähigkeit unzumutbar beeinträchtigt ist und durch die Genehmigung von Sonn- und Feiertagsarbeit die Beschäftigung gesichert werden kann.**

Inhaltsübersicht	Rn.
1. Regelungsinhalt	1
2. Rechtsverordnung durch die Bundesregierung	2– 7
3. Rechtsverordnung auf Ebene der Bundesländer	8, 9
4. Feststellung der Zulässigkeit der Sonn- und Feiertagsarbeit durch die Aufsichtsbehörde	10
5. Ausnahmebewilligung durch die Aufsichtsbehörde	11–14
6. Ausnahmebewilligung bei notwendigem ununterbrochenem Betrieb	15, 16
7. Ausnahmebewilligung zur Sicherung der Konkurrenzfähigkeit	17–22
8. Rechtsschutz	23–26

1. Regelungsinhalt

1 Die Vorschrift des § 13 gewährt den mit der Arbeitszeit befassten staatlichen Stellen die Möglichkeit, weitere Ausnahmen von dem Verbot der Sonn- und Feiertagsarbeit zu gewähren. Die Regelung bietet damit die Möglichkeit, den in § 10 geregelten Katalog der ausnahmsweise zulässigen Sonn- und Feiertagsarbeit zu erweitern. Für die Bundes- bzw. die Landesregierungen wird dies durch die Ermächtigung zum Erlass von Verordnungen ermöglicht (Absätze 1 und 2). Darüber hinaus enthält die Regelung auch Anordnungskompetenzen für die jeweiligen Aufsichtsbehörden, denen die Möglichkeit gegeben ist, durch Bewilligungsbescheide (also Verwaltungsakte) über die in § 10 bereits enthaltenen Ausnahmen weitere Ausnahmen für eine Sonn- und Feiertagsbeschäftigung auf betrieblicher Ebene zuzulassen (Absätze 3 bis 5).

2. Rechtsverordnung durch die Bundesregierung

2 Abs. 1 enthält eine Verordnungsermächtigung für die Bundesregierung. Der Erlass einer Verordnung ist der Bundesregierung nur mit **Zustimmung des Bundesrats** möglich. Hierdurch wird die Zustimmung der Bundesländer gewährleistet, die für die Überwachung der arbeitszeitrechtlichen Regelungen in den Betrieben und Unternehmen zuständig sind.

Ermächtigung, Anordnung, Bewilligung § 13

Die Verordnungsermächtigung umfasst mehrere Fallkonstellationen und ist 3 so ausgestaltet, dass der Bundesregierung eine freie **Ermessensentscheidung** eingeräumt ist (letzteres ergibt sich aus der Verwendung des Begriffs »kann«). Allen Fallkonstellationen gemeinsam ist, dass die Verordnungskompetenz nur ausgeübt werden darf, um einen **erheblichen Schaden** unter Berücksichtigung des Schutzes der Beschäftigten und der Sonn- und Feiertagsruhe abzuwenden bzw. **zu vermeiden**. Dabei soll die abstrakte Möglichkeit eines solchen Schadens genügen, es bedarf somit keines konkreten oder sicher vorhersehbaren Schadens.[1] Mit Blick auf den grundgesetzlichen Schutz der Sonn- und Feiertagsruhe ist dennoch ein strenger Auslegungsmaßstab an die Zulässigkeit der Verordnungsermächtigung anzulegen, um einer beliebigen Ausweitung der Ausnahmen des § 10 zu begegnen.[2] Bei Ausübung der Verordnungsermächtigung ist dem Schutz der betroffenen Beschäftigten besonderer Augenmerk zu geben. Dies kommt darin zum Ausdruck, dass nach dem letzten Halbsatz der Regelung in Abs. 1 die Verordnung die zum **Schutz der betroffenen Beschäftigten notwendigen Bedingungen** bestimmen muss. Die von der Verordnung zum Schutz der betroffenen Beschäftigten und zum Schutz der Sonn- und Feiertagsruhe zu bestimmenden Bedingungen müssen somit konkret formuliert sein, etwa durch die Aufstellung von Auflagen.[3]

Durch Abs. 1 Nr. 1 wird die Bundesregierung zunächst ermächtigt, die in 4 § 10 geregelten Bereiche und die hiernach zulässigen Tätigkeiten **näher zu bestimmen**. Diese Verordnungsermächtigung dient dazu, Missbräuche bei der Auslegung der Ausnahmen zu begrenzen und eine einheitliche und vorhersehbare Grundlage für die Verwaltungspraxis zu schaffen.[4] Diese Regelung soll damit der Rechtsklarheit und der Einheitlichkeit der Rechtsanwendung dienen.

Die Verordnungsermächtigung in Abs. 1 Nr. 2 enthält insgesamt drei Fallge- 5 staltungen. Zunächst ist die Bundesregierung ermächtigt, für Betriebe, deren Betriebszweck auf die **Befriedigung täglicher** oder an Sonn- und Feiertagen besonders hervortretender **Bedürfnisse der Bevölkerung** gerichtet ist, über die in § 10 vorgesehenen Möglichkeiten hinausgehend ausnahmsweise Sonn- und Feiertagsarbeit zu ermöglichen (Nr. 2 a). Von einem täglichen Bedürfnis ist dann auszugehen, wenn dieses von einem wesentlichen Teil der Bevölkerung als täglich wichtig in Anspruch genommen wird, wobei es nicht darauf ankommt, dass das gleiche Produkt in Anspruch genommen wird, es genügt vielmehr die Inanspruchnahme gleichgelagerter oder ähnlicher Wa-

---

1 Erfk-*Wank*, § 13 ArbZG, Rn. 1.
2 Im Ergebnis ebenso: Buschmann/Ulber, § 13 ArbZG, Rn. 3 m.w.N.
3 Buschmann/Ulber, § 13 ArbZG, Rn. 9.
4 BT-Drs. vom 13.10.1993, 12/5880, dort Seite 30.

ren oder Dienstleistungen.⁵ In Betracht kommt hier etwa die Versorgung mit frischen, ggf. auch saisonalen Waren (z. B. Erdbeeren oder Spargel) oder besondere Ausnahmen für den Verkauf von Blumen und Blumengebinden an Muttertag oder Totensonntag. Als Tätigkeiten, die hiernach an Sonn- und Feiertagen zulässig sein können, sind nur diejenigen anzusehen, die der **unmittelbaren** Befriedigung der Bedürfnisse dienen und nicht auch vor- und nachgelagerte Tätigkeiten.⁶ Bei Anwendung dieser Regelung ist mit Blick auf die grundgesetzlich geschützte Sonn- und Feiertagsruhe ein strenger Maßstab anzuwenden. So sind Tätigkeiten von Videotheken und Lotto-Totto-Annahme-Stellen nicht genehmigungsfähig, da diese zwar Dienstleistungen anbieten, die der Befriedigung des Freizeitverhaltens der Bevölkerung dienen. Die angebotenen Dienste können aber auch an Samstagen bzw. an einem dem Feiertag vorhergehenden Tag vorbereitend mit Blick auf den folgenden arbeitsfreien Sonn- bzw. Feiertag in Anspruch genommen werden.⁷ Dies gilt in der Regel auch für Callcenter, es sei denn, diese sind im Rahmen von Not- und Rettungsdiensten (§ 10 Nr. 1) tätig.⁸ Auch für die Getränke- und Eishersteller sowie den angeschlossenen Großhandel gelten diese Maßstäbe, so dass eine Verordnung, die Sonn- und Feiertagsarbeit jedenfalls in den Sommermonaten zulassen wollte, für unwirksam erklärt wurde. Dies wurde damit begründet, dass der Großhandel am Vortag noch bis 23.59 Uhr anliefern könne und nicht ausreichend dargelegt wurde, dass die Jahresmenge, die ohne Sonn- und Feiertagsarbeit hergestellt werde, nicht ausreiche, um den saisonal erhöhten Bedarf abzudecken.⁹

6 Weiterhin steht der Bundesregierung eine Verordnungsermächtigung in Bezug auf die Zulassung weiterer Ausnahmen der Sonn- und Feiertagsruhe für Betriebe zu, in denen eine **ununterbrochene Tätigkeit** zugelassen werden muss (Abs. 1 Nr. 2 b). Die Notwendigkeit der ununterbrochenen Tätigkeit muss sich aus einem der in der Regelung abschließend aufgeführten Gründen ergeben.¹⁰ Die Notwendigkeit des ununterbrochenen Betriebs kann sich hiernach aus dem **Stand der Technik** ergeben, der dazu führt, dass eine Unterbrechung oder ein Aufschub der Tätigkeit nicht oder nur mit erheblichen Schwierigkeiten möglich ist (Alternative aa). Die ununterbrochene Tätigkeit kann auch damit begründet werden, dass eine Unterbrechung zu **Gefahren für Leben und Gesundheit der Beschäftigten** führen würde (Alternative bb). Schließlich kann die unterbrechungslose Tätigkeit sich noch daraus ergeben, dass es anderenfalls zu erheblichen **Belastungen der Umwelt oder**

---

5 BVerwG 14.11.1989 – 1 C 29/88
6 Buschmann/Ulber, § 13 ArbZG, Rn. 5.
7 BVerwG 26.11.2014 – 6 CN 1.13.
8 BVerwG 26.11.2014 – 6 CN 1.13.
9 Hessischer VGH 1.7.2020 – 8 C 213/15.N.
10 Buschmann/Ulber, § 13 ArbZG, Rn. 6; ArbR KK-*Wedde*, § 13 ArbZG, Rn. 5.

Ermächtigung, Anordnung, Bewilligung § 13

der **Energie- und Wasserversorgung** kommen würde (Alternative cc) Da die Aufzählung der zulässigen Gründe auf der Grundlage der Regelung in Abs. 1 Nr. 2 b) abschließend ist, können rein (betriebs-)wirtschaftliche Gründe eine Ausnahme im Wege der Verordnungsermächtigung nicht begründen.[11]

Die Bundesregierung kann schließlich aus Gründen des **Gemeinwohls, insbesondere zur Beschäftigungssicherung,** Ausnahmen von der Sonn- und Feiertagsruhe im Wege der Verordnung ermöglichen (Abs. 1 Nr 2c). Durch diese Regelung hat der Gesetzgeber seine Intention klargestellt, dass auch gesamtwirtschaftliche Gründe, z. B. die Existenzgefährdung von Betrieben und der damit verbundene Arbeitsplatzabbau sowie angespannte, internationale Wettbewerbssituationen einer Branche, Ausnahmen von der Sonn- und Feiertagsruhe rechtfertigen können.[12] Diese Regelung unterliegt nicht nur im Hinblick auf die grundgesetzlich geschützte Sonn- und Feiertagsruhe, sondern auch mit Blick auf den offenen Wortlaut in Bezug auf den Bestimmtheitsgrundsatz erheblichen verfassungsrechtlichen Bedenken.[13] Jedenfalls muss ein strenger Auslegungsmaßstab angewandt werden, denn die Vorschrift zielt darauf, schwerwiegende gesamtwirtschaftliche Nachteile zu vermeiden, so dass Wettbewerbsvorteile, die nur einzelnen Betrieben durch die ausnahmsweise zugelassene Sonn- und Feiertagsarbeit zukommen würden, nicht durch die Regelung gerechtfertigt sind.[14] 7

3. Rechtsverordnung auf Ebene der Bundesländer

Sofern die Bundesregierung von der ihr zustehenden Verordnungskompetenz keinen Gebrauch gemacht hat, räumt die Regelung in Abs. 2 den **Landesregierungen** eine solche ein. Diese bezieht sich ausdrücklich nur und ausschließlich auf die Fälle des Abs. 1 Nr. 2 a), also auf die Betriebe, deren Betriebszweck auf die **Befriedigung der Bedürfnisse** der Bevölkerung (Bedürfnisgewerbe) gerichtet ist. Da die Bundesregierung bisher von ihrer Verordnungskompetenz keinen Gebrauch gemacht hat, haben einige Bundesländer entsprechende Verordnungen für das Bedürfnisgewerbe erlassen. Für die Verordnungskompetenz der Länder gelten dabei die selben Maßstäbe wie nach Abs. 1 für die Bundesregierung (siehe oben Rn. 5). Somit können im Wege einer Ladensverordnung Sonn- und Feiertagsarbeit in Videotheken oder Lotto-Totto-Annahmestellen nicht ermöglicht werden.[15] Gleiches gilt für die Tätigkeit in Callcentern, sofern diese nicht im Bereich des Not- 8

---

11 Buschmann/Ulber, § 13 ArbZG, Rn. 6; ArbR KK-*Wedde*, § 13 ArbZG, Rn. 5.
12 BT-Drs. vom 13. 10. 1993, 12/5880, dort Seite 30.
13 Buschmann/Ulber, § 13 ArbZG, Rn. 8.
14 Buschmann/Ulber, § 13 ArbZG, Rn. 8; ArbR KK-*Wedde*, § 13 ArbZG, Rn. 6.
15 BVerwG 26. 11. 2014 – 6 CN 1.13.

und Rettungsdienstes tätig sind.[16] Auch für die Getränke- und Eisindustrie wurde eine entsprechende Verordnung, die jedenfalls im Sommer Sonn- und Feiertagsarbeit zulassen wollte, als unwirksam angesehen, da nicht dargelegt werden konnte, dass die Jahresproduktion, die ohne die Sonn- und Feiertagsarbeit erstellt werden kann, nicht ausreiche, um den erhöhten saisonalen Bedarf zu decken.[17] Dabei sind jedoch immer zugleich die zum Schutz der Sonn- und Feiertagsruhe sowie zum Schutz der Beschäftigten dienenden Bedingungen in der Verordnung mit aufzunehmen und zu konkretisieren, denn die Verordnungsermächtigung der Länder ist denen der Bundesregierung nachgebildet.

9   Durch die Regelung in Abs. 2 wird es den Landesregierungen zudem ermöglicht, ihre Verordnungskompetenz auf die **obersten Landesbehörden** zu delegieren.

4. Feststellung der Zulässigkeit der Sonn- und Feiertagsarbeit durch die Aufsichtsbehörde

10 Die Regelungen in Abs. 3 ermächtigen die Aufsichtsbehörden, in insgesamt vier Fällen Ausnahmen in Bezug auf die Sonn- und Feiertagsruhe für einzelne Betriebe – also im Einzelfall – zu ermöglichen. Zunächst wird in Abs. 3 Nr. 1 der Aufsichtsbehörde die Befugnis eingeräumt, festzustellen, ob eine Beschäftigung an Sonn- und Feiertagen in einem Betrieb zulässig ist. Die Regelung dient dazu **Auslegungszweifel zu beseitigen** und über einen verbindlichen Feststellungsbescheid Rechtsklarheit über die Zulässigkeit herbeizuführen.[18] Die **Feststellungsbefugnis** bezieht sich dabei nach dem ausdrücklichen Wortlaut ausschließlich auf die in § 10 geregelten Ausnahmefälle. Damit wird nur die grundsätzliche Zulässigkeit der ausnahmsweisen Sonn- und Feiertagsarbeit vom Feststellungsbescheid erfasst. Nicht erfasst werden hingegen Fragen der ordnungsgemäßen Umsetzung der arbeitszeitlichen Vorgaben nach § 11.[19] Diese werden vielmehr im Rahmens des in § 17 geregelten Verwaltungsverfahrens überprüft und durchgesetzt. Die Aufsichtsbehörde kann von ihrer Feststellungsbefugnis entweder auf Antrag des Betriebs oder von Amts wegen Gebrauch machen.[20]

---

16 BVerwG 26.11.2014 – 6 CN 1.13.
17 Hessischer VGH 1.7.2020 – 8 C 213/15.N.
18 Buschmann/Ulber, § 13 ArbZG, Rn. 17; ErfK-*Wank*, § 13 ArbZG, Rn. 4.
19 Buschmann/Ulber, § 13 ArbZG, Rn. 17.
20 Buschmann/Ulber, § 13 ArbZG, Rn. 17 m.w.N.

Ermächtigung, Anordnung, Bewilligung § 13

5. Ausnahmebewilligung durch die Aufsichtsbehörde

Durch die Vorschrift des Abs. 3 Nr. 2 erhält die Aufsichtsbehörde in insgesamt drei abschließend aufgezählten Fällen die Möglichkeit, für einzelne Betriebe Ausnahmegenehmigungen von der Sonn- und Feiertagsruhe zu bewilligen und damit Arbeiten an diesen Tagen zu erlauben. Bei der Entscheidung über die Ausnahmegenehmigung handelt es sich um eine **Ermessensentscheidung** der Aufsichtsbehörde (»kann bewilligen«). Bei der Ausübung des ihr eingeräumten Ermessens muss die Aufsichtsbehörde den hohen Schutz der Sonn- und Feiertagsruhe, der sich aus dessen grundgesetzlichen Verankerung ergibt, stets beachten. Insoweit ist davon auszugehen, dass es sich um atypische Einzelfälle handelt, die zu einer Bewilligung führen können.[21] Weiterhin hat die Aufsichtsbehörde in ihrer Ausnahmebewilligung ausweislich des letzten Halbsatzes der Regelung **Anordnungen zu den Beschäftigungszeiten** zu treffen und dabei die **Lage der lokalen Gottesdienstzeiten** zu berücksichtigen. Bei der Anordnung über Beschäftigungszeiten kann sowohl die Lage der Arbeitszeit als auch die Dauer der Arbeitszeit an diesen Tagen betroffen sein. Gerade in Bezug auf die Lage der Arbeitszeit können die Zeiten der Gottesdienste von besonderer Bedeutung sein, denn die Regelung dient dazu, die ungestörte Religionsausübung zu gewährleisten, die in Art. 4 Abs. 2 GG geschützt ist. Mit Blick auf die Religionsausübungen sind dabei alle diejenigen Glaubensgemeinschaften erfasst, die unter den Geltungsbereich des Art. 4 Abs. 2 GG fallen, also nicht nur die christlichen, aber gerade nicht diejenigen pseudoreligiösen, denen der Status der Religionsgemeinschaft nicht zuerkannt ist.[22]

11

Die erste Alternative in Abs. 3 Nr. 2 a) erfasst **Handelsgewerbe**. Diesbezüglich ist es der Aufsichtsbehörde möglich, an bis zu 10 Sonn- und Feiertagen im Jahr Ausnahmen von der Sonn- und Feiertagsruhe zuzulassen. Handelsgewerbe meint Betriebe, die auf den Umsatz von Waren aller Art und Geld gerichtet sind. Dazu zählen neben Betrieben des Einzelhandels beispielsweise auch solche des Großhandels, des Geld- und Kredithandels aber auch die der Buch-, Presse- und Zeitungsverlage sowie gleichfalls deren Hilfsgewerbe wie Spedition- und Lagerbetriebe.[23] Dabei darf die Ausnahmebewilligung nur dann erfolgen, wenn besondere Verhältnisse den besonderen Gewerbebetrieb erforderlich machen. Als **besondere Verhältnisse** kommen dabei nur außerbetriebliche Umstände in Betracht, die so wichtig sein müssen, dass eine Ausnahme von der Sonn- und Feiertagsruhe gerechtfertigt erscheint. Reine Rentabilitätserwägungen dürfen eine Ausnahmegenehmi-

12

---

21 Buschmann/Ulber, § 13 ArbZG, Rn. 22 m. w. N.
22 Buschmann/Ulber, § 13 ArbZG, Rn. 29; ArbR KK-*Wedde*, § 13 ArbZG, Rn. 10.
23 BVerwG 14. 11.1 989 – 1 C 29/88; ErfK-*Wank*, § 13 ArbZG, Rn. 6; ArbR KK-*Wedde*, § 13 ArbZG, Rn. 10.

gung nicht rechtfertigen.[24] Als besondere Verhältnisse kommen insbesondere Messen, Märkte oder Ausstellungen und hiermit im Zusammenhang stehende Haus- und Ordermessen für gewerbliche Wiederverkäufer in Betracht.[25] Die maximale Anzahl von 10 Ausnahmetagen im Jahr darf dabei insgesamt nicht überschritten werden, auch nicht durch entsprechende Landesverordnungen, da insoweit der Bundesgesetzgeber seine Gesetzgebungskompetenz ausgeübt hat.[26] Zu beachten ist dabei auch die strenge Rechtsprechung des BVerwG und der Verwaltungsgerichtshöfe zu den Ladenöffnungsgesetzen, die einen engen Zusammenhang zwischen ausnahmsweise Öffnung der betroffenen gewerblichen Betriebe und den besonderen örtlichen Verhältnissen – also den jeweiligen Messen, Märkten oder sonstigen Veranstaltungen – vorsieht.[27]

13 Eine weitere, zweite zulässige Fallgestalt einer Ausnahmegenehmigung durch die Aufsichtsbehörde ist nach Abs. 3 Nr. 2 b) in denjenigen Fällen möglich, in denen dem Betrieb wegen besonderer Verhältnisse ohne die ausnahmsweise Sonn- und Feiertagsarbeit ein **unverhältnismäßiger Schaden** entstehen würde. Die Sonn- und Feiertagsarbeit muss also dazu dienen, einen solchen Schaden zu vermeiden. Ein Schaden ist dabei jede Vermögensminderung. Unverhältnismäßig ist dieser dann, wenn die wirtschaftlichen Auswirkungen derart hoch sind, dass diese unzumutbar für den Betrieb oder das Unternehmen sind und daher nicht getragen werden können.[28] Der Schaden muss dabei auf besonderen Verhältnissen beruhen, so dass Schäden, die im Rahmen des betriebsüblichen Risikos entstehen können, von der Vorschrift nicht erfasst sind.[29] An der Unverhältnismäßigkeit fehlt es insbesondere dann, wenn der Schaden auch durch andere zumutbare Maßnahmen als die der Sonn- und Feiertagsarbeit verhindert werden kann, etwa durch Veränderung der Arbeitsorganisation, Einführung zusätzlicher Schichten an Werktagen oder Ähnlichem.[30] So wurde einem Paketdienst während der Corona-Pandemie eine Ausnahmegenehmigung zur Sonn- und Feiertagsarbeit mit der Begründung verweigert, dass nicht dargelegt worden sei, dass der eintretende Schaden größer sein werde, als derjenige, der bei der allgemeinen Betriebsruhe an Sonn- und Feiertagen eintrete, so dass nicht von einem unverhältnismäßigen Schaden ausgegangen werden

---

24 ErfK-*Wank*, § 13 ArbZG, Rn. 6; Buschmann/Ulber, § 13 ArbZG, Rn. 24.
25 ErfK-*Wank*, § 13 ArbZG, Rn. 6; Buschmann/Ulber, § 13 ArbZG, Rn. 24.
26 Buschmann/Ulber, § 13 ArbZG, Rn. 23; ArbR KK-*Wedde*, § 13 ArbZG, Rn. 11.
27 Siehe hierzu ausführlich Buschmann/Ulber, Anhang E § 14 Ladenschlussgesetz, Rn. 8ff.
28 ErfK-*Wank*, § 13 ArbZG, Rn. 7; ArbR KK-*Wedde*, § 13 ArbZG, Rn. 12.
29 Buschmann/Ulber, § 13 ArbZG, Rn. 27; ArbR KK-*Wedde*, § 13 ArbZG, Rn. 12.
30 ErfK-*Wank*, § 13 ArbZG, Rn. 7; Buschmann/Ulber, § 13 ArbZG, Rn. 27; ArbR KK-*Wedde*, § 13 ArbZG, Rn. 12.

könne.³¹ Auch ein erwartbares erhöhtes Bestellvolumen in der Vorweihnachtszeit rechtfertigt nicht die Annahme eines unverhältnismäßigen Schadens, insbesondere dann nicht, wenn der Anbieter eigens für diese Zeit einen besonderen Expresslieferservice (»Same Day«) anbiete. Sowohl auf das saisonal bedingte als auch das aus eigenem Interesse generierte erhöhte Bestelllaufkommen mit damit verbundener Mehrarbeit müsse das Unternehmen hierauf ausgerichtete arbeitsorganisatorische Maßnahmen ergreifen, so dass eine Ausnahmegenehmigung an Adventssonntagen versagt wurde.³² Gleiches gilt für das Nacharbeiten streikbedingter Rückstände. Auch diese sind vorhersehbar und insoweit ist ihnen durch geeignete arbeitsorganisatorische Maßnahmen an Werktagen zu begegnen.³³ Derartige Ausnahmegenehmigungen sind – bei Vorliegen der Voraussetzungen – für insgesamt maximal 5 Sonn- und Feiertage im Jahr möglich.

Als letzte Möglichkeit sieht Abs. 3 Nr. 2 c) die Erteilung einer Ausnahmebewilligung für einen Sonntag (nicht Feiertag) zur Durchführung einer **Inventur** vor, sofern diese gesetzlich vorgeschrieben ist. **14**

6. Ausnahmebewilligung bei notwendigem ununterbrochenem Betrieb

Durch die Regelung in Abs. 4 soll gewährleistet werden, dass ein durchgängiger Betrieb möglich ist, wenn aus chemischen, biologischen, technischen oder physikalischen Gründen die Tätigkeiten nicht unterbrochen werden dürfen. Liegen solche Gründe vor, ist das der Aufsichtsbehörde eingeräumte Ermessen eingeschränkt, was sich aus der Verwendung des Begriffs »soll« ergibt.³⁴ Betriebswirtschaftliche oder rein arbeitsorganisatorische oder andere betriebliche Gründe rechtfertigen eine solche Ausnahmeregelungen hingegen nicht.³⁵ **15**

Die praktische Bedeutung der Regelung ist bisher mit Blick auf die bereits in § 10 Nr. 15 und 16 normierten Ausnahmeregelungen gering.³⁶ Sie kann jedoch an Bedeutung gewinnen. Für diesen Fall ist mit Blick auf die grundgesetzlich geschütze Sonn- und Feiertagsruhe sowie die bereits vorhandenen Ausnahmen eine restriktive Anwendung der Ausnahmeregelung vorzunehmen. Die Aufsichtsbehörde ist zudem gehalten, durch die Erteilung von entsprechenden Auflagen, die ausnahmsweise zu genehmigende Sonn- und Feiertagsarbeit auf ein Minimum zu beschränken, etwa durch Anordnung, dass **16**

---

31 VG Berlin 9. 4. 2020 – 4 L 132.20.
32 VG Berlin 11. 12. 2019 – 4 A 738/18.
33 OVG Nordrhein-Westfalen 10. 7. 2015 – 4 B 791.15 und 4 B 792.15.
34 ErfK-*Wank*, § 13 ArbZG, Rn. 10; Buschmann/Ulber, § 13 ArbZG, Rn. 34.
35 Buschmann/Ulber, § 13 ArbZG, Rn. 33; ArbR KK-*Wedde*, § 13 ArbZG, Rn. 14.
36 ErfK-*Wank*, § 13 ArbZG, Rn. 9; ArbR KK-*Wedde*, § 13 ArbZG, Rn. 14.

regelmäßig notwendige Reinigungs- oder Wartungsarbeiten, die weniger Personal erfordern, an Sonntagen durchzuführen sind.[37]

7. Ausnahmebewilligung zur Sicherung der Konkurrenzfähigkeit

17 Die Regelung in Abs. 5 dient dazu, die Konkurrenzfähigkeit inländischer Unternehmen gegenüber ausländischen Unternehmen zu sichern. Damit zielt die Regelung ausschließlich auf die Sicherung wirtschaftlicher Interessen. Liegen die Voraussetzungen vor, so ist die Ausnahmebewilligung zu erteilen. Der Behörde ist damit **kein Ermessensspielraum** eingeräumt. Vielmehr handelt es sich um eine gebundene Entscheidung. Mit Blick auf den ausschließlich auf wirtschaftlichen Interessen ausgerichteten Zweck und die Ausgestaltung als gebundene Entscheidung der Aufsichtsbehörde unterliegt die Vorschrift erheblichen verfassungsrechtlichen und europarechtlichen Bedenken.[38]

18 Die Aufsichtsbehörde muss die Ausnahmebewilligung erteilen, wenn alle in der Vorschrift genannten Voraussetzungen kumulativ erfüllt sind. Dabei muss der antragstellende Betrieb bzw. das Unternehmen zunächst die gesetzlich **mögliche Höchstarbeitszeit** an Werktagen **weitestgehend ausgenutzt** haben. Da dies auch bedeutet, dass der Samstag als Regelarbeitstag einbezogen werden muss, muss der Betrieb somit die wöchentliche höchstmögliche Anzahl von 144 Stunden (6 mal 24 Stunden) weitgehend ausnutzen. Auch muss geprüft werden, ob der Verzicht auf Brückentage oder auf Betriebsurlaube eine Möglichkeit darstellt, die betriebliche Arbeitszeit weiter auszubauen, um so auf Sonn- und Feiertagsarbeit verzichten zu können.[39]

19 Die ausnahmsweise Sonntagsarbeit muss die Konkurrenzfähigkeit gegenüber im **Ausland tätigen Unternehmen** stärken. Von einer Konkurrenzsituation ist dann auszugehen, wenn das andere Unternehmen das gleiche Produkt oder die gleiche Dienstleistung auf dem Markt anbietet.[40] Dennoch dürfen inländische Konkurrenten bei der Bewertung nicht außer Betracht bleiben. Kommt es nämlich bei diesen inländischen Konkurrenten ohne Sonn- und Feiertagsarbeit nicht zu Wettbewerbsnachteilen gegenüber den ausländischen Konkurrenten, ist die Genehmigung zu versagen, denn dann sind die Wettbewerbsnachteile auf andere Umstände zurückzuführen, etwa der man-

---

37 Buschmann/Ulber, § 13 ArbZG, Rn. 35; ArbR KK-*Wedde*, § 13 ArbZG, Rn. 14.
38 Buschmann/Ulber, § 13 ArbZG, Rn. 36 bis 38; im Ergebnis ebenso: ArbR KK-*Wedde*, § 13 ArbZG, Rn. 15.
39 Buschmann/Ulber, § 13 ArbZG, Rn. 41 ff.; ArbR KK-*Wedde*, § 13 ArbZG, Rn. 16; ErfK-*Wank*, § 13 ArbZG, Rn. 12.
40 Buschmann/Ulber, § 13 ArbZG, Rn. 48.

Ermächtigung, Anordnung, Bewilligung § 13

gelhaften Gestaltung der Arbeits- und Produktionsprozesse, und beruhen nicht auf der fehlenden Möglichkeit der Sonn- und Feiertagsarbeit.[41]

Die Regelung in Abs. 5 setzt weiter voraus, dass **im Ausland längere Betriebszeiten** möglich sind. Vergleichsmaßstab ist dabei die im jeweiligen Land **gesetzlich** zulässige Betriebszeit für das Konkurrenzunternehmen bzw. den Konkurrenzbetrieb.[42] Nicht in die Betrachtung einzubeziehen sind hingegen gesetzliche Ausnahmeregelungen im Ausland, da diese ähnlich weitreichend sind wie die nach deutschem Recht. Dies würde somit dazu führen, das die Regelung in Abs. 5 eine Generalklausel für Sonn- und Feiertagsarbeit darstellen würde und die Verpflichtung zur Minimierung derselben ins Leere laufen würde.[43] Nicht berücksichtigt werden können aber längere Betriebszeiten in Ländern, in denen spezielle auf den Gesundheitsschutz ausgerichtete arbeitszeitrechtliche gesetzliche Regelungen gänzlich fehlen oder nur unzureichend vorhanden sind.[44]

20

Die Genehmigung darf ferner nur dann erteilt werden, wenn die **Konkurrenzfähigkeit** des inländischen Unternehmens **unzumutbar beeinträchtigt** ist. Von einer Beeinträchtigung der Konkurrenzfähigkeit ist dann auszugehen, wenn aufgrund der längeren Betriebszeiten im Ausland die Fertigungskosten niedriger sind und dieser Preisnachteil nicht durch andere Faktoren ausgeglichen werden kann.[45] Unzumutbar ist eine solche Beeinträchtigung der Konkurrenzfähigkeit dann, wenn der Wettbewerbsvorteil des ausländischen Konkurrenten auf Grund der längeren Betriebszeiten so groß ist, dass das inländische Unternehmen ohne die Sonn- und Feiertagsarbeit auf längere Sicht mit dem Verlust von entscheidenden Marktanteilen rechnen muss.[46] An diese einzelfallabhängige Bewertung sind strenge Anforderungen zu stellen.[47]

21

Weitere Vorrausetzungen ist, dass durch die Ausnahmegenehmigung für Sonn- und Feiertagsarbeit **dauerhaft Arbeitsplätze** bei dem antragstellen-

22

---

41 Buschmann/Ulber, § 13 ArbZG, Rn. 49; ArbR KK-*Wedde,* § 13 ArbZG, Rn. 17.
42 ErfK-*Wank,* § 13 ArbZG, Rn. 13; Buschmann/Ulber, § 13 ArbZG, Rn. 47; ArbR KK-*Wedde,* § 13 ArbZG, Rn. 45.
43 ArbR KK-*Wedde,* § 13 ArbZG, Rn. 18; Buschmann/Ulber, § 13 ArbZG, Rn. 47, der noch weiter geht und verlangt, dass der Nachweis zu erbringen ist, dass das ausländische Unternehmen die gesetzlich eingeräumten Möglichkeiten der längeren Betriebszeiten auch tatsächlich nutzt.
44 ArbR KK-*Wedde,* § 13 ArbZG, Rn. 18; anders wohl ErfK-*Wank,* § 13 ArbZG, Rn. 13, der dann auf die statistisch belegten faktischen Verhältnisse oder die nachrangigen Vereinbarungen zwischen Sozialpartnern abstellen will.
45 Buschmann/Ulber, § 13 ArbZG, Rn. 48 ff.; ArbR KK-*Wedde,* § 13 ArbZG, Rn. 19; ErfK-*Wank,* § 13 ArbZG, Rn. 14, der allerdings denn Wettbewerbsnachteil nicht nur in der längeren Betriebszeit begründet sehen will.
46 ErfK-*Wank,* § 13 ArbZG, Rn. 14; ArbR KK-*Wedde,* § 13 ArbZG, Rn. 19; Buschmann/Ulber, § 13 ArbZG, Rn. 50.
47 Buschmann/Ulber, § 13 ArbZG, Rn. 51 ff.; ArbR KK-*Wedde,* § 13 ArbZG, Rn. 19.

Mittländer

§ 13 Ermächtigung, Anordnung, Bewilligung

den inländischen Unternehmen **gesichert werden**, die ohne die Ausnahmegenehmigung verloren gingen. Eine solche beschäftigungssichernde Wirkung ist immer dann gegeben, wenn ein drohender Arbeitsplatzabbau durch die Einführung von Sonn- und Feiertagsarbeit vermieden werden kann, aber auch schon dann, wenn dieser deutlich geringer ausfallen würde.[48]

8. Rechtsschutz

23 Gegen den Erlass einer Rechtsverordnung auf der Grundlage der Absätze 1 und 2 besteht die Möglichkeit Normenkontrollklagen auf der Grundlage des § 47 VwGO. Klagebefugt sind alle natürlichen und juristischen Personen und Vereinigungen. Hiernach steht insbesondere den Gewerkschaften[49] und den Kirchen[50] die Klagebefugnis zu.

24 Arbeitgeber beziehungsweise **Unternehmen** können eine Ausnahmegenehmigung nach den Absätzen 3 bis 5 beantragen und gegebenenfalls verwaltungsgerichtlich nach erfolglosem Widerspruch weiterverfolgen. Gegen eine positive Entscheidung zur ausnahmsweisen Bewilligung der Sonn- und Feiertagsarbeit durch die Aufsichtsbehörde steht den **betroffenen Beschäftigten** die Möglichkeit zu, im Verwaltungsgerichtsverfahren im Wege einer Anfechtungsklage vorzugehen.[51] Diese Möglichkeit soll hingegen nicht dem Betriebsrat des betroffenen Unternehmes zur Seite stehen, denn nach der kritikwürdigen Rechtsprechung ist dieser nicht unmittelbar in seinen Rechten betroffen, denn der **Betriebsrat** (als Gremium) kann nicht zur Sonn- und Feiertagsarbeit verpflichtet werden.[52]

25 Hat die Aufsichtsbehörde eine Ausnahmebewilligung zur Sonn- und Feiertagsarbeit erteilt, so sind die Beschäftigten nur dann verpflichtet, diese zu leisten, wenn hierzu eine arbeitsvertragliche Pflicht besteht und der Arbeitgeber bzw. Unternehmer von dem Recht aus der Ausnahmebewilligung Gebrauch macht und die Sonn- und Feiertagsarbeit auch tatsächlich anordnet.

26 Da die Anordnung von Sonn- und Feiertagsarbeit Fragen des Beginns und des Endes der Arbeit sowie gegebenenfalls von Mehrarbeit tangiert, besteht ein Mitbestimmungsrecht des Betriebsrats auf der Grundlage des § 87 Abs. 1 Nr. 2 und 3 BetrVG. Die Anordnung der Sonn- und Feiertagsarbeit bedarf daher der Zustimmung des Betriebsrats. Diese sollte in der Regel, aber

---

48 Buschmann/Ulber, § 13 ArbZG, Rn. 54; ArbR KK-*Wedde*, § 13 ArbZG, Rn. 20; ErfK-*Wank*, § 13 ArbZG, Rn. 15.
49 BVerwG 26.11.2014 – 6 CN 1/13; OVG Nordrhein Westfalen 11.12.2019 – 4 A 738/18; Bayrischer VGH 6.12.2013 – 22 N 13.788.
50 Hessischer VGH 12.9.2013 – 8 C 1776/12N.
51 BVerwG 19.9.2000 – 1 C 17/99.
52 VG Schleswig 24.9.2014 – 12 A 219/13; VG Frankfurt am Main 11.11.2008 – 7 E 1739/07.

insbesondere in Fällen der regelmäßigen Sonn- und Feiertagsarbeit, zur Rechtssicherheit für die Beschäftigten nur in Form einer Betriebsvereinbarung erteilt werden. Gleiches gilt für die Dienststellen des öffentlichen Dienstes, denn in § 75 Abs. 3 Nr. 1 BPersVG ist ein Mitbestimmungsrecht für den Personalrat in Bezug auf die Lage der täglichen Arbeitszeit enthalten. Auch die Landespersonalvertretungsgesetze sehen solche Regelungen vor.

Vierter Abschnitt
Ausnahmen in besonderen Fällen

§ 14 Außergewöhnliche Fälle

(1) Von den §§ 3 bis 5, 6 Abs. 2, §§ 7, 9 bis 11 darf abgewichen werden bei vorübergehenden Arbeiten in Notfällen und in außergewöhnlichen Fällen, die unabhängig vom Willen der Betroffenen eintreten und deren Folgen nicht auf andere Weise zu beseitigen sind, besonders wenn Rohstoffe oder Lebensmittel zu verderben oder Arbeitsergebnisse zu misslingen drohen.

(2) Von den §§ 3 bis 5, 6 Abs. 2, §§ 7, 11 Abs. 1 bis 3 und § 12 darf ferner abgewichen werden,
1. wenn eine verhältnismäßig geringe Zahl von Arbeitnehmern vorübergehend mit Arbeiten beschäftigt wird, deren Nichterledigung das Ergebnis der Arbeiten gefährden oder einen unverhältnismäßigen Schaden zur Folge haben würden,
2. bei Forschung und Lehre, bei unaufschiebbaren Vor- und Abschlussarbeiten sowie bei unaufschiebbaren Arbeiten zur Behandlung, Pflege und Betreuung von Personen oder zur Behandlung und Pflege von Tieren an einzelnen Tagen,

wenn dem Arbeitgeber andere Vorkehrungen nicht zugemutet werden können.

(3) Wird von den Befugnissen nach Absatz 1 oder 2 Gebrauch gemacht, darf die Arbeitszeit 48 Stunden wöchentlich im Durchschnitt von sechs Kalendermonaten oder 24 Wochen nicht überschreiten.

(4) Das Bundesministerium für Arbeit und Soziales kann durch Rechtsverordnung im Einvernehmen mit dem Bundesministerium für Gesundheit ohne Zustimmung des Bundesrates in außergewöhnlichen Notfällen mit bundesweiten Auswirkungen, insbesondere in epidemischen Lagen von nationaler Tragweite nach § 5 Absatz 1 des Infektionsschutzgesetzes, für Tätigkeiten der Arbeitnehmer für einen befristeten Zeitraum Ausnahmen zulassen, die über die in diesem Gesetz und in den auf Grund dieses Gesetzes erlassenen Rechtsverordnungen sowie in Tarifverträgen vorge-

sehenen Ausnahmen hinausgehen. Diese Tätigkeiten müssen zur Aufrechterhaltung der öffentlichen Sicherheit und Ordnung, des Gesundheitswesens und der pflegerischen Versorgung, der Daseinsvorsorge oder zur Versorgung der Bevölkerung mit existenziellen Gütern notwendig sein. In der Rechtsverordnung sind die notwendigen Bedingungen zum Schutz der in Satz 1 genannten Arbeitnehmer zu bestimmen.

Inhaltsübersicht Rn.
1. Regelungsinhalt 1– 4
2. Notfälle und außergewöhnliche Fälle 5– 9
3. Weitere Abweichungen 10–16
4. Ausgleichszeitraum 17
5. Verordnungsermächtigung 18–22

1. Regelungsinhalt

1 Diese Vorschrift regelt Ausnahmen für die ansonsten zwingend geltenden Regelungen des Arbeitszeitgesetzes in Notfällen und außergewöhnlichen Fällen. Liegt ein solcher Fall vor, darf der Arbeitgeber auch ohne Ausnahmegenehmigung durch die Behörde handeln. Die Aufzählung der Regelungen des Arbeitszeitgesetzes, von denen abgewichen werden darf, ist abschließend. Damit sind nicht sämtliche Arbeitsschutzregelungen ausgesetzt. Im Hinblick auf die sehr weitgehenden Ausnahmeregelungen muss § 14 sehr eng und restriktiv ausgelegt werden. § 14 beschränkt sich auf die Ausnahmeregelungen, die nicht bereits von anderen Ausnahmetatbeständen erfasst sind.[1] Wegen des Ausnahmecharakters der Norm darf der Arbeitgeber nur in von ihm unbeeinflussbaren Ausnahmesituationen davon Gebrauch machen. Es gehört zu den **Organisationspflichten** des Arbeitgebers, seinen Betrieb so zu organisieren, dass planbare, aber ungewöhnliche Situationen unter Einhaltung der arbeitszeitrechtlichen Grenzen bewältigt werden können. So müssen Krankenhäuser z. B. immer auf Notfälle eingestellt sein und diese bei der Arbeitszeitplanung und Dienstgestaltung berücksichtigen. Für Paketzusteller gehört es zur Arbeitszeitplanung, dass regelmäßig auftretende Staus einkalkuliert werden müssen. Eine fehlerhafte Personalplanung oder ein fehlerhaftes Zeitmanagement wird nicht durch die Regelung in § 14 aufgefangen. Dazu gehört auch die Planung einer entsprechenden Personalreserve, der Aufbau von Konzepten für Krisensituationen und technische und organisatorische Vorkehrungen für regelmäßig auftretende Probleme.

2 Im Hinblick auf den Ausnahmezustand kann von dieser Regelung immer nur für einen kurzen Zeitraum Gebrauch gemacht werden, also bis zur Lösung der außergewöhnlichen Situation oder bis eine den Regelungen des Ar-

---

1 Buschmann/Ulber, § 14 ArbZG, Rn. 2.

beitszeitgesetzes konforme Lösung gefunden werden kann. Dazu gehört es auch, eine Ausnahmegenehmigung nach § 15 Abs. 2 ArbZG bei der Aufsichtsbehörde einzuholen, die die Sicherstellung des öffentlichen Interesses und des Schutzes der Arbeitnehmer gewährleisten soll.

In allen genannten Fällen bleibt das Mitbestimmungsrecht des Betriebsrats 3 bestehen und der Arbeitgeber ist verpflichtet, das Mitbestimmungsrecht des Betriebsrats einzuhalten. Dieser ist vor Arbeitszeitänderungen zu beteiligen. Stimmt er nicht zu, darf der Arbeitgeber nicht arbeiten lassen. Einzige Ausnahme soll in **extremen Notfällen** bestehen. In Eilfällen ist das Mitbestimmungsrecht des Betriebsrats nicht eingeschränkt. Der Betriebsrat hat das Recht zu überprüfen, ob der Arbeitgeber andere Vorkehrungen treffen kann.

Denn nur, wenn dem Arbeitgeber andere Vorkehrungen nicht zugemutet 4 werden können, greifen die nachfolgenden Ausnahmeregelungen.

2. Notfälle und außergewöhnliche Fälle

Durch die Regelung in Abs. 1 hat der Arbeitgeber die Möglichkeit, ohne vor- 5 herige Genehmigung der Aufsichtsbehörde in ganz besonderen Ausnahmefällen abweichend von den §§ 3 bis 5, 6 Abs. 2, 7, 9 bis 11 arbeiten zu lassen. Die Aufzählung ist abschießend. Von anderen Gesetzen, Tarifverträgen oder Betriebsvereinbarungen darf nicht abgewichen werden. Voraussetzung ist, dass die Situation unabhängig vom Willen der Betroffenen eingetreten ist und die Folgen nicht auf andere Weise beseitigt werden können. Dies soll insbesondere gelten, wenn Rohstoffe oder Lebensmittel zu verderben oder Arbeitsergebnisse zu misslingen drohen.

Ein Notfall liegt nur dann vor, wenn durch ein plötzlich auftretendes, unvor- 6 hersehbares Ereignis, welches nicht beeinflusst werden konnte, Folgen eintreten, die es zu verhindern gilt und die nicht auf andere Weise verhindert werden können. In Fällen, in denen es immer wieder zu sogenannten »Notfällen« kommt, ist der Arbeitgeber verpflichtet, vorausschauend andere technische, organisatorische oder personelle Maßnahmen zu treffen. Dies gilt z. B. für den Rettungsdienst, der eine planbare medizinische Grundversorgung der Bevölkerung sicherstellen muss. Der Notfall i. S. d. § 14 muss eine Art höhere Gewalt darstellen, wie z. B. Naturereignisse (Erdbeben, Überschwemmungen, Stürme) oder Unfälle (Explosionen, Flugzeugabstürze, Brände).

Ein Notfall liegt immer nur dann vor, wenn es sich um eine vorübergehende 7 Situation handelt, auf die kurzfristig reagiert werden muss. Wenn man mit der Situation rechnen kann und Vorsorge treffen kann, ist es kein Notfall.

Ein außergewöhnlicher Fall liegt vor, wenn Situationen entstehen, die nicht 8 vorhersehbar und vorübergehend sind. Dies ist z. B. der Fall, wenn ein Mitarbeiter eigentlich seine Arbeit beendet hat und entdeckt, dass die Kühlung im Serverraum ausgefallen ist und die Ersatzkühlung nicht angesprungen ist. Wenn die Gefahr droht, dass bei nicht **sofortigem Handeln** weitere Schäden entstehen, kann er die notwendigen Maßnahmen einleiten, um diese abzuwenden. Er kann also den Techniker anrufen und bleiben, bis dieser vor Ort das Problem gelöst hat. Die außergewöhnliche Situation besteht immer nur so lange, wie es dauert, die Sofortmaßnahmen in die Wege zu leiten.

9 Keine außergewöhnliche Situation liegt vor, wenn der Paketbote jeden Tag länger arbeiten muss, weil er seine Tour nicht in der vorgeschriebenen Zeit schafft. Hier muss zunächst eine bessere und geeignetere Kalkulation der voraussichtlichen Dauer der Route erfolgen. Keine außergewöhnlichen Fälle sind zulässige Streiks, da mit zulässigen Streiks immer gerechnet werden muss.

3. Weitere Abweichungen

10 Von den §§ 3 bis 5, § 6 Abs. 2, § 7, § 11 Abs. 1 bis 3 und § 12 ArbZG darf auch abgewichen werden, wenn die Voraussetzungen des Abs. 2 Nr. 1 oder 2 vorliegen. Anders als bei den Notfällen oder außergewöhnlichen Fällen darf nicht von § 9 abgewichen werden. Sonn- und Feiertagsarbeit kann also nicht auf diesen Ausnahmetatbestand gestützt werden.

11 Abs. 2 Nr. 1 lässt die Abweichungen zu, wenn durch die Nichterledigung von Arbeiten ohne die Beschäftigung von einer geringen Zahl an Arbeitnehmern das Ergebnis der Arbeit gefährdet wird oder ein unverhältnismäßiger Schaden droht. Die Nichterledigung setzt voraus, dass bereits mit der Arbeit begonnen wurde und nicht damit zu rechnen war, dass die Arbeit nicht während der Arbeitszeit beendet werden kann. Ein solcher Fall kann z. B. gegeben sein, wenn bei einer geplanten Operation erhebliche Komplikationen auftreten, mit denen nicht gerechnet wurde und aus diesem Grund die Operation weitaus länger als geplant dauert. Die Operation kann dann noch von den Beschäftigten beendet werden. Voraussetzung ist aber, dass die Operationsdauer realistisch mit einem gewissen Spielraum geplant war, anderenfalls wäre es unzulässig, mit einer geplanten Operation zu beginnen, wenn absehbar ist, dass sie nicht in der gesetzlich zulässigen Zeit beendet werden kann.

12 Abs. 2 Nr. 2 lässt Abweichungen zu bei **Forschung und Lehre**, bei **unaufschiebbaren Vor- und Abschlussarbeiten** sowie bei unaufschiebbaren Arbeiten zur **Behandlung, Pflege und Betreuung von Personen** oder **zu Behandlung von Tieren** an einzelnen Tagen, wenn dem Arbeitgeber andere Vorkehrungen nicht zugemutet werden können.

13 In dieser Regelung werden die unterschiedlichsten Fälle genannt. Bei Forschung und Lehre kann die Regelung nur für wissenschaftliches Personal gelten. Die Regelung steht – anders als die anderen Regelungen – nicht unter dem Vorbehalt, dass die Arbeiten unaufschiebbar sein müssen. Die Besonderheiten bei der Forschung, insbesondere bei längeren Versuchsreihen, ermöglichen es dem Arbeitgeber, an einzelnen Tagen nicht entsprechend den genannten Regelungen des Arbeitszeitgesetzes arbeiten zu lassen. Auch für

Außergewöhnliche Fälle § 14

diese Ausnahme gilt jedoch, dass es dem Arbeitgeber nicht zumutbar sein darf, andere Vorkehrungen zu treffen.

Bei unaufschiebbaren Vor- und Abschussarbeiten muss es unabdingbar sein, dass diese Arbeiten z. B. zur Reinigung und Instandhaltung vor Beginn oder nach Abschluss eines Arbeitsprozesses zwingend erforderlich sind. Alternativen dürfen nicht vorhanden sein. **14**

Zur Behandlung, Pflege und Betreuung von Personen werden ebenfalls Abweichungen zugelassen. Auch hier gilt wieder, dass es sich um Einzelfälle handeln muss. Diese Regelung ermöglicht insbesondere den Mitarbeitern in Krankenhäusern oder Pflegeeinrichtungen, ihre Arbeit so zu beenden, dass Patienten nicht gefährdet werden. **15**

Zur Behandlung von Tieren gilt das Gleiche. Diese Regelung kommt z. B. bei Tierkliniken zur Anwendung. **16**

4. Ausgleichszeitraum

Auch bei den Ausnahmefällen des Absatzes 2 und 3 gelten Höchstbegrenzungen. Während des Ausgleichszeitraums von sechs Kalendermonaten oder 24 Wochen muss die wöchentliche Arbeitszeit im Durchschnitt eingehalten werden. **17**

5. Verordnungsermächtigung

Versteckt in dem Gesetz für den erleichterten Zugang zu sozialer Sicherung und zum Einsatz und zur Absicherung sozialer Dienstleister aufgrund des Coronavirus SARS-CoV-2 wurde auch das Arbeitszeitgesetz geändert. Nach Abs. 4 ist nunmehr das Bundesinnenministerium für Arbeit und Soziales berechtigt, durch Rechtsverordnung im Einvernehmen mit dem Bundesministerium für Gesundheit ohne Zustimmung des Bundesrates für einen befristeten Zeitraum Ausnahmen zuzulassen, die über die in diesem Gesetz geregelten Ausnahmen hinausgehen. **18**

Diese Ausnahmeregelungen sind nur in außergewöhnlichen Notfällen mit bundesweiten Auswirkungen zulässig. Insbesondere in epidemischen Lagen von nationaler Tragweite nach § 5 Abs. 1 des Infektionsschutzgesetzes. Diese Ausnahmen gelten nur für Tätigkeiten, die zur Aufrechterhaltung der öffentlichen Sicherheit und Ordnung, des Gesundheitswesens und der pflegerischen Versorgung, der Daseinsvorsorge oder zur Versorgung der Bevölkerung mit existenziellen Gütern notwendig sind. In der Rechtsverordnung sind die notwendigen Bedingungen zum Schutz der in Satz 1 genannten Arbeitnehmer zu bestimmen. **19**

Begründet wurde diese Änderung nicht. In der Gesetzesbegründung wird lediglich ausgeführt, dass es einer Verordnungsermächtigung bedarf, um bundeseinheitliche Ausnahmen von den Arbeitszeitvorschriften zu ermögli- **20** chen. Ferner wurde ausgeführt, es könne zu einem besonders hohen Bedarf an medizinischem Personal kommen. Dies gelte auch für andere systemrelevante Bereiche.

21 Damit wurde jetzt ein Bundesministerium ermächtigt, das gesamte Arbeitszeitgesetz in den genannten Ausnahmefällen zu verändern. Warum hier auf die Zustimmung des Bundesrates verzichtet wurde, ist nicht ersichtlich. Wie schnell Bundestag und Bundesrat reagieren können, zeigt das Zustandekommen des Gesetzes. Es wurde am 24.3.2020 als Gesetzentwurf eingebracht und am 27.3.2020 verabschiedet.

22 Vor dem Hintergrund, dass die in § 14 geregelten Ausnahmen schon sehr weitgehend sind, bedurfte es keiner darüber hinausgehenden Ausnahmeregelung.

§ 15 Bewilligung, Ermächtigung

(1) Die Aufsichtsbehörde kann
1. eine von den §§ 3, 6 Abs. 2 und § 11 Abs. 2 abweichende längere tägliche Arbeitszeit bewilligen
    a) für kontinuierliche Schichtbetriebe zur Erreichung zusätzlicher Freischichten,
    b) für Bau- und Montagestellen,
2. eine von den §§ 3, 6 Abs. 2 und § 11 Abs. 2 abweichende längere tägliche Arbeitszeit für Saison- und Kampagnebetriebe für die Zeit der Saison oder Kampagne bewilligen, wenn die Verlängerung der Arbeitszeit über acht Stunden werktäglich durch eine entsprechende Verkürzung der Arbeitszeit zu anderen Zeiten ausgeglichen wird,
3. eine von den §§ 5 und 11 Abs. 2 abweichende Dauer und Lage der Ruhezeit bei Arbeitsbereitschaft, Bereitschaftsdienst und Rufbereitschaft den Besonderheiten dieser Inanspruchnahmen im öffentlichen Dienst entsprechend bewilligen,
4. eine von den §§ 5 und 11 Abs. 2 abweichende Ruhezeit zur Herbeiführung eines regelmäßigen wöchentlichen Schichtwechsels zweimal innerhalb eines Zeitraums von drei Wochen bewilligen.

(2) Die Aufsichtsbehörde kann über die in diesem Gesetz vorgesehenen Ausnahmen hinaus weitergehende Ausnahmen zulassen, soweit sie im öffentlichen Interesse dringend nötig werden.

(2a) Die Bundesregierung kann durch Rechtsverordnung mit Zustimmung des Bundesrates
1. Ausnahmen von den §§ 3, 4, 5 und 6 Absatz 2 sowie von den §§ 9 und 11 für Arbeitnehmer, die besondere Tätigkeiten zur Errichtung, zur Änderung oder zum Betrieb von Bauwerken, künstlichen Inseln oder sonstigen Anlagen auf See (Offshore-Tätigkeiten) durchführen, zulassen und

2. die zum Schutz der in Nummer 1 genannten Arbeitnehmer sowie der Sonn- und Feiertagsruhe notwendigen Bedingungen bestimmen.

(3) Das Bundesministerium der Verteidigung kann in seinem Geschäftsbereich durch Rechtsverordnung mit Zustimmung des Bundesministeriums für Arbeit und Soziales aus zwingenden Gründen der Verteidigung Arbeitnehmer verpflichten, über die in diesem Gesetz und in den auf Grund dieses Gesetzes erlassenen Rechtsverordnungen und Tarifverträgen festgelegten Arbeitszeitgrenzen und -beschränkungen hinaus Arbeit zu leisten.

(3a) Das Bundesministerium der Verteidigung kann in seinem Geschäftsbereich durch Rechtsverordnung im Einvernehmen mit dem Bundesministerium für Arbeit und Soziales für besondere Tätigkeiten der Arbeitnehmer bei den Streitkräften Abweichungen von in diesem Gesetz sowie von in den auf Grund dieses Gesetzes erlassenen Rechtsverordnungen bestimmten Arbeitszeitgrenzen und -beschränkungen zulassen, soweit die Abweichungen aus zwingenden Gründen erforderlich sind und die größtmögliche Sicherheit und der bestmögliche Gesundheitsschutz der Arbeitnehmer gewährleistet werden.

(4) Werden Ausnahmen nach Absatz 1 oder 2 zugelassen, darf die Arbeitszeit 48 Stunden wöchentlich im Durchschnitt von sechs Kalendermonaten oder 24 Wochen nicht überschreiten.

Inhaltsübersicht	Rn.
1. Regelungsinhalt	1
2. Ausnahmebewilligung durch die Aufsichtsbehörde	2–8
3. Ausnahmebewilligung bei öffentlichem Interesse	9–11
4. Ausnahmebewilligung durch Rechtsverordnung	12–15
5. Ausnahmen aus Gründen der Verteidigung	16, 17
6. Grenzen der Arbeitszeitverlängerung	18

1. Regelungsinhalt

Nach Abs. 1 und 2 kann die Aufsichtsbehörde Abweichungen von den Vorschriften des ArbZG und des Arbeitsschutzes in bestimmten Fällen genehmigen. Die Aufsichtsbehörden sind nicht verpflichtet, Abweichungen zu genehmigen. Abs. 2a regelt, dass die Bundesregierung durch Rechtsverordnung mit Zustimmung des Bundesrates Ausnahmen für z. B. Offshore-Tätigkeiten zulassen kann. Die Absätze 3 und 3a enthalten eine Ermächtigung des Bundesministeriums der Verteidigung mit Zustimmung des Bundesministeriums für Arbeit und Soziales, in seinem Zuständigkeitsbereich durch Rechtsverordnung im Verteidigungsfall von dem Gesetz abzuweichen. In Abs. 4 werden Höchstgrenzen für die Arbeitszeitüberschreitungen festgelegt.

2. Ausnahmebewilligung durch die Aufsichtsbehörde

2 Die nach § 17 Abs. 1 zuständige Aufsichtsbehörde wird ermächtigt, in den in Abs. 1 genannten Fällen Ausnahmebewilligungen für eine Ausweitung der zulässigen Arbeitszeit zu erteilen. Die Veränderungsmöglichkeit steht unter dem Vorbehalt, dass die verlängerte Arbeitszeit zu anderen Zeiten durch Freizeit ausgeglichen wird (§ 15 Abs. 4). Werden Ausnahmen zugelassen, darf die Arbeitszeit im Durchschnitt von sechs Kalendermonaten oder 24 Wochen 48 Stunden pro Woche nicht überschreiten. Die Ausnahmebewilligung kann längstens eine Arbeitszeit von 13 Stunden umfassen, weil § 5 Abs. 1 weiterhin gilt, der in einem 24-Stunden-Zeitraum eine Ruhezeit von 11 Stunden vorsieht. Die Ausnahmebewilligung kann für Ausnahmefälle erfolgen, kann jedoch auch als dauerhafte Lösung in Betracht kommen. Die Behörde kann auch bei Vorliegen der Voraussetzung eine Ausnahmebewilligung ablehnen. Es liegt in ihrem Ermessen.

3 Die Ausnahmemöglichkeit gilt nach Nr. 1a für Betriebe, in denen in einem **kontinuierlichen Schichtbetrieb** gearbeitet wird, wenn durch die Ausweitung der Arbeitszeit zusätzliche Freischichten erreicht werden können. Sie sieht Ausnahmen für die §§ 3, 6 Abs. 2 und 11 Abs. 2 vor. Voraussetzung für eine Ausnahmegenehmigung ist, dass durch die Regelung zusätzliche Freischichten erreicht werden können. Die Erfüllung dieser Voraussetzung muss die Behörde prüfen. Dies geschieht durch Gegenüberstellung des ursprünglichen Schichtmodells und die mit diesem Schichtmodell verbundenen Freischichten und die nach dem unter Nutzung der Ausnahmebewilligung anfallenden Freischichten. Stehen nach dieser Berechnung zusätzliche Freischichten zur Verfügung, liegen die Voraussetzungen für die Ausnahmegenehmigung vor. Die Erteilung liegt im Ermessen der Behörde (siehe Rn. 2).

4 Die Ausnahmeregelung in Nr. 1b für **Bau- und Montagestellen** enthält keine Zweckbestimmung. Sie ist daher vorsichtig zu verwenden. Sie sollte vorrangig dazu genutzt werden, bessere Arbeitsbedingungen für die Arbeitnehmer zu erreichen. Durch teilweise lange Anfahrten und gegebenenfalls Übernachtungen vor Ort sollen längere Wochenenden und eine frühere Rückfahrt ermöglicht werden. Zu beachten ist, dass auch die Fahrten in der Regel Arbeitszeiten i. S. d. Arbeitszeitgesetzes sind, da sie dem Interesse des Arbeitgebers dienen. Ob und wie sie zu vergüten sind, richtet sich nach den geltenden Tarifverträgen oder dem Arbeitsvertrag. Zu den Beschränkungen des Umfangs der Ausnahmemöglichkeit gilt das unter Rn. 2 gesagte.

5 Die Aufsichtsbehörde kann nach Nr. 2 eine Verlängerung der Arbeitszeit in **Saison- und Kampagnebetrieben** genehmigen. Genehmigungsfähig ist die Ausnahmeregelung nur während der Saison oder Kampagne. Bei einem Kampagnebetrieb wird normalerweise nur während einer bestimmten Zeit gearbeitet und danach nicht mehr. Er muss »seiner Natur nach« auf bestimmte Jahreszeiten beschränkt sein. Bei einem Saisonbetrieb wird zwar während des ganzen Jahres gearbeitet, aber zu bestimmten Zeiten kommt es zu außergewöhnlich verstärkten Tätigkeiten. Eine Verlängerung der Arbeitszeit kommt regelmäßig nur dann in Betracht, wenn das erhöhte Arbeitsaufkommen aufgrund des Jahreslaufs eintritt und nicht lediglich das Ergebnis unternehmerischer Entscheidungen darstellt. Bei saisonalen Dienstleistungen muss daher die Kundennachfrage zwingend der jeweiligen Jahresperiode geschuldet sein.[1]

Die Ausnahmemöglichkeit gilt für die §§ 3, 6 Abs. 2 und 11 Abs. 2. Die Ausnahmebewilligung kann längstens eine Arbeitszeit von 13 Stunden umfassen, da § 5 Abs. 1 weiterhin gilt, der in einem 24-Stunden-Zeitraum eine Ruhezeit von 11 Stunden vorsieht. Die Verlängerungsmöglichkeit steht unter dem Vorbehalt, dass sie zu anderen Zeiten ausgeglichen wird (§ 15 Abs. 4). **6**

Die Ausnahmebewilligung nach Nr. 3 lässt Ausnahmen zu den §§ 5 und 11 Abs. 2 zu. Es kann also zu einer nach Dauer und Lage veränderten Ruhezeit bei Arbeitsbereitschaft, Bereitschaftsdienst und Rufbereitschaft kommen, wenn deren Inanspruchnahme den Besonderheiten des öffentlichen Dienstes entspricht. Diese Regelung erstreckt sich im Wesentlichen auf die Wahrnehmung **hoheitlicher Aufgaben**, die der Sicherheit und Ordnung dienen, z. B. Winterdienst.[2] Sie dient der Funktionsfähigkeit des öffentlichen Dienstes, entbindet den Arbeitgeber aber nicht, im Vorfeld organisatorische Maßnahmen zur Vermeidung zu treffen. **7**

Nach Nr. 4 kann die Behörde Abweichungen von §§ 5 und 11 Abs. 2 genehmigen, wenn damit ein regelmäßiger wöchentliche Schichtwechsel erreicht werden kann. Es sind Verkürzungen der Ruhezeit möglich. Die Ausnahmen sind auf zweimal innerhalb eines Zeitraums von 3 Wochen beschränkt. Die Regelung besteht neben Abs. 1a. **8**

3. Ausnahmebewilligung bei öffentlichem Interesse

Im öffentlichen Interesse kann die Aufsichtsbehörde über die in Abs. 1 genannten Ausnahmen weitergehende Ausnahmen zulassen. Die Ausnahmen müssen gemäß Abs. 2 im öffentlichen Interesse dringend nötig sein. Damit wird der Behörde ein sehr weitgehender Ermessensspielraum eingeräumt, der eng auszulegen ist. Die Regelung kommt nur zur Anwendung, wenn ohne die Abweichung von den gesetzlichen Arbeitszeiten ein Schaden für die Allgemeinheit oder für einen erheblichen Anteil der Bevölkerung zu erwarten ist. **9**

Das dringend notwendige öffentliche Interesse liegt nur in extremen, nicht dauerhaft vorliegenden Ausnahmesituationen vor. Es muss ein über die Normalmaße hinaus gesteigertes öffentliches Interesse vorliegen. Zu nennen **10**

---

1 OVG Rheinland-Pfalz 10.12.2019 – 6 A 10942/19.
2 Buschmann/Ulber, § 15 ArbZG, Rn. 19.

sind in diesem Zusammenhang vor allem Notsituationen oder sonstige außergewöhnliche Situationen, z. B Epidemien oder Pandemien. Hier kann im Einzelfall der Gesundheitsschutz der Arbeitnehmer hinter dem Interesse der Allgemeinheit zurücktreten.

11 Das Regierungspräsidium Darmstadt hat z. B. für Hessen eine Ausnahmebewilligung zur Beschäftigung von Arbeitnehmerinnen und Arbeitnehmer an Sonn- und Feiertagen erlassen, um z. B. das Be- und Entladen von Medizinprodukten an Sonn- und Feiertagen zu erlauben. Die Ausnahmegenehmigung stand im Zusammenhang mit der Ausbreitung des Coronavirus und war bis zum 30. 6. 2020 befristet.

4. Ausnahmebewilligung durch Rechtsverordnung

12 Abs. 2a Nr. 1 ermächtigt die Bundesregierung mit Zustimmung des Bundesrates durch Rechtsverordnung weitergehende Ausnahmen von den Schutzbestimmungen des ArbZG für **Offshore-Tätigkeiten** zuzulassen. Unter Offshore-Tätigkeiten versteht man besondere Tätigkeiten zur Errichtung, zur Änderung oder zum Betrieb von Bauwerken, künstlichen Inseln oder sonstigen Anlagen auf See.

13 Art. 2 Nr. 8 RL 2003/88/EG definiert den Begriff der Tätigkeit auf Offshore-Anlagen. Danach handelt es sich um Tätigkeiten auf Offshore-Anlagen, wenn die Tätigkeiten größtenteils auf oder von einer Offshore-Plattform (einschließlich Bohrplattformen) aus direkt oder indirekt im Zusammenhang mit der Exploration, Erschließung oder wirtschaftlichen Nutzung mineralischer Ressourcen einschließlich Kohlenwasserstoffen durchgeführt werden, sowie Tauchen im Zusammenhang mit derartigen Tätigkeiten, entweder von einer Offshore-Anlage oder von einem Schiff aus. Nach Abs. 2a Nr. 1 gelten die Ausnahmen für die §§ 3, 4, 5 und 6 Abs. 2 und für die §§ 9 und 11.

14 Nach Abs. 2a Nr. 2 kann die Bundesregierung auch zum Schutz der in Nr. 1 genannten Arbeitnehmer sowie zum Schutz der Sonn- und Feiertagsruhe notwendige Bedingungen regeln.

15 Die Bundesregierung hat von dieser Verordnungsermächtigung durch die Verordnung über die Arbeitszeit bei Offshore-Tätigkeiten vom 5. 7. 2013 Gebrauch gemacht.

5. Ausnahmen aus Gründen der Verteidigung

16 Abs. 3 enthält eine Verordnungsermächtigung für das Bundesministerium der Verteidigung, im Einvernehmen mit dem Bundesministerium für Arbeit und Soziales von diesem Gesetz aus zwingenden Gründen der Verteidigung abzuweichen. Beschränkungen über die Abweichungen gibt es nicht. Voraussetzung ist, dass **zwingende Gründe der Verteidigung** vorliegen. Ferner

Aushang und Arbeitszeitnachweise § 16

ist die Regelung auf den Geschäftsbereich des Ministeriums beschränkt. Er gilt für alle dort beschäftigten Arbeitnehmer einschließlich der Zivilbeschäftigten bei den Stationierungsstreitkräften nach den Regelungen des Nato-Truppenstatuts. Durch die Rechtsverordnung kann von bereits erlassenen Rechtsverordnungen und geltenden Tarifverträgen abgewichen werden. Eine solche Rechtsverordnung wurde bisher nicht erlassen.

Abs. 3a ermächtigt das Bundesministerium der Verteidigung, für besondere Tätigkeiten der Arbeitnehmer der Streitkräfte Abweichungen von diesem Gesetz zu regeln. Die Verordnung kann nur im Einvernehmen mit dem Bundesministerium für Arbeit und Soziales erlassen werden. Ein Verteidigungsfall muss nicht vorliegen; Es muss sich jedoch um besondere Tätigkeiten der Arbeitnehmer handeln, die die Abweichungen rechtfertigen. Soweit die Abweichungen aus dringenden Gründen notwendig sind, muss darauf geachtet werden, dass die größtmögliche Sicherheit der Arbeitnehmer gewährleistet wird. Die Rechtsverordnung kann Abweichungen vom Gesetz und anderen Verordnungen vorsehen. 17

6. Grenzen der Arbeitszeitverlängerung

Abs. 4 regelt die Beschränkungen, soweit nach den Absätzen 1 oder 2 Abweichungen durch die Behörde zugelassen werden. Die Beschränkungen gelten ausdrücklich nicht für die Absätze 3 und 3a. Bei den Ausnahmegenehmigungen durch die Behörde darf die Arbeitszeit im Durchschnitt von 6 Kalendermonaten oder 24 Wochen 48 Stunden nicht überschreiten. 18

Fünfter Abschnitt
Durchführung des Gesetzes

§ 16 Aushang und Arbeitszeitnachweise

(1) Der Arbeitgeber ist verpflichtet, einen Abdruck dieses Gesetzes, der auf Grund dieses Gesetzes erlassenen, für den Betrieb geltenden Rechtsverordnungen und der für den Betrieb geltenden Tarifverträge und Betriebs- oder Dienstvereinbarungen im Sinne des § 7 Abs. 1 bis 3, §§ 12 und 21a Abs. 6 an geeigneter Stelle im Betrieb zur Einsichtnahme auszulegen oder auszuhängen.

(2) Der Arbeitgeber ist verpflichtet, die über die werktägliche Arbeitszeit des § 3 Satz 1 hinausgehende Arbeitszeit der Arbeitnehmer aufzuzeichnen und ein Verzeichnis der Arbeitnehmer zu führen, die in eine Verlängerung der Arbeitszeit gemäß § 7 Abs. 7 eingewilligt haben. Die Nachweise sind mindestens zwei Jahre aufzubewahren.

§ 16 Aushang und Arbeitszeitnachweise

Inhaltsübersicht Rn.
1. Regelungsinhalt 1
2. Informationspflichten des Arbeitgebers. 2– 4
3. Nachweispflichten des Arbeitgebers. 5– 7
4. Weitergehende Verpflichtungen 8–13

1. Regelungsinhalt

1 Nach Abs. 1 wird der Arbeitgeber verpflichtet, die im Betrieb geltenden Regelungen zur Arbeitszeit bekannt zu machen. Nach Abs. 2 muss der Arbeitgeber Aufzeichnungen über die nach § 3 Abs. 1 hinausgehende Arbeitszeit machen.

2. Informationspflichten des Arbeitgebers

2 Abs. 1 verpflichtet den Arbeitgeber, das Arbeitszeitgesetz im Betrieb auszulegen oder auszuhängen. Gleiches gilt für die im Betrieb geltenden Rechtsverordnungen. Diese Verpflichtung gilt auch für Tarifverträge und Betriebsvereinbarungen oder Dienstvereinbarungen, die von den Ausnahmeregelungen des § 7 Abs. 1 bis 3 und den §§ 12 und 21a Abs. 6 Gebrauch machen. Die Regelung gilt selbstverständlich auch für Gesamt- und Konzernbetriebsvereinbarungen, wenn sie Regelungen für den Betrieb enthalten.

3 Darüber hinaus ergibt sich eine allgemeine Auslegungs- bzw. Aushangpflicht auch aus § 77 Abs. 2 Satz 3 BetrVG für alle Betriebsvereinbarungen und aus § 8 TVG für Tarifverträge.

4 **Auslegen** oder **Aushängen** bedeutet, dass der Arbeitgeber den Arbeitnehmern die Möglichkeit eröffnen muss, von den Regelungen Kenntnis zu nehmen und diese – in Ruhe – lesen zu können. Der Aushang oder das Auslegen darf nicht an versteckter Stelle geschehen. Geeignet ist z. B. ein »schwarzes Brett« in der Kantine oder im Pausenraum. Es sollte sich um ein schwarzes Brett handeln, welches von den Arbeitnehmern üblicherweise beachtet wird, und an dem regelmäßig aktuelle Informationen bekannt gemacht werden. Ungeeignet ist die Personalabteilung oder das Zimmer eines Vorgesetzten. Entgegen dem Wortlaut wird die Information ausschließlich über das Intranet diesen Anforderungen genügen, wenn alle Arbeitnehmer Zugriff auf das Intranet haben und die Regelungen an geeigneter Stelle hinterlegt sind, damit sie von den Arbeitnehmern auch gefunden werden.

3. Nachweispflichten des Arbeitgebers

5 Nach Abs. 2 ist der Arbeitgeber verpflichtet, die über die werktägliche Arbeitszeit hinausgehenden Zeiten aufzuzeichnen. Das bedeutet, er muss alle Zeiten aufzeichnen, die an den Tagen Montag bis Samstag 8 Stunden überschreiten und alle Zeiten an Sonn- oder Feiertagen. Die Nachweispflicht dient der einfachen Überprüfungsmöglichkeit, ob die Regelungen des Gesetzes eingehalten werden. Die Regelung gilt für alle Formen von Arbeit. Sie gilt auch bei Vertrauensarbeitszeit und bei Arbeit im Home-Office. Sie gilt auch für das Bearbeiten von E-Mails nach Feierabend.

Wie der Arbeitgeber die Aufzeichnung vorzunehmen hat, ist nicht geregelt. Es ist ebenfalls nicht geregelt, wer die Aufzeichnung vorzunehmen hat. Der Arbeitgeber kann diese Arbeit also auch auf die Arbeitnehmer delegieren. Die Aufzeichnung kann sowohl durch eine Dokumentation in Schrift- oder Textform oder aber mit Hilfe elektronischer Zeiterfassungsgeräte erfolgen. Zu den weitergehenden Verpflichtungen siehe Rn. 8 ff.

Nach Abs. 2 S. 2 sind die Nachweise mindestens zwei Jahre aufzubewahren. Verstößt der Arbeitgeber gegen seine Verpflichtung, handelt es sich um eine Ordnungswidrigkeit nach § 22 Abs. 1 Nr. 9. Die Aufbewahrungs- und Dokumentationspflicht besteht unabhängig von entsprechenden Verpflichtungen in anderen Gesetzen. Aufzeichnungs- und Aufbewahrungspflichten ergeben sich z. B. aus § 19 Abs. 1 AEntG, § 17 MiLoG und § 17c Abs. 1 AÜG.

4. Weitergehende Verpflichtungen

Weitergehende Verpflichtungen ergeben sich aus Art. 3, 5 und 6 der Arbeitszeitrichtlinie 2003/88/EG. Diese sind nach der Rechtsprechung der EuGH im Lichte des Art. 31 Abs. 2 der EU-Grundrechtecharta so auszulegen, dass sich aus ihnen die Pflicht des Arbeitgebers zur Einrichtung eines Systems zur Arbeitszeiterfassung entnehmen lässt.[1] Danach hat jeder Arbeitnehmer das Recht auf Begrenzung der Höchstarbeitszeit sowie auf tägliche und wöchentliche Ruhezeiten. Wie die Mitgliedstaaten diesen Mindestschutz sicherstellen, ist in der Richtlinie zwar nicht abschließend geregelt. Um die praktische Wirksamkeit der Richtlinie zu gewährleisten, muss jedoch ein verlässliches und zugängliches System eingeführt werden, mit dem die von einem jeden Arbeitnehmer geleistete tägliche Arbeitszeit gemessen werden kann.

Es genügt somit nicht, lediglich die über die werktägliche Arbeitszeit hinausgehenden Zeiten zu erfassen. Etwas anderes könnte sich nur ergeben, wenn die Arbeitnehmer an allen Werktagen zu feststehenden Zeiten arbeiten müssen, also z. B. Montag bis Freitag jeweils von 09.00 Uhr bis 18.00 Uhr bei 1 Stunde Mittagspause von 13.00 Uhr bis 14.00 Uhr. In diesem Fall stehen die Arbeitszeiten fest und es müssen nur noch die Abweichungen – also längere oder auch kürzere Zeiten – erfasst werden. In allen anderen Fällen, also z. B. bei Gleitzeit oder Arbeiten im Schichtdienst, muss immer die geleistete Arbeitszeit erfasst werden.

---

1 EuGH 14. 5. 2019 – C-55/18.

10 Ob dies durch Dokumentation in Text- oder Schriftform geschieht oder elektronisch, ergibt sich aus den Umständen. In größeren Betrieben wird eine objektive und nachvollziehbare Dokumentation der Arbeitszeiten regelmäßig nur durch elektronische Erfassung der Arbeitszeiten möglich sein, in Kleinbetrieben kann auch eine andere Art der Dokumentation gewählt werden. Das Ergebnis ist ausschlaggebend.

11 Das Arbeitsgericht Emden[2] hat in einer ersten Entscheidung in Deutschland die Verpflichtung des Arbeitgebers, die Zeiten der Arbeitnehmer zu erfassen, einer unmittelbaren Anwendung von Art. 31 Abs. 2 GRC entnommen. In dieser Entscheidung konnte ein Arbeitgeber die vom Arbeitnehmer dargelegten Überstundenzeiten nicht entkräften, weil er die Arbeitszeiten der Arbeitnehmer nicht nachvollziehbar erfasst hatte.

12 Betriebsräte haben darüber hinaus die Möglichkeit dafür zu sorgen, dass die Arbeitszeiten erfasst werden. Der Betriebsrat muss nach § 80 Abs. 1 Nr. 1 BetrVG darüber wachen, dass die geltenden Gesetze, Verordnungen, Tarifverträge und Betriebsvereinbarungen eingehalten werden. Im Zusammenhang mit der Arbeitszeit kann der Betriebsrat seinen Überwachungspflichten regelmäßig nur dann nachkommen, wenn die geleisteten Arbeitsstunden erfasst sind. In diesem Zusammenhang hat der Betriebsrat gegenüber dem Arbeitgeber einen Auskunftsanspruch über die geleisteten Arbeitsstunden auch bei Arbeitnehmern mit Vertrauensarbeitszeit.[3]

13 Entgegen der bisherigen Auffassung des BAG[4], hat der Betriebsrat auch ein Initiativrecht zur Einführung einer elektronischen Zeiterfassung, wenn anderenfalls ein objektives, verlässliches System zur Erfassung der Arbeitszeiten nicht erreicht werden kann.

§ 17 Aufsichtsbehörde

(1) Die Einhaltung dieses Gesetzes und der auf Grund dieses Gesetzes erlassenen Rechtsverordnungen wird von den nach Landesrecht zuständigen Behörden (Aufsichtsbehörden) überwacht.

(2) Die Aufsichtsbehörde kann die erforderlichen Maßnahmen anordnen, die der Arbeitgeber zur Erfüllung der sich aus diesem Gesetz und den auf Grund dieses Gesetzes erlassenen Rechtsverordnungen ergebenden Pflichten zu treffen hat.

(3) Für den öffentlichen Dienst des Bundes sowie für die bundesunmittelbaren Körperschaften, Anstalten und Stiftungen des öffentlichen Rechts werden die Aufgaben und Befugnisse der Aufsichtsbehörde vom zustän-

---

2 ArbG Emden 20.2.2020 – 2 Ca 94/19.
3 BAG 6.5.2003 – 1 ABR 13/02.
4 BAG 28.11.1989 – 1 ABR 97/88.

digen Bundesministerium oder den von ihm bestimmten Stellen wahrgenommen; das gleiche gilt für die Befugnisse nach § 15 Abs. 1 und 2.

(4) Die Aufsichtsbehörde kann vom Arbeitgeber die für die Durchführung dieses Gesetzes und der auf Grund dieses Gesetzes erlassenen Rechtsverordnungen erforderlichen Auskünfte verlangen. Sie kann ferner vom Arbeitgeber verlangen, die Arbeitszeitnachweise und Tarifverträge oder Betriebs- oder Dienstvereinbarungen im Sinne des § 7 Abs. 1 bis 3, §§ 12 und 21a Abs. 6 vorzulegen oder zur Einsicht einzusenden.

(5) Die Beauftragten der Aufsichtsbehörde sind berechtigt, die Arbeitsstätten während der Betriebs- und Arbeitszeit zu betreten und zu besichtigen; außerhalb dieser Zeit oder wenn sich die Arbeitsstätten in einer Wohnung befinden, dürfen sie ohne Einverständnis des Inhabers nur zur Verhütung von dringenden Gefahren für die öffentliche Sicherheit und Ordnung betreten und besichtigt werden. Der Arbeitgeber hat das Betreten und Besichtigen der Arbeitsstätten zu gestatten. Das Grundrecht der Unverletzlichkeit der Wohnung (Artikel 13 des Grundgesetzes) wird insoweit eingeschränkt.

(6) Der zur Auskunft Verpflichtete kann die Auskunft auf solche Fragen verweigern, deren Beantwortung ihn selbst oder einen der in § 383 Abs. 1 Nr. 1 bis 3 der Zivilprozeßordnung bezeichneten Angehörigen der Gefahr strafgerichtlicher Verfolgung oder eines Verfahrens nach dem Gesetz über Ordnungswidrigkeiten aussetzen würde.

Inhaltsübersicht	Rn.
1. Regelungsinhalt	1, 2
2. Zuständige Aufsichtsbehörden	3, 4
3. Anordnungsbefugnis erforderlicher Maßnahmen	5
4. Besonderheiten für den öffentlichen Dienst	6
5. Vorlage der erforderlichen Auskünfte und Nachweise	7, 8
6. Recht zur Besichtigung	9, 10
7. Auskunftsverweigerungsrecht	11
8. Beteiligung des Betriebsrats	12, 13

1. Regelungsinhalt

§ 17 legt die Zuständigkeiten und Befugnisse der Behörden fest, die die Einhaltung des Arbeitszeitgesetzes zu überwachen haben. Die Behörden haben eine allgemeine Überwachungspflicht, die auch anlasslos ausgeübt werden kann. Werden Arbeitszeitverstöße zur Anzeige gebracht, muss die Behörde diesen nachgehen.

Dies folgt auch aus Art. 31 Abs. 2 GRC nach der die Mitgliedstaaten verpflichtet sind, die Arbeitgeber zu verpflichten, die Richtlinie 2003/88/EG einzuhalten. Die Verpflichtung der Behörde, die Einhaltung der Arbeitszeitregelungen zu kontrollieren, ermöglicht erst das Ziel der Richtlinie, einen effektiven Schutz der Sicherheit und Gesundheit der Arbeitnehmer zu gewährleisten.

2. Zuständige Aufsichtsbehörden

3 Zuständig für die Einhaltung der Bestimmungen des ArbZG sind nach Abs. 1 die nach Landesrecht zuständigen Aufsichtsbehörden. Mit der Überwachung sind überwiegend die staatlichen Gewerbeaufsichtsämter oder die Ämter für Arbeitsschutz zuständig. Örtlich zuständig ist die Behörde, in deren Bezirk der Betrieb liegt. Sonderregelungen ergeben sich aus Abs. 3 für den öffentlichen Dienst.

4 Die Kontroll- und Überwachungsaufgaben können ohne vorherige Ankündigung durchgeführt werden. Erfolgt eine Anzeige, muss die Behörde dem nachgehen. Die Aufsichtsbehörden können alle Maßnahmen ergreifen, die der Einhaltung des Gesetzes und den aufgrund dieses Gesetzes erlassenen Rechtsverordnungen dienen.

3. Anordnungsbefugnis erforderlicher Maßnahmen

5 Die Aufsichtsbehörde kann nach Abs. 2 alle erforderlichen Maßnahmen ergreifen, die für die Einhaltung der Regelung des Gesetzes notwendig sind. Die Aufsichtsbehörde hat ein eigenes Ermessen, ob sie eingreifen wird. Sie kann also im Rahmen ihres Ermessens auch von der Anordnung von Maßnahmen absehen.[1] Ordnet sie Maßnahmen an, stehen der Aufsichtsbehörde alle amtlichen Befugnisse der Ordnungspolizei zu. Bei der Anordnung handelt es sich um einen Verwaltungsakt, der der verwaltungsgerichtlichen Überprüfung unterliegt.[2] Die Aufsichtsbehörde hat die Möglichkeit, gesetzliche Regelungen als Maßnahmen anzuordnen und für jeden Fall der Zuwiderhandlung ein Zwangsgeld anzuordnen. Verstöße gegen das Gesetz können der Behörde gemeldet werden, die dann einschreiten kann. Ein Antrag, erforderliche Maßnahmen zu ergreifen, kann auch von einzelnen Arbeitnehmern gestellt werden. So hat z. B. eine zuständige Aufsichtsbehörde auf Antrag einer Arbeitnehmerin einen Bescheid erlassen, dass die Teilnahme an einer Betriebsversammlung Arbeitszeit i. S. d. Arbeitszeitgesetzes ist. Das von der Arbeitgeberin ergriffene Rechtsmittel blieb erfolglos.[3] Bei wiederkehrenden Verstößen gegen die Einhaltung der gesetzlichen Vorschriften zur Pausengewährung kann die Aufsichtsbehörde anordnen, dass Aufzeichnungen zur Einhaltung der Pausen vorgenommen werden.[4]

---

1 BVerwG 8. 5. 2019 – 8 C 3/18.
2 BVerwG 4. 7. 1989 – 1 C 3/87.
3 OVG NRW 10. 5. 2011 – 4 A 1403/08.
4 VW Augsburg 25. 1. 2008 – Au 4 K 07.973.

4. Besonderheiten für den öffentlichen Dienst

Für den öffentlichen Dienst des Bundes ist nach Abs. 3 die zuständige Aufsichtsbehörde das jeweilige Bundesministerium oder die von ihnen bestimmten Stellen. Gleiches gilt für bundesunmittelbare Körperschaften, Anstalten und Stiftungen des öffentlichen Rechts. Für den öffentlichen Dienst der Länder gilt Abs. 1.

5. Vorlage der erforderlichen Auskünfte und Nachweise

Nach Abs. 4 Satz 1 kann die Aufsichtsbehörde vom Arbeitgeber die erforderlichen Auskünfte verlangen, die für die Durchführung des Gesetzes und der aufgrund des Gesetzes erlassenen Rechtsverordnungen erforderlich sind. Die Auskunftspflicht besteht erst dann, wenn die Aufsichtsbehörde gegenüber dem Arbeitgeber ein entsprechendes Verlangen erklärt. Das Verlangen ist i. d. R. kein Verwaltungsakt und bedarf keiner speziellen Form. Es kann also auch per E-Mail und telefonisch gestellt werden.[5] Das Auskunftsverlangen muss im Zusammenhang mit konkreten Maßnahmen stehen, bzw. die Behörde muss zuvor Verstöße gegen das Gesetz festgestellt haben, die näherer Überprüfung bedürfen.[6] Der Arbeitgeber kann die Auskunft verweigern, wenn die Auskunft ihn selbst oder Angehörige der Gefahr strafrechtlicher Verfolgung aussetzt (siehe Rn. 11).

Nach Abs. 4 Satz 2 kann die Aufsichtsbehörde ferner die Vorlage bzw. Einsendung der Arbeitszeitnachweise, Tarifverträge und Betriebs- oder Dienstvereinbarungen verlangen, die nach § 7 Abs. 1 bis 3, §§ 12 und 21a Abs. 6 im Betrieb Anwendung finden. Die Kosten der Übersendung trägt der Arbeitgeber.[7] Ein Auskunftsverweigerungsrecht, die Unterlagen vorzulegen oder einzusenden, hat der Arbeitgeber nicht (siehe Rn. 11).

6. Recht zur Besichtigung

Nach Abs. 5 können Beauftragte der Aufsichtsbehörde die Arbeitsstätten während der Betriebs- und Arbeitszeiten betreten und besichtigen. Eine vorherige Anmeldung ist nicht erforderlich. Im Hinblick auf die Intension, bestehende Missstände aufzudecken, ist eine Ankündigung auch nicht angebracht. Zu einer Durchsuchung ist die Behörde nicht berechtigt.[8] Der Betriebsrat ist bei solchen Besichtigungen nach § 89 Abs. 2 BetrVG hinzuzuziehen. Er hat ein Teilnahmerecht.

---

5 ErfK-*Wank*, § 17 ArbZG, Rn. 4.
6 VG Ansbach 30. 7. 2015 – AN 4 S 15.00906.
7 ErfK-*Wank*, § 17 ArbZG, Rn. 4.
8 Buschmann/Ulber, § 17 ArbZG, Rn. 24.

10 Der Arbeitgeber muss das Betreten und Besichtigen der Arbeitsstätte gestatten. Weigert er sich, kann der Zutritt unter Anordnung unmittelbaren Zwangs durchgesetzt werden. Das Hausrecht des Arbeitgebers ist insoweit eingeschränkt. Will die Aufsichtsbehörde außerhalb der Betriebs- und Arbeitszeiten Zutritt oder befindet sich die Arbeitsstätte in der Wohnung, ist für das Betreten und die Besichtigung die Einwilligung des Arbeitgebers bzw. des Inhabers der Wohnung erforderlich. Ein Zutrittsrecht ohne Einwilligung besteht nur dann, wenn dies zur Verhütung von dringenden Gefahren für die öffentliche Sicherheit und Ordnung notwendig ist. Das Grundrecht der Unverletzlichkeit der Wohnung wird insoweit eingeschränkt.

7. Auskunftsverweigerungsrecht

11 Nach Abs. 6 hat der Arbeitgeber ein Auskunftsverweigerungsrecht, wenn im Rahmen des Auskunftsverlangens Fragen gestellt werden, deren Beantwortung den Arbeitgeber einer strafgerichtlichen Verfolgung oder einer Ordnungswidrigkeit aussetzen würde. Gleiches gilt für Mitarbeiter, die mit Arbeitszeitregelungen befasst sind und für nahe Angehörige. Das Auskunftsverweigerungsrecht bezieht sich nur auf die Auskunftspflicht nach Abs. 4 S. 1 und nicht auf die Pflicht zur Vorlage bzw. Einsendung von Unterlagen nach § 17 Abs. 4 S. 2.[9] Die Aufsichtsbehörde ist nicht verpflichtet, auf das Auskunftsverweigerungsrecht hinzuweisen. Macht der Arbeitgeber von seinem Auskunftsverweigerungsrecht Gebrauch, kann die Aufsichtsbehörde nach Abs. 2 anordnen, wie zukünftig Aufzeichnungen zu erstellen sind.

8. Beteiligung des Betriebsrats

12 Betriebs- und Personalräte sind bei allen Fragen des Arbeitsschutzes zu informieren und zu beteiligen (§ 80 BetrVG, § 68 BPersVG). Werden ihnen Verstöße bekannt, müssen sie auf Abhilfe drängen. Leistet der Arbeitgeber keine Abhilfe, können sie Verstöße gegen das Arbeitszeitgesetz bei der Behörde anzeigen.[10]

13 Bei Besichtigungen nach Abs. 5 ist der Betriebsrat bzw. der Personalrat nach § 89 Abs. 2 BetrVG bzw. 68 Abs. 1 Nr. 2 BPersVG hinzuzuziehen. Unterlässt der Arbeitgeber die Information der Interessenvertretungen, können sie sich direkt an die Aufsichtsbehörde wenden. Ihnen sind, wenn notwendig, Abschriften der Begehungsprotokolle zu übermitteln. Aus diesen können sich weitere Überwachungsaufgaben ergeben. Dies gilt auch, wenn die Aufsichtsbehörde Maßnahmen nach Abs. 2 anordnet. Soweit diese Maßnahmen dem Arbeitgeber keinen Handlungsspielraum lassen, haben die Interessenvertre-

---

9 VGH Baden-Württemberg 13. 6. 2006 – 6 S 517/06.
10 BAG 3. 6. 2003 – 1 ABR 19/02.

tungen kein Mitbestimmungsrecht. Sobald sich ein Handlungsspielraum ergibt, greift das Mitbestimmungsrecht.

Sechster Abschnitt
Sonderregelungen

§ 18 Nichtanwendung des Gesetzes

(1) Dieses Gesetz ist nicht anzuwenden auf
1. leitende Angestellte im Sinne des § 5 Abs. 3 des Betriebsverfassungsgesetzes sowie Chefärzte,
2. Leiter von öffentlichen Dienststellen und deren Vertreter sowie Arbeitnehmer im öffentlichen Dienst, die zu selbständigen Entscheidungen in Personalangelegenheiten befugt sind,
3. Arbeitnehmer, die in häuslicher Gemeinschaft mit den ihnen anvertrauten Personen zusammenleben und sie eigenverantwortlich erziehen, pflegen oder betreuen,
4. den liturgischen Bereich der Kirchen und der Religionsgemeinschaften.

(2) Für die Beschäftigung von Personen unter 18 Jahren gilt anstelle dieses Gesetzes das Jugendarbeitsschutzgesetz.

(3) Für die Beschäftigung von Arbeitnehmern als Besatzungsmitglieder auf Kauffahrteischiffen im Sinne des § 3 des Seearbeitsgesetzes gilt anstelle dieses Gesetzes das Seearbeitsgesetz.

(4) (weggefallen)

Inhaltsübersicht	Rn.
1. Regelungsinhalt	1
2. Nichtanwendung des Gesetzes	2–7
3. Anwendung des Jugendarbeitsschutzgesetzes	8
4. Anwendung des Seearbeitsgesetzes	9

1. Regelungsinhalt

Der 6. Abschnitt enthält Sonderregelungen für bestimmte Beschäftigungsgruppen oder Bereiche. § 18 regelt abschließend, für welche Beschäftigungsgruppen das Arbeitszeitgesetz keine Anwendung findet. **1**

2. Nichtanwendung des Gesetzes

Nach Abs. 1 Nr. 1 findet das Gesetz keine Anwendung auf **leitende Angestellte** und **Chefärzte**. Wer leitender Angestellter ist, ist in § 5 Abs. 3 BetrVG **2** geregelt. Dies sind Beschäftigte, die zur selbständigen Einstellung und Entlassung von Arbeitnehmern befugt sind oder die Generalvollmacht oder Prokura haben, die im Verhältnis zum Arbeitgeber nicht unbedeutend ist, oder die regelmäßig Aufgaben wahrnehmen, die für den Bestand und die Entwicklung des Unternehmens oder des Betriebs von Bedeutung sind.

3 Weiterhin werden Chefärzte ausgenommen. Chefarzt ist, wer als Leiter einer Krankenhausabteilung innerhalb dieser Abteilung die ärztliche Gesamtverantwortung für die Patientenversorgung trägt und Vorgesetzter des ärztlichen und nichtärztlichen Personals einer Abteilung ist.[1] Ein Chefarzt muss nicht gleichzeitig leitender Angestellter sein. Ein Chefarzt ist nur dann leitender Angestellter, wenn er nach der konkreten Ausgestaltung und Durchführung des Vertragsverhältnisses maßgeblichen Einfluss auf die Unternehmensführung ausüben kann. Dazu muss er nicht notwendig Mitglied der Krankenhausverwaltung sein. Erforderlich ist aber, dass er nach dem Arbeitsvertrag und der tatsächlichen Stellung in der Klinik der Leitungs- und Führungsebene zuzurechnen ist. Ausdruck einer solchen Stellung können z. B. die selbständige Verwaltung eines nicht unerheblichen Budgets oder die zwingende Mitsprache bei Investitionsentscheidungen sein.[2]

4 Eine Rolle spielt diese Unterscheidung bei dem Mitbestimmungsrecht des Betriebsrats nach § 87 Abs. 1 Nr. 2 und 3. Das Mitbestimmungsrecht des Betriebsrats ist nur bei leitenden Angestellten ausgeschlossen. Für Chefärzte, die keine leitenden Angestellten sind, gilt das Mitbestimmungsrecht des Betriebsrats uneingeschränkt.

5 Nach Abs. 1 Nr. 2 findet das Gesetz keine Anwendung auf **Leiter von öffentlichen Dienststellen** und deren Stellvertreter. Wer Leiter einer Dienststelle ist, ist in § 7 BPersVG geregelt. In § 14 Abs. 3 sind die Beschäftigten genannt, die zu selbständigen Entscheidungen in Personalangelegenheiten der Dienststelle befugt sind. Das Vorliegen der Voraussetzungen ist im Einzelfall zu bewerten. Es ist danach zu bewerten, ob die Befugnis zu selbständigen Entscheidungen in den von § 75 Abs. 1 und 76 Abs. 1 BPersVG erfassten Personalangelegenheiten auf Dauer ist, mithin zu den regulären Aufgaben des betroffenen Beschäftigten gehören.[3]

6 Nach Abs. 1 Nr. 3 findet das Gesetz keine Anwendung auf Arbeitnehmer, die in **häuslicher Gemeinschaft** mit den ihnen anvertrauten Personen zusammenleben und sie eigenverantwortlich erziehen, pflegen oder betreuen. Ein Zusammenleben in häuslicher Gemeinschaft setzt ein gemeinsames Wohnen und Wirtschaften auf längere Zeit voraus, das auf personelle Kontinuität sowie nahezu permanente Verfügbarkeit des Arbeitnehmers angelegt und davon geprägt ist, dass sich Arbeits- und Ruhezeiten nicht voneinander tren-

---

[1] ErfK-*Wank*, § 18 ArbZG, Rn. 3.
[2] BAG 5. 5. 2010 – 7 ABR 97/08.
[3] BVerwG 6. 9. 2005 – 6 PB 13/05.

nen lassen.[4] Auf Wohngruppen, in denen regelmäßig Kinder und Jugendliche von 3 Erziehern betreut werden, die abwechselnd nach Dienstplänen eingesetzt werden, findet die Sonderregelung des § 18 Abs. 1 Nr. 3 keine Anwendung.[5]

Das Gesetz findet nach Abs. 1 Nr. 4 keine Anwendung auf Beschäftigte im **liturgischen** Bereich von Kirchen und Religionsgemeinschaften. 7

3. Anwendung des Jugendarbeitsschutzgesetzes

Für jugendliche Arbeitnehmer findet das ArbZG gemäß Abs. 2 keine Anwendung. Jugendliche Arbeitnehmer sind solche, die das 18. Lebensjahr noch nicht vollendet haben. Auf sie findet das Jugendarbeitsschutzgesetz Anwendung, das überwiegend weitergehende Schutzvorschriften enthält. So enthält § 8 JArbSchG Sonderregelungen bezüglich der Arbeitszeit jugendlicher Arbeitnehmer. Jugendliche dürfen nicht mehr als 8 Stunden täglich und nicht mehr als 40 Stunden wöchentlich beschäftigt werden. Grundsätzlich dürfen jugendliche nur von Montag bis Freitag beschäftigt werden (§ 15, 16 JArbSchG) Auch die Pausen und Ruhezeiten sind strikter geregelt. So muss der Jugendliche nach viereinhalb bis sechs Stunden 20 Minuten Pause machen, bei einer Arbeitszeit von mehr als 6 Stunden 1 Stunde Pause, die im voraus festgelegt sein muss. Die Ruhezeit beträgt für Jugendliche 12 Stunden. 8

4. Anwendung des Seearbeitsgesetzes

Nach Abs. 3 findet auf Besatzungsmitglieder auf Kauffahrteischiffen das Arbeitszeitgesetz keine Anwendung. Stattdessen findet das Seearbeitsgesetz für diesen Personenkreis Anwendung. Auch nach dem Seearbeitsgesetz beträgt die regelmäßige täglich Arbeitszeit 8 Stunden (§§ 43, 44 Seearbeitsgesetz). Die Ruhepausen sind ähnlich wie in § 4 ArbZG geregelt. Die Höchstarbeitszeit darf 14 Stunden in einem 24-Stunden-Zeitraum nicht überschreiten. 9

§ 19 Beschäftigung im öffentlichen Dienst

Bei der Wahrnehmung hoheitlicher Aufgaben im öffentlichen Dienst können, soweit keine tarifvertragliche Regelung besteht, durch die zuständige Dienstbehörde die für Beamte geltenden Bestimmungen über die Arbeitszeit auf die Arbeitnehmer übertragen werden; insoweit finden die §§ 3 bis 13 keine Anwendung.

---

4 BVerwG 8. 5. 2019 – 8 C 3/18.
5 BVerwG 8. 5. 2019 – 8 C 3/18.

§ 19 Beschäftigung im öffentlichen Dienst

Inhaltsübersicht Rn.
1. Regelungsinhalt 1–3
2. Hoheitliche Aufgaben 4
3. Grenzen der Regelung 5, 6

1. Regelungsinhalt

1 Im öffentlichen Dienst kann die zuständige Dienststelle die Vorschriften über die Arbeitszeit von Beamten und Beamtinnen unter bestimmten Voraussetzungen auch auf Arbeitnehmer der Dienststelle übertragen. Mit dieser Regelung verfolgt der Gesetzgeber das Ziel, die Zusammenarbeit von Arbeitnehmern und Beamten innerhalb der Dienststelle zu erleichtern, indem die Möglichkeit eingeräumt wird, die Arbeitszeit zu vereinheitlichen.[1]

2 Erfolgt eine solche Übertragung finden die §§ 3 bis 13 ArbZG keine Anwendung. Die Arbeitszeit richtet sich nach den jeweils für die Beamten geltenden Bestimmungen. Diese finden sich auf Bundesebene in §§ 87, 88 BBG und in der darauf basierenden Arbeitszeitverordnung. Auf Länderebene sind die Beamtengesetze der jeweiligen Länder maßgebend.

3 So beträgt z. B. die Höchstarbeitszeit für Bundesbeamte in Abweichung zu § 3 ArbZG nach der AZV 13 Stunden. Aber auch für Beamte ist zwingend die Richtlinie 2003/88/EG über besondere Aspekte der Arbeitszeitgestaltung einzuhalten.[2] Dies gilt dann erst Recht bei der Übertragung der Vorschriften zur Arbeitszeit von Beamten und Beamtinnen auf Arbeitnehmer der Dienststelle.

2. Hoheitliche Aufgaben

4 Eine Anwendung der beamtenrechtlichen Vorschriften zur Arbeitszeit ist aber nur möglich, wenn der Arbeitnehmer mit **hoheitlichen Aufgaben** betraut wird. Eine Übertragung der Vorschriften auf alle in der Dienststelle Tätigen ist nicht möglich.[3] Von einer hoheitlichen Aufgabe spricht man im Rahmen der sogenannten Eingriffsverwaltung, d.h. wenn der Staat mit Zwang und Befehl tätig wird. Hoheitliche Aufgaben finden sich aber auch bei der Leistungsverwaltung, dort vor allem auf dem Gebiet der Daseinsvorsorge. Von hoheitlichem Handeln kann ausgegangen werden, wenn der Staat in Erfüllung dauernder öffentlicher Aufgaben tätig wird.

---

1 BT-Drucks. 12/5888, S. 33.
2 EuGH 3.5.2012 – C-337/10.
3 Buschmann/Ulber, § 19 ArbZG, Rn. 2.

3. Grenzen der Regelung

Besteht eine tarifvertragliche Regelung kann die Dienststelle die §§ 3–13 ArbZG nicht durch Anwendung der beamtenrechtlichen Vorschriften außer Kraft setzen. Eine solche Regelung findet sich z. B. in §§ 6–11 des TVöD. Wegen des Tarifvorbehalt hat die Vorschrift auch wenig praktische Relevanz im öffentlichen Dienst, da der TVöD in weiten Teilen Anwendung findet.

Soweit der Einzelarbeitsvertrag etwas von den beamtenrechtlichen Regelungen Abweichendes bestimmt, gehen die Regelungen des Arbeitsvertrags vor. So kann z. B. die arbeitsvertraglich vereinbarte Wochenarbeitszeit nicht ausgedehnt werden.

§ 20 Beschäftigung in der Luftfahrt

Für die Beschäftigung von Arbeitnehmern als Besatzungsmitglieder von Luftfahrzeugen gelten anstelle der Vorschriften dieses Gesetzes über Arbeits- und Ruhezeiten die Vorschriften über Flug-, Flugdienst- und Ruhezeiten der Zweiten Durchführungsverordnung zur Betriebsordnung für Luftfahrtgerät in der jeweils geltenden Fassung.

Inhaltsübersicht	Rn.
1. Regelungsinhalt	1
2. Persönlicher Anwendungsbereich	2
3. Wesentliche abweichende Schutzvorschriften	3–5
4. Rechtsweg	6
5. Mitbestimmung des Betriebsrats	7

1. Regelungsinhalt

Diese Vorschrift trägt den Besonderheiten des Luftverkehrs Rechnung und bestimmt, dass die Vorschriften des Arbeitszeitgesetzes, die Arbeits- und Ruhezeiten regeln, nicht für Besatzungsmitglieder von Luftfahrzeugen gelten. Hierzu zählt der gesamte zivile Luftverkehr wie auch der Einsatz von Rettungshubschraubern.

2. Persönlicher Anwendungsbereich

Unter Besatzungsmitgliedern wird ausschließlich das fliegende Personal verstanden, wie z. B. Flugzeugführer, Flugbegleiter und Purser. Für das **Bodenpersonal** gilt das ArbZG uneingeschränkt. Zum Bodenpersonal zählen z. B. das technische Personal und Flugdienstberater.

3. Wesentliche abweichende Schutzvorschriften

3 Die Vorschriften des Arbeitszeitgesetztes über Arbeits- und Ruhezeiten werden durch die entsprechenden Vorschriften der 2. Durchführungsverordnung zur Betriebsordnung für Luftfahrtgerät (kurz 2. DV LuftBO) verdrängt (Text der Verordnung siehe S. 164). Damit ist klargestellt, dass die 2. DV LuftBO arbeitsschutzrechtliche Ziele verfolgt.

4 Dort ist z. B. eine von § 4 ArbZG abweichende Ruhezeit von 10 Stunden geregelt (§ 15 Abs. 1 DV LuftBO). Flugdienstzeiten sind abweichend von § 3 ArbZG bis zur Dauer von 10 Stunden möglich und können mit Ausnahme für fliegendes Personal von Rettungshubschraubern bis zu 4 Stunden verlängert werden (§ 8 Abs. 2 DV LuftBO). Unter bestimmten Voraussetzungen ist sogar mit behördlicher Zustimmung eine Verlängerung der Flugdienstzeit bis zu 18 Stunden möglich. Für ausreichende Pausen muss dabei gesorgt werden (§ 9 DV LuftBO). Nur auf Grund dieser abweichenden Arbeitsschutzvorschriften können Langstreckenflüge durchgeführt werden.

5 Die Vorschriften zur Arbeitszeitgestaltung der DV LuftBO müssen den zwingend geltenden Regelungen der RL 200/79/EG für die zivile Luftfahrt und der RL 2003/88/EG Rechnung tragen.

4. Rechtsweg

6 Da es sich bei der 2. DV LuftBO um arbeitsrechtliche Schutzvorschriften handelt, kann der Beschäftigte ihre Einhaltung vor den Arbeitsgerichten durchsetzen.[1]

5. Mitbestimmung des Betriebsrats

7 Ein Mitbestimmungsrecht des Betriebsrats bei der Gestaltung der Arbeitszeiten des fliegenden Personals kann durch Tarifvertrag ausgeschlossen werden (§ 117 BetrVG). Denn durch einen Tarifvertrag kann bestimmt werden, dass für das fliegende Personal eine eigene Vertretung zu errichten ist. In dem Tarifvertrag ist dann auch zu regeln, ob und welche Vorschriften des BetrVG Anwendung finden.[2]

§ 21 Beschäftigung in der Binnenschifffahrt

(1) Die Bundesregierung kann durch Rechtsverordnung mit Zustimmung des Bundesrates, auch zur Umsetzung zwischenstaatlicher Vereinbarungen oder Rechtsakten der Europäischen Union, abweichend von

---

[1] BAG 24. 3. 1998 – 9 AZR 172/97.
[2] DKW-*Däubler*, § 117 BetrVG, Rn. 15.

den Vorschriften dieses Gesetzes die Bedingungen für die Arbeitszeitgestaltung von Arbeitnehmern, die als Mitglied der Besatzung oder des Bordpersonals an Bord eines Fahrzeugs in der Binnenschifffahrt beschäftigt sind, regeln, soweit dies erforderlich ist, um den besonderen Bedingungen an Bord von Binnenschiffen Rechnung zu tragen. Insbesondere können in diesen Rechtsverordnungen die notwendigen Bedingungen für die Sicherheit und den Gesundheitsschutz im Sinne des § 1, einschließlich gesundheitlicher Untersuchungen hinsichtlich der Auswirkungen der Arbeitszeitbedingungen auf einem Schiff in der Binnenschifffahrt, sowie die notwendigen Bedingungen für den Schutz der Sonn- und Feiertagsruhe bestimmt werden. In Rechtsverordnungen nach Satz 1 kann ferner bestimmt werden, dass von den Vorschriften der Rechtsverordnung durch Tarifvertrag abgewichen werden kann.

(2) Soweit die Bundesregierung von der Ermächtigung des Absatzes 1 keinen Gebrauch macht, gelten die Vorschriften dieses Gesetzes für das Fahrpersonal auf Binnenschiffen, es sei denn, binnenschifffahrtsrechtliche Vorschriften über Ruhezeiten stehen dem entgegen. Bei Anwendung des Satzes 1 kann durch Tarifvertrag von den Vorschriften dieses Gesetzes abgewichen werden, um der Eigenart der Binnenschifffahrt Rechnung zu tragen.

Inhaltsübersicht Rn.
1. Regelungsinhalt 1, 2
2. Persönlicher Anwendungsbereich 3
3. Wesentliche abweichende Schutzvorschriften 4
4. Abweichende tarifliche Regelungen 5
5. Geltung des ArbZG 6

1. Regelungsinhalt

Um den Besonderheiten in der Binnenschifffahrt Rechnung zu tragen, 1 erlaubt diese Vorschrift auf Grund einer Rechtsverordnung von den Vorschriften des Arbeitszeitgesetzes abzuweichen. Eine solche Rechtsverordnung soll auch die Zielsetzung haben, Rechtsvorschriften der Europäischen Union umzusetzen. Die Europäische Union hat am 19.12.2014 die RL 2014/112/EU über die Regelung bestimmter Aspekte der Arbeitszeitgestaltung in der Binnenschifffahrt erlassen.

Die Bundesregierung hat von der Ermächtigung durch die Verordnung über 2 die Arbeitszeit in der Binnenschifffahrt (BinSchArbZV) Gebrauch gemacht (Text der Verordnung siehe S. 178).

§ 21a Beschäftigung im Straßentransport

2. Persönlicher Anwendungsbereich

3 Abweichungen vom Arbeitszeitgesetz sind für alle Beschäftigten des Bordpersonals oder der Besatzung auf Binnenschiffen zulässig. Die BinSchArbZV bezieht dabei ausdrücklich **Auszubildende** und **Schiffsführer** mit ein. Auch hier gilt, wie bei den Abweichungen im zivilen Luftverkehr, dass sie nur für die Beschäftigten, die auf den Schiffen tätig sind, gelten.

3. Wesentliche abweichende Schutzvorschriften

4 Das BinSchArbZV enthält z. B. von § 3 und 4 ArbZG abweichende Vorschriften, so dass eine tägliche Höchstarbeitszeit von bis zu 14 Stunden erlaubt ist. Auch die Nachtarbeitszeiten dürfen abweichend von § 6 Abs. 2 ArbZG auf 42 Stunden pro Woche ausgedehnt werden. Unter dem Gesichtspunkt des Gesundheitsschutzes ist die Gestaltung der Ruhezeit äußerst bedenklich. Diese muss zwar 10 Stunden betragen, darf aber durchaus unterbrochen werden, wenn zumindest innerhalb von 24 Stunden 6 Stunden ununterbrochene Ruhezeit gewährt wird. Desweiteren enthält das BinSchArbZV u. a. dezidierte Regelungen zur Gewährung von Ruhetagen und Vorschriften zu arbeitsmedizinischen Untersuchungen. Das ArbZG findet Anwendung, soweit die BinSchArbZV nichts Spezielleres regelt (§ 2 BinSchArbZV).

4. Abweichende tarifliche Regelungen

5 Durch einen Tarifvertrag kann von den Vorschriften einer Rechtsverordnung abgewichen werden. Die Gewerkschaft ver.di hat einen Rahmentarifvertrag für die deutsche Binnenschifffahrt mit der DBD abgeschlossen, in dem Abweichungen von der BinSchArbZV geregelt wurden.

5. Geltung des ArbZG

6 Wenn die Bundesregierung keine Rechtsverordnung zu den Arbeitszeiten in der Binnenschifffahrt erlassen hätte, wäre das ArbZG vollumfänglich weiter zur Anwendung gekommen. Da eine solche Rechtsverordnung besteht, hat der Abs. 2 an Bedeutung verloren. Sollte die Rechtsverordnung enden, kommt er wieder zur Anwendung. Auch in diesem Fall ist es möglich, durch Tarifvertrag von den Vorschriften des ArbZG abzuweichen.

§ 21a Beschäftigung im Straßentransport

(1) Für die Beschäftigung von Arbeitnehmern als Fahrer oder Beifahrer bei Straßenverkehrstätigkeiten im Sinne der Verordnung (EG) Nr. 561/2006 des Europäischen Parlaments und des Rates vom 15. März

2006 zur Harmonisierung bestimmter Sozialvorschriften im Straßenverkehr und zur Änderung der Verordnungen (EWG) Nr. 3821/85 und (EG) Nr. 2135/98 des Rates sowie zur Aufhebung der Verordnung (EWG) Nr. 3820/85 des Rates (ABl. EG Nr. L 102 S. 1) oder des Europäischen Übereinkommens über die Arbeit des im internationalen Straßenverkehr beschäftigten Fahrpersonals (AETR) vom 1. Juli 1970 (BGBl. II 1974 S. 1473) in ihren jeweiligen Fassungen gelten die Vorschriften dieses Gesetzes, soweit nicht die folgenden Absätze abweichende Regelungen enthalten. Die Vorschriften der Verordnung (EG) Nr. 561/2006 und des AETR bleiben unberührt.

(2) Eine Woche im Sinne dieser Vorschriften ist der Zeitraum von Montag 0 Uhr bis Sonntag 24 Uhr.

(3) Abweichend von § 2 Abs. 1 ist keine Arbeitszeit:

1. die Zeit, während derer sich ein Arbeitnehmer am Arbeitsplatz bereithalten muss, um seine Tätigkeit aufzunehmen,
2. die Zeit, während derer sich ein Arbeitnehmer bereithalten muss, um seine Tätigkeit auf Anweisung aufnehmen zu können, ohne sich an seinem Arbeitsplatz aufhalten zu müssen;
3. für Arbeitnehmer, die sich beim Fahren abwechseln, die während der Fahrt neben dem Fahrer oder in einer Schlafkabine verbrachte Zeit.

Für die Zeiten nach Satz 1 Nr. 1 und 2 gilt dies nur, wenn der Zeitraum und dessen voraussichtliche Dauer im Voraus, spätestens unmittelbar vor Beginn des betreffenden Zeitraums bekannt ist. Die in Satz 1 genannten Zeiten sind keine Ruhezeiten. Die in Satz 1 Nr. 1 und 2 genannten Zeiten sind keine Ruhepausen.

(4) Die Arbeitszeit darf 48 Stunden wöchentlich nicht überschreiten. Sie kann auf bis zu 60 Stunden verlängert werden, wenn innerhalb von vier Kalendermonaten oder 16 Wochen im Durchschnitt 48 Stunden wöchentlich nicht überschritten werden.

(5) Die Ruhezeiten bestimmen sich nach den Vorschriften der Europäischen Gemeinschaften für Kraftfahrer und Beifahrer sowie nach dem AETR. Dies gilt auch für Auszubildende und Praktikanten.

(6) In einem Tarifvertrag oder auf Grund eines Tarifvertrags in einer Betriebs- oder Dienstvereinbarung kann zugelassen werden,

1. nähere Einzelheiten zu den in Absatz 3 Satz 1 Nr. 1, 2 und Satz 2 genannten Voraussetzungen zu regeln,
2. abweichend von Absatz 4 sowie den §§ 3 und 6 Abs. 2 die Arbeitszeit festzulegen, wenn objektive, technische oder arbeitszeitorganisatorische Gründe vorliegen. Dabei darf die Arbeitszeit 48 Stunden wöchentlich im Durchschnitt von sechs Kalendermonaten nicht überschreiten.

§ 7 Abs. 1 Nr. 2 und Abs. 2a gilt nicht. § 7 Abs. 3 gilt entsprechend.

(7) Der Arbeitgeber ist verpflichtet, die Arbeitszeit der Arbeitnehmer aufzuzeichnen. Die Aufzeichnungen sind mindestens zwei Jahre aufzubewahren. Der Arbeitgeber hat dem Arbeitnehmer auf Verlangen eine Kopie der Aufzeichnungen seiner Arbeitszeit auszuhändigen.

(8) Zur Berechnung der Arbeitszeit fordert der Arbeitgeber den Arbeitnehmer schriftlich auf, ihm eine Aufstellung der bei einem anderen Arbeitgeber geleisteten Arbeitszeit vorzulegen. Der Arbeitnehmer legt diese Angaben schriftlich vor.

Inhaltsübersicht   Rn.
1. Regelungsgegenstand und Geltungsbereich 1– 3
2. Arbeitszeitrecht und Geltung europäischer Regelungen 4, 5
3. Definition »Woche«   6
4. Tätigkeiten, die keine Arbeitszeit sind. 7, 8
5. Veränderter Ausgleichszeitraum.   9
6. Ruhezeiten   10–13
7. Abweichungen durch Tarifvertrag.   14–17
8. Pflicht zur Aufzeichnung der Arbeitszeit 18–20
9. Vorlagepflicht bei Zweitarbeitgeber   21

1. Regelungsgegenstand und Geltungsbereich

1 Die Vorschrift lässt für den Bereich der Beschäftigung im Straßentransport Ausnahmen von den Regelungen des Arbeitszeitgesetzes zu. Sie regelt zugleich das Verhältnis zu europäischen Regelungen im Bereich des Straßentransports.

2 Der Geltungsbereich umfasst aus dem Bereich des Straßentransports sowohl die Güter- als auch die Personenbeförderung. Jedoch ist der Geltungsbereich beschränkt auf Beschäftigte, die als Fahrer oder Beifahrer in der **Güterbeförderung** im **öffentlichen Straßenverkehr** mit Fahrzeugen von **mehr als 3,5 Tonnen** tätig sind (Art. 2 (1) a) VO (EG) 561/2006 und Art. 2 (2) b) AETR). Die Beförderung derartiger Güter allein auf privaten bzw. nicht öffentlichen Werksgeländen ist somit nicht von der Vorschrift erfasst.[1] Für diese gelten die allgemeinen Regelungen des Arbeitszeitgesetzes. Von der Vorschrift erfasst wird ferner die **Personenbeförderung** mittels Bussen mit **mehr als acht Fahrgastplätzen** (Art. 2 (1) b) VO (EG) 561/2006 und Art. 2 (1) i. V. m Art. 1 g) AETR). Aus dem Bereich der Personenbeförderung sind Fahrer im Linienverkehr dann nicht erfasst, wenn die Linie weniger als 50 km erfasst (Art. 3 a) VO (EG) 561/2006), weshalb insbesondere Straßenbahnfahrer, deren Linienstrecke nicht mehr als 50 km erfasst, nicht unter den Geltungsbe-

---

1 Buschmann/Ulber, § 21a ArbZG, Rn. 3.

rich fallen.[2] Für diese Beschäftigten gelten die Regelungen des Arbeitszeitgesetzes dann uneingeschränkt.

Zu beachten ist, dass das Arbeitszeitgesetz nur für **angestellte Fahrer und Beifahrer** Anwendung findet.[3] Selbständige Fahrer unterfallen nicht dem Arbeitszeitgesetz, haben aber gleichwohl die Regelungen der VO (EG) 561/2006 und der AETR einzuhalten (Art. 4 c) VO (EG) 561/2006 und Art. 1 j) AETR).

2. Arbeitszeitrecht und Geltung europäischer Regelungen

Durch die Regelung in Abs. 1 wird zunächst klargestellt, dass auch für die Beschäftigten im Straßentransport die Regelungen des Arbeitszeitgesetzes gelten und damit einzuhalten sind. Gleichzeitig weist die Regelung aber auch darauf hin, dass in § 21a Abweichungen von den arbeitszeitlichen Regelungen vorgenommen wurden und insoweit vorrangig gelten.

Außerdem stellt die Regelung in Abs. 1 klar, dass die europarechtlichen Regelungen über die Sozialvorschriften im Straßenverkehr (VO (EG) 561/2006) sowie im internationalen Straßenverkehr (AETR) unberührt bleiben und somit neben den Regelungen des Arbeitszeitgesetzes zu beachten sind.

3. Definition »Woche«

Da die Vorschrift in einigen Regelungen die Woche als Bezugspunkt hat, ist in Abs. 2 die Woche definiert als die Kalenderwoche, nicht als Arbeitswoche. Die Woche umfasst damit alle sieben Wochentage und zwar in ihrer Gesamtheit von jeweils 24 Stunden. Damit umfasst die Woche den Zeitraum von Montag 0.00 Uhr bis Sonntag 24.00 Uhr.

4. Tätigkeiten, die keine Arbeitszeit sind

Die Regelung in Abs. 3 legt fest, dass bestimmte, drei abschließend aufgezählte Tätigkeiten von Berufskraftfahrern nicht als Arbeitszeit anzusehen und als solche zu behandeln sind. Das sind zunächst Zeiten, während derer sich die Beschäftigten am Arbeitsplatz bereit halten müssen, um ihre Tätikeit aufzunehmen (Nr. 1). Erfasst sind sodann auch Zeiten, während derer sich die Beschäftigten bereithalten müssen, um ihre Tätigkeit aufzunehmen, ohne dass sie am Arbeitsplatz anwesend sein müssen (Nr. 2). Schließlich fallen hierunter auch Zeiten für Beschäftigte, die sich beim Fahren abwechseln, wenn sie neben dem Fahrer sitzen oder sich in der Schlafkabine aufhalten

---

2 BAG 18.11.2008 – 9 AZR 737/07.
3 ArbR KK-*Wedde*, § 21a ArbZG, Rn. 1.

(Nr. 3). Die Nr. 1 und 2 erfassen vor allem Fälle des Be- und Entladens bzw. Wartezeiten. Sie sind nur dann keine Arbeitszeit, wenn der Zeitraum und dessen voraussichtliche Dauer **im Voraus**, spätestens unmittelbar vor Beginn des in Bezug genommenen Zeitraums, **feststehen**. Ist der Zeitraum und/oder dessen voraussichtliche Dauer nicht bekannt, so bleiben die Zeiträume Arbeitszeit.

8   Gleichzeitig wird durch Satz 3 der Reglung klargestellt, dass die Fälle des Satzes 1 keine Ruhezeit darstellen. Sie stellen damit eine andere Form der Arbeit dar – etwa Bereitschaftsdienst oder Rufbereitschaft und sind entsprechend zu bewerten und zu vergüten. Schließlich wird durch Satz 4 klargestellt, dass die Fälle Nr. 1 und Nr. 2 auch nicht als Ruhepausen i. S. d. § 4 Arbeitszeitgesetz gewertet werden können.

5. Veränderter Ausgleichszeitraum

9   Die Regelung in Abs. 4 enthält keine Ausnahme von der Regelung zur werktäglichen Arbeitszeit in § 3. Damit ist auch für den von der Regelung erfassten Beschäftigtenkreis die Dauer der täglichen Arbeitszeit auf 8 bzw. ausnahmsweise 10 Stunden begrenzt, so dass die regelmäßige Wochenarbeitszeit 48 Stunden beträgt. Eine Ausdehnung auf 60 Stunden in der Woche ist nur zulässig, wenn in einem Ausgleichszeitraum die regelmäßige Wochenarbeitszeit erreicht wird. Abs. 4 **verkürzt** diesen **Ausgleichszeitraum** im Verhältnis zur Regelung in § 3 Arbeitszeitgesetz auf **vier Monate**. Insoweit ist für die Beschäftigten im Straßentransport eine günstigere Regelung geschaffen, da die mehr geleistete Arbeit in einem kürzeren Zeitraum durch entsprechende kürzere Arbeitszeiten auszugleichen ist.

6. Ruhezeiten

10   Die Regelung in Abs. 5 sieht vor, dass in Bezug auf die **Ruhezeiten** nicht die Regelungen des § 5 und die möglichen Abweichungen in §§ 7, 11 gelten. Vielmehr finden für diesen Beschäftigtenkreis die ohnehin geltenden Regelungen in Art. 8 und 9 der VO (EG) Nr. 561/2006 sowie in Art. 9 AETR Anwendung. Die Regelung umfasst damit nicht die maximale Dauer der Arbeitszeit, sondern allein die Regelungen zu der Dauer der Unterbrechung der Arbeitszeitabschnitte innerhalb einer Woche.

11   Abweichend von § 5 finden sich in Art. 8 VO (EG) Nr. 561/2006 neben Regelungen zu einer täglichen Ruhezeit auch solche zu einer wöchentlichen Ruhezeit. Hierdurch wird ermöglicht, eine verkürzte tägliche Ruhezeit zu gewähren, die dann über die Woche auszugleichen ist. Auch ist die Anzahl der verkürzten täglichen Ruhezeiten begrenzt auf drei pro Woche. Neben den Ruhezeiten sind auch die Regelungen zu den maximalen Lenkzeiten und der maximalen Wochenarbeitszeit zu beachten.

Art. 9 AETR geht von einer wöchentlichen Ruhezeit aus. Diese muss mindestens einmal pro Woche 24 aufeinanderfolgende Stunden umfassen, wobei es Ausnahmen für die Sommerzeit (1. April bis 30. September) gibt. Hintergrund für eine wöchentliche Ruhezeit ist, dass in Art. 6 AETR Regelungen zu Tagesruhezeiten und in den Art. 7 und 8 AETR Regelungen zur täglichen und wöchentlichen Lenkzeit aufgestellt sind, aus denen sich automatisch Regelungen zur täglichen Ruhezeit ergeben. Durch die wöchentliche Ruhezeit soll sichergestellt werden, dass ein voller Wochentag arbeitsfrei bleibt. 12

Durch die Regelung in Satz 2 ist festgelegt, dass die Regelung zu den Ruhezeiten auch für **Auszubildende und Praktikanten** Anwendung findet. Hierdurch wird Art. 6 der Richtlinie 2002/15/EG vom 11. März 2002 in nationales Recht umgesetzt. 13

7. Abweichungen durch Tarifvertrag

Die Regelung in Abs. 6 enthält die Möglichkeit der Tarifvertragsparteien, Einzelheiten des Arbeitszeitrechts im Straßentransport zu vereinbaren. 14

Durch den in Nr. 1 geregelten Fall ist es den Tarifparteien erlaubt, die Einzelheiten der Voraussetzungen für Tätigkeiten, die nach Abs. 3 nicht als Arbeitszeit, sondern eine besondere Form der Arbeitszeit darstellen (Rufbereitschaft oder Bereitschaftsdienst), festzulegen. Durch die Regelung in Nr. 2 wird den Tarifparteien eine noch breitere Regelungsmöglichkeit eingeräumt: sie können den Ausgleichszeitraum (nach Abs. 4), die tägliche einschließlich der wöchentlichen Höchstarbeitszeit (nach § 3) sowie die Regelungen zur Nachtarbeit (nach § 6 Abs. 2) abweichend gestalten. Der Aspekt des Gesundheitsschutzes, den die arbeitszeitgesetzlichen Vorschriften bezwecken, darf jedoch keineswegs außer Betracht gelassen werden. Bei der Vereinbarung von Abweichungen dürfen die Tarifvertragsparteien von den in § 7 Abs. 1 Nr. 2 (Kurzpausen anstatt von Ruhepausen) sowie Abs. 2a (Verlängerung der Arbeitszeit auf über 8 Stunden, wenn regelmäßig Bereitschaftsdienst zu leisten ist) Arbeitszeitgesetz genannten Abweichungen keinen Gebrauch machen. 15

Die Tarifvertragsparteien sind zudem berechtigt, die Tarifvertragsregelungen betriebs- bzw. dienstvereinbarungsoffen zu gestalten und so den Betriebsparteien einen Gestaltungsspielraum für die im Betrieb konkret geltenden Bedingungen einzuräumen. 16

Im Geltungsbereich eines Tarifvertrags kann zudem über den Verweis auf § 7 Abs. 3 auch ein nichttarifgebundener Arbeitgeber die Regelungen eines solchen Tarifvertrags durch einzelvertragliche Inbezugnahme anwenden. 17

8. Pflicht zur Aufzeichnung der Arbeitszeit

18 Die Regelung in Abs. 7 konkretisiert die Pflicht zur **Aufzeichnung der Arbeitszeit**. Die Pflicht trifft den Arbeitgeber. Dabei ist er zur Aufzeichnung der gesamten Arbeitszeit verpflichtet, nicht nur zur Aufzeichnung der Lenkzeiten. Das Gesetz sieht zwar keine konkrete Form der Aufzeichnung vor. Aus Art. 9b der Richtline 2002/15/ (zur Regelung der Arbeitszeit von Personen, die Fahrtätigkeiten im Bereich des Straßentransports ausüben) ergibt sich jedoch, dass dies schriftlich zu erfolgen hat (dort ist geregelt, dass »Buch zu führen« ist, was die Schriftform nahelegt).[4]

19 Die Aufzeichnungen sind mindestens zwei Jahre aufzubewahren, so dass neben der Aufzeichnungspflicht auch eine **Aufbewahrungspflicht** besteht.

20 Ferner ist der Arbeitgeber verpflichtet, die Aufzeichnungen **dem Beschäftigten** in Kopie auf dessen Verlangen hin auszuhändigen. Der Anspruch ist bedingungslos, was bedeutet, dass der Beschäftigte keinen Grund haben oder nennen muss, um von seinem Herausgabeverlangen Gebrauch zu machen.[5] Der Anspruch soll sicherstellen, dass Beschäftigte ihre sich aus der konkreten Arbeitsleistungen ergebenden (Vergütungs-)Ansprüche geltend machen und beweisen können.[6]

9. Vorlagepflicht bei Zweitarbeitgeber

21 Der Arbeitgeber ist verpflichtet, von den Beschäftigten eine Aufstellung derjenigen geleisteten oder zu leistenden Arbeitszeiten zu verlangen, die sie bei einem anderen Arbeitgeber erbringen. Sinn und Zweck der Regelung ist es, dem (Zweit-)Arbeitgeber die Einhaltung der arbeitszeitrechtlichen Regelungen – insbesondere die der Höchstarbeitszeiten – zu ermöglichen.[7] Diese Aufstellung haben die Beschäftigten in schriftlicher Form dem Arbeitgeber auszuhändigen. Die Aufzeichnung hat sich auf die gesamte Tätigkeit zu erstrecken und darf nicht nur die Lenkzeiten erfassen.[8] Nicht von der Vorschrift erfasst, sind Vergütungsfragen.

---

4 Buschmann/Ulber, § 21a ArbZG, Rn. 68.
5 LAG Köln 19.6.2012 – 11 Sa 148/12.
6 Buschmann/Ulber, § 21a ArbZG, Rn. 79.
7 Buschmann/Ulber, § 21a ArbZG, Rn. 81.
8 Buschmann/Ulber, § 21a ArbZG, Rn. 84.

Siebter Abschnitt
Straf- und Bußgeldvorschriften

§ 22 Bußgeldvorschriften

(1) Ordnungswidrig handelt, wer als Arbeitgeber vorsätzlich oder fahrlässig
1. entgegen §§ 3, 6 Abs. 2 oder § 21a Abs. 4, jeweils auch in Verbindung mit § 11 Abs. 2, einen Arbeitnehmer über die Grenzen der Arbeitszeit hinaus beschäftigt,
2. entgegen § 4 Ruhepausen nicht, nicht mit der vorgeschriebenen Mindestdauer oder nicht rechtzeitig gewährt,
3. entgegen § 5 Abs. 1 die Mindestruhezeit nicht gewährt oder entgegen § 5 Abs. 2 die Verkürzung der Ruhezeit durch Verlängerung einer anderen Ruhezeit nicht oder nicht rechtzeitig ausgleicht,
4. einer Rechtsverordnung nach § 8 Satz 1, § 13 Abs. 1 oder 2, § 15 Absatz 2a Nummer 2, § 21 Absatz 1 oder § 24 zuwiderhandelt, soweit sie für einen bestimmten Tatbestand auf diese Bußgeldvorschrift verweist,
5. entgegen § 9 Abs. 1 einen Arbeitnehmer an Sonn- oder Feiertagen beschäftigt,
6. entgegen § 11 Abs. 1 einen Arbeitnehmer an allen Sonntagen beschäftigt oder entgegen § 11 Abs. 3 einen Ersatzruhetag nicht oder nicht rechtzeitig gewährt,
7. einer vollziehbaren Anordnung nach § 13 Abs. 3 Nr. 2 zuwiderhandelt,
8. entgegen § 16 Abs. 1 die dort bezeichnete Auslage oder den dort bezeichneten Aushang nicht vornimmt,
9. entgegen § 16 Abs. 2 oder § 21a Abs. 7 Aufzeichnungen nicht oder nicht richtig erstellt oder nicht für die vorgeschriebene Dauer aufbewahrt oder
10. entgegen § 17 Abs. 4 eine Auskunft nicht, nicht richtig oder nicht vollständig erteilt, Unterlagen nicht oder nicht vollständig vorlegt oder nicht einsendet oder entgegen § 17 Abs. 5 Satz 2 eine Maßnahme nicht gestattet.

(2) Die Ordnungswidrigkeit kann in den Fällen des Absatzes 1 Nr. 1 bis 7, 9 und 10 mit einer Geldbuße bis zu fünfzehntausend Euro, in den Fällen des Absatzes 1 Nr. 8 mit einer Geldbuße bis zu zweitausendfünfhundert Euro geahndet werden.

Inhaltsübersicht	Rn.
1. Regelungsinhalt	1
2. Ordnungswidrigkeiten	2, 3
3. Bußgeld	4

Fischer

1. Regelungsinhalt

1 § 22 enthält für Verstöße gegen das ArbZG Bußgeldvorschriften. § 22 nennt als Täter für bußgeldbewährte Verstöße nur den Arbeitgeber.[1] Arbeitgeber ist jeder, der einen Arbeitnehmer beschäftigt. Arbeitgeber können juristische oder natürliche Personen sein. Ist der Arbeitgeber eine juristische Person, tragen die Verantwortung die gesetzlichen Vertreter. Ist jemand beauftragt, den Betrieb ganz oder zum Teil zu leiten, kann auch diese Person zur Verantwortung gezogen werden (§ 9 Abs. 2 OWiG). Die Vorschriften des Arbeitszeitgesetzes sollen die Arbeitnehmer vor zu langer Arbeitszeit schützen. Sie sollen den Arbeits- und Gesundheitsschutz gewährleisten. Dies soll durch die Bußgeldvorschrift des § 22 und der Strafvorschriften des § 23 sichergestellt werden.

2. Ordnungswidrigkeiten

2 Die in Abs. 1 genannten Bußgeldtatbestände sind abschließend geregelt. Es werden nicht alle zwingenden Bestimmungen erfasst. Nach Abs. 1 Nr. 1 bis 10 handelt der Arbeitgeber ordnungswidrig, wenn er vorsätzlich oder fahrlässig gegen eine der aufgeführten Bestimmungen verstößt. Die Tat setzt also ein Verschulden voraus. Sie kann auch durch Unterlassen begangen werden, z. B. wenn der Arbeitgeber es unterlässt, die Mindestruhezeit zu gewähren. An der Rechtswidrigkeit des Arbeitgeberhandelns ändert es auch nichts, wenn der betroffene Arbeitnehmer in den Arbeitszeitverstoß eingewilligt hat oder wenn der Arbeitgeber von dem Arbeitszeitverstoß nichts weiß.[2] Der Arbeitgeber ist verpflichtet, seinen Betrieb so zu organisieren, dass Verstöße gegen das Arbeitszeitgesetz ausgeschlossen sind.

3 Ergänzend gelten die Regelungen des Ordnungswidrigkeitengesetzes.

3. Bußgeld

4 Liegt eine Ordnungswidrigkeit vor, kann die Behörde ein Bußgeld verhängen. Dieses liegt im Fall von Abs. 1 Nr. 8 bei bis zu 2500,00 ▮. In allen anderen Fällen bei bis zu 15 000,00 ▮. Bei der Bemessung des Bußgelds sind die wirtschaftlichen Verhältnisse des Betroffenen zu berücksichtigen.

---

1 BVerwG 19.9.2000 – 1 C 17/99.
2 OLG Thüringen 2.9.2010 – 1 Ss Bs 57/10.

§ 23 Strafvorschriften

(1) Wer eine der in § 22 Abs. 1 Nr. 1 bis 3, 5 bis 7 bezeichneten Handlungen
1. vorsätzlich begeht und dadurch Gesundheit oder Arbeitskraft eines Arbeitnehmers gefährdet oder
2. beharrlich wiederholt,

wird mit Freiheitsstrafe bis zu einem Jahr oder mit Geldstrafe bestraft.

(2) Wer in den Fällen des Absatzes 1 Nr. 1 die Gefahr fahrlässig verursacht, wird mit Freiheitsstrafe bis zu sechs Monaten oder mit Geldstrafe bis zu 180 Tagessätzen bestraft.

Inhaltsübersicht	Rn.
1. Regelungsinhalt	1
2. Vorsatz	2–5
3. Fahrlässigkeit	6–8

1. Regelungsinhalt

Nach § 23 ArbZG werden in § 22 aufgeführte Ordnungswidrigkeiten in besonders schwerwiegenden Fällen als Straftat qualifiziert. Genannt sind die Regelungen des § 22 Abs. 1 Nr. 1 bis 3 und 5 bis 7. Die Tat kann nur durch den Arbeitgeber begangen werden, weil der Arbeitgeber als Täter in § 22 genannt ist (Näheres § 22 Rn. 1). Da auch der Entleiher für den Arbeitsschutz zuständig ist, kommt auch der Entleiher als Täter in Betracht.[1] **1**

2. Vorsatz

Ein Verstoß nach § 22 ArbZG wird nach Abs. 1 Nr. 1 zur **Straftat**, wenn der Verstoß vorsätzlich begangen wird und dadurch Gesundheit oder Arbeitskraft eines Arbeitnehmers gefährdet wird. **2**

Gesundheit ist der unversehrte körperliche, geistige und seelische Zustand eines Arbeitnehmers. Arbeitskraft ist die von Natur aus vorhandene oder durch Ausbildung erworbene Fähigkeit, eine bestimmte Arbeit zu leisten.[2]
Die Gefährdung setzt keine Schädigung voraus, vielmehr muss lediglich die Möglichkeit eines Schadens bestehen.[3]

Eine Straftat liegt also vor, wenn der Täter die Verstöße vorsätzlich begeht. **Vorsatz** liegt vor, wenn die Tat mit Wissen und Wollen des Täters geschehen ist, wobei es für den Vorsatz ausreichend ist, wenn der Täter die Gefährdung billigend in Kauf nimmt. **3**

---

1 Buschmann/Ulber, § 23 ArbZG, Rn. 2.
2 ErfK-*Wank*, § 23 ArbZG, Rn. 2.
3 ErfK-*Wank*, § 23 ArbZG, Rn. 2.

4 Ein Verstoß nach § 22 Abs. 1 Nr. 2 wird zur Straftat, wenn der Arbeitgeber den Verstoß **beharrlich wiederholt**. Dieser Tatbestand ist erfüllt, wenn mindestens ein zweiter Verstoß gegen dieselbe Vorschrift vorliegt. Beharrlichkeit liegt vor, wenn der Täter den Verstoß trotz Ermahnung oder Ahndung mit Bußgeld wiederholt.

5 Eine Straftat nach § 23 Abs. 1 wird mit Freiheitsstrafe bis zu einem Jahr oder mit Geldstrafe bestraft.

3. Fahrlässigkeit

6 Eine Straftat nach § 23 Abs. 2 begeht, wer fahrlässig einen Arbeitnehmer in seiner Gesundheit gefährdet.

7 **Fahrlässigkeit** liegt vor, wenn der Täter objektiv gegen eine Sorgfaltspflicht verstößt, die gerade dem Schutz des beeinträchtigten Rechtsguts dient. Dies ist im Rahmen des Arbeitszeitgesetztes ein Verstoß gegen die Vorschriften, die in § 22 ArbZG genannt sind. Dieser Verstoß muss dann mittelbar oder unmittelbar eine Rechtsgutverletzung oder Rechtsgutgefährdung zur Folge haben, die der Täter nach seinen subjektiven Kenntnissen und Fähigkeiten vorhersehen und vermeiden konnte.

8 Bei einer fahrlässigen Tat nach Abs. 2 kann eine Freiheitsstrafe bis zu 6 Monaten oder eine Geldstrafe bis zu 180 Tagessätzen ausgesprochen werden.

Achter Abschnitt
Schlussvorschriften

§ 24 Umsetzung von zwischenstaatlichen Vereinbarungen und Rechtsakten der EG

Die Bundesregierung kann mit Zustimmung des Bundesrates zur Erfüllung von Verpflichtungen aus zwischenstaatlichen Vereinbarungen oder zur Umsetzung von Rechtsakten des Rates oder der Kommission der Europäischen Gemeinschaften, die Sachbereiche dieses Gesetzes betreffen, Rechtsverordnungen nach diesem Gesetz erlassen.

Regelungsinhalt

Das ArbZG ermächtigt in verschiedenen Vorschriften die Bundesregierung zum Erlass von Rechtsverordnungen (§§ 7, 8, 13, 14, 15 und 21). Gegenstand sind i. d. R. abweichende Höchstarbeitszeiten, Ruhezeiten, Pausen oder Regelungen zur Nachtarbeit.

Diese Vorschrift ergänzt die Ermächtigung zu einer Rechtsverordnung und zwar für die Fälle, dass zwischenstaatliche Vereinbarungen oder Rechtsakte des Rates oder der Kommission der europäischen Union umgesetzt werden müssen. Dazu bedarf es der Zustimmung des Bundesrates. Regelungsgegenstand einer solchen Rechtsverordnung können alle Bereiche des Arbeitszeitrechts sein.

Verstöße gegen eine Rechtsverordnung können durch Bußgeld geahndet werden (§ 22 Abs. 1 Nr. 4).

§ 25 Übergangsregelung für Tarifverträge

Enthält ein am 1. Januar 2004 bestehender oder nachwirkender Tarifvertrag abweichende Regelungen nach § 7 Abs. 1 oder 2 oder § 12 Satz 1, die den in diesen Vorschriften festgelegten Höchstrahmen überschreiten, bleiben diese tarifvertraglichen Bestimmungen bis zum 31. Dezember 2006 unberührt. Tarifverträgen nach Satz 1 stehen durch Tarifvertrag zugelassene Betriebsvereinbarungen sowie Regelungen nach § 7 Abs. 4 gleich.

Der Gesetzgeber hatte hier eine Übergangsvorschrift für Tarifverträge und Betriebsvereinbarungen, die auf Grund Tarifvertrag zugelassen waren, normiert. Die Tarifpartner sollten die Gelegenheit erhalten, Tarifverträge entsprechend den neuen Vorgaben des Gesetzes anzupassen. Diese Übergangsfrist ist am 31.12.2006 abgelaufen. Aus diesem Grund hat diese Vorschrift keine Bedeutung mehr.

Wurden Tarifverträge bis zu diesem Zeitpunkt nicht angepasst, sind entsprechende gegen das ArbZG verstoßende Klauseln unwirksam. Sind dadurch Tariflücken entstanden, sind sie nach der Rechtsprechung des BAG durch ergänzende Vertragsauslegung zu schließen. Dies gilt jedoch nur, wenn den Tarifvertragsparteien kein Spielraum zur Schließung der Lücke bleibt.[1]

---

1 BAG 14.10.2004 – 6 AZR 564/03.

Übersicht der gesetzlichen Feiertage (§ 9 ArbZG)

Bundesland/Feiertage	Neujahr, Karfreitag, Ostermontag, Tag der Arbeit (1. Mai), Christi Himmelfahrt, Pfingstmontag, Tag der deutschen Einheit (3. Oktober), 1. + 2. Weihnachtsfeiertag	Heilige drei Könige (6.1.)	Internationaler Frauentag (8.3.)	Ostersonntag	Pfingstsonntag	Fronleichnam	Augsburger Friedensfest (8.8.)	Mariä Himmelfahrt (15.8.)	Weltkindertag (20.9.)	Reformationstag (31.10.)	Allerheiligen (1.11.)	Buß- und Bettag (3. Mittwoch im November)
Bayern	*	*				*	*¹	*²			*	
Baden-Württemberg	*	*				*					*	
Berlin	*		*									
Brandenburg	*			*	*					*		
Bremen	*									*		
Hamburg	*					*				*		
Hessen	*					*						
Mecklenburg-Vorpommern	*									*		

162

Übersicht der gesetzlichen Feiertage

Bundesland/Feiertage	Neujahr, Karfreitag, Ostermontag, Tag der Arbeit (1. Mai), Christi Himmelfahrt, Pfingstmontag, Tag der deutschen Einheit (3. Oktober), 1. + 2. Weihnachtsfeiertag	Heilige drei Könige (6.1.)	Internationaler Frauentag (8.3.)	Ostersonntag	Pfingstsonntag	Fronleichnam	Augsburger Friedensfest (8.8.)	Mariä Himmelfahrt (15.8.)	Weltkindertag (20.9.)	Reformationstag (31.10.)	Allerheiligen (1.11.)	Buß- und Bettag (3. Mittwoch im November)
Niedersachsen	*											
Nordrhein-Westfalen	*					*					*	
Rheinland-Pfalz	*					*					*	
Saarland	*					*		*			*	
Sachsen	*					*³				*		*
Sachsen-Anhalt	*	*								*		
Schleswig-Holstein	*									*		
Thüringen	*					*⁴			*	*		

1 Nur im Stadtgebiet Augsburg.
2 In Bayern nur in den Gemeinden mit überwiegend katholischer Bevölkerung (ca. 1700 Gemeinden, in ca. 350 Gemeinden hingegen nicht).
3 In Sachsen nur in den katholisch geprägten Gemeinden des sorbischen Siedlungsgebiets.
4 In Thüringen nur im Landkreis Eichsfeld sowie einigen Gemeinden des Unstrut-Hainich-Kreises sowie des Wartburgkreises.

Zweite Durchführungsverordnung zur Betriebsordnung für Luftfahrtgerät (Dienst-, Flugdienst-, Block- und Ruhezeiten von Besatzungsmitgliedern in Luftfahrtunternehmen und außerhalb von Luftfahrtunternehmen bei berufsmäßiger Betätigung) (2. DV LuftBO)

vom 6. April 2009 (BAnz. 2009 Nr. 56 S. 1327), zuletzt geändert durch Artikel 180 des Gesetzes vom 29. März 2017 (BGBl. I S. 626)

Abschnitt 1
Allgemeine Vorschriften

§ 1 Anwendungsbereich

(1) Diese Verordnung gilt für Mitglieder der Besatzung an Bord eines Zivilluftfahrzeugs (Besatzungsmitglieder), die von einem Unternehmen mit Sitz in der Bundesrepublik Deutschland für die Zivilluftfahrt, mit Ausnahme der gewerbsmäßigen Beförderung in Flugzeugen, eingesetzt werden. Für Halter von Luftfahrzeugen, die berufsmäßig tätige Besatzungsmitglieder beschäftigen, gelten die Vorschriften dieser Verordnung entsprechend.

(2) Sofern Besatzungsmitglieder für die gewerbsmäßige Beförderung in Flugzeugen eingesetzt werden, gelten anstelle der §§ 2 bis 24 die Bestimmungen des Anhangs III der Verordnung (EWG) Nr. 3922/91 des Rates vom 16. Dezember 1991 zur Harmonisierung der technischen Vorschriften und der Verwaltungsverfahren in der Zivilluftfahrt (ABl. L 373 vom 31.12.1991, S. 4), zuletzt geändert durch die Verordnung (EG) Nr. 859/2008 der Kommission vom 20. August 2008 (ABl. L 254 vom 20.9.2008, S. 1) in Verbindung mit der Ersten Durchführungsverordnung zur Betriebsordnung für Luftfahrtgerät in ihrer jeweils geltenden Fassung.

(3) Sofern Besatzungsmitglieder im Geltungsbereich sowohl dieser Verordnung als auch des Anhangs III der Verordnung (EWG) Nr. 3922/91 eingesetzt werden, sind die im Geltungsbereich dieser Verordnung geleisteten Dienststunden auf die Höchstwerte gemäß OPS 1.1100 anzurechnen.

2. DV LuftBO

§ 2 Begriffsbestimmungen

(1) Dienstzeit ist jede Zeitspanne, während der ein Besatzungsmitglied auf der Grundlage von Rechtsvorschriften, tariflichen und betrieblichen Regelungen oder von der Aufsichtsbehörde genehmigten Verfahren arbeitet, dem Arbeitgeber zur Verfügung steht und seine Tätigkeit ausübt oder Aufgaben wahrnimmt.

(2) Eine Pause ist ein als Dienstzeit geltender Zeitraum, der frei von allen dienstlichen Verpflichtungen und kürzer als eine Ruhezeit ist.

(3) Flugdienstzeit ist die gesamte Zeitspanne, während derer eine Person in einem Luftfahrzeug oder Flugübungsgerät als Besatzungsmitglied tätig ist.

(4) Blockzeit ist die Zeit zwischen dem erstmaligen Abrollen eines Luftfahrzeugs aus seiner Parkposition zum Zweck des Startens bis zum Stillstand an der zugewiesenen Parkposition mit abgestellten Triebwerken. Für Hubschrauber bedeutet Blockzeit die Zeit zwischen dem erstmaligen Drehen der Rotorblätter bis zum Absetzen und dem nachfolgenden Stillstand des Rotors.

(5) Positionierung ist die Beförderung eines nicht diensttuenden Besatzungsmitglieds von einem Ort zum anderen auf Verlangen des Luftfahrtunternehmers. Hiervon ausgenommen ist die Reisezeit.

(6) Reisezeit ist

1. die Zeit für die Hin- und Rückfahrt zwischen dem Wohnort und der Heimatbasis;
2. die Zeit für den örtlichen Transfer vom Ruheort zum Ort des Dienstbeginns und für die Rückfahrt.

(7) Bereitschaftszeit ist ein festgelegter Zeitraum, in dem sich das Besatzungsmitglied dem Luftfahrtunternehmer zur Verfügung halten muss, um für einen Flug, eine Positionierung oder für einen anderen Dienst ohne vorhergehende Ruhezeit eingesetzt werden zu können.

(8) Ruhezeit ist eine zusammenhängende Zeit von mindestens zehn Stunden, während der ein Besatzungsmitglied von Dienstleistungen jeglicher Art befreit ist.

(9) Das Tagesrhythmus-Tief ist der Zeitraum zwischen 2 Uhr und 6 Uhr. Innerhalb einer Bandbreite von drei Zeitzonen bezieht sich das Tagesrhythmus-Tief auf die Zeit der Heimatbasis. Bei mehr als drei Zeitzonen Unterschied bezieht sich das Tagesrhythmus-Tief während der ersten 48 Stunden nach Verlassen der Heimatbasis-Zeitzone auf die Heimatbasiszeit und danach auf die Ortszeit.

(10) Eine Ortsnacht ist ein Zeitraum von acht Stunden zwischen 22 Uhr und 8 Uhr Ortszeit.

(11) Ein Ortstag ist ein Zeitraum von 24 Stunden, der um 0 Uhr Ortszeit beginnt und den die Besatzungsmitglieder an der Heimatbasis verbringen können.

Abschnitt 2
Pflichten des Luftfahrtunternehmers

§ 3 Festlegung von höchstzulässigen Dienstzeiten, Flugdienstzeiten, Blockzeiten und Ruhezeiten

(1) Der Luftfahrtunternehmer hat für alle Besatzungsmitglieder höchstzulässige Dienstzeiten, Flugdienstzeiten und Blockzeiten sowie angemessene Ruhezeiten festzulegen, die den Vorschriften dieser Verordnung entsprechen. Sie bedürfen der Anerkennung durch die nach § 61 der Luftverkehrs-Zulassungs-Ordnung zuständige Stelle.

(2) Der Luftfahrtunternehmer hat die Beziehung zwischen der Häufigkeit und der Länge und Abfolge von Flugdienstzeiten und Ruhezeiten zu beachten und die kumulativen Auswirkungen von langen Dienstzeiten, die nur von Mindestruhezeiten unterbrochen werden, angemessen zu berücksichtigen.

(3) Der Luftfahrtunternehmer hat die Dienste so zu planen, dass unerwünschte Praktiken wie abwechselnder Tag- und Nachtdienst oder die Positionierung von Besatzungsmitgliedern in einer Weise, die zu einer ernsthaften Störung etablierter Schlaf- und Arbeitszyklen führt, vermieden werden.

(4) Der Luftfahrtunternehmer hat sicherzustellen, dass die Ruhezeiten den Besatzungsmitgliedern ausreichend Zeit geben, sich von den Auswirkungen des vorangegangenen Dienstes zu erholen und zu Beginn der darauf folgenden Flugdienstzeit gut ausgeruht zu sein.

(5) Der Luftfahrtunternehmer hat sicherzustellen, dass die Flugdienstzeiten so geplant werden, dass die Besatzungsmitglieder ausreichend ermüdungsfrei bleiben können, um ihren Dienst unter allen Umständen mit befriedigendem Sicherheitsniveau ausüben zu können.

§ 4 Führung von Aufzeichnungen

(1) Der Unternehmer hat fortlaufende Aufzeichnungen über die Dienstzeiten, Flugdienstzeiten, einschließlich der Blockzeiten, und Ruhezeiten der Besatzungsmitglieder in übersichtlicher und prüfbarer Form zu führen. Die Aufzeichnungen sind mindestens 15 Monate aufzubewahren. Fortlaufende Aufzeichnungen über andere Zeiten als Flugdienst- und Ruhezeiten können als Aufzeichnungen nach Satz 1 zugelassen werden, wenn anhand der darin aufgeführten Zeiten eine Prüfung der nach dieser Verordnung zulässigen

Flugdienst- und Ruhezeiten möglich ist. Die Aufsichtsbehörde kann auf die Aufzeichnung von Ruhezeiten verzichten, wenn sich aus den fortlaufenden Aufzeichnungen der Flugdienstzeiten und dem nachweislichen Fehlen jeglicher anderer Dienstleistungen außer Flugdienst die Ruhezeiten zweifelsfrei ergeben.

(2) Überschreitungen der nach dieser Verordnung zulässigen Zeiten sind in den Aufzeichnungen deutlich zu kennzeichnen oder auf einem gesonderten Formblatt anzugeben.

(3) Wird ein Besatzungsmitglied von mehreren Unternehmern beschäftigt, haben diese einen Unternehmer für die Aufzeichnung sämtlicher Zeiten zu bestimmen. Die Aufsichtsbehörde kann einen Unternehmer dazu bestimmen.

Abschnitt 3
Dienstzeiten und Ortstage

§ 5 Dienstzeiten

(1) Der Luftfahrtunternehmer benennt gegenüber dem Besatzungsmitglied einen Ort als Heimatbasis, an dem das Besatzungsmitglied regelmäßig eine Dienstzeit oder eine Abfolge von Dienstzeiten beginnt und beendet und an dem der Luftfahrtunternehmer in der Regel nicht für die Unterbringung des betreffenden Besatzungsmitglieds verantwortlich ist.

(2) Die höchstzulässige kalenderjährliche Dienstzeit beträgt 2 000 Stunden. Bei nicht ganzjähriger Beschäftigung ist die höchstzulässige Dienstzeit anteilig zu kürzen. Im Übrigen soll sie möglichst gleichmäßig über das Jahr verteilt werden.

(3) Absatz 2 gilt nicht für Selbstständige.

§ 6 Ortstage

(1) Unbeschadet des gesetzlichen Jahresurlaubs erhalten die Besatzungsmitglieder Ortstage, die im Voraus bekanntzugeben sind. Die Ortstage können die vorgeschriebenen Ruhezeiten beinhalten. An Ortstagen darf kein Dienst und keine Bereitschaft angeordnet werden.

(2) Je Kalendermonat sind mindestens sieben Ortstage, je Kalenderjahr mindestens 96 Ortstage zu gewähren. Der Anspruch auf 96 Ortstage im Kalenderjahr besteht über den gesetzlich geregelten Jahresurlaub hinaus. Bei Urlaub, Krankheit oder Teilzeitbeschäftigung kann die Anzahl der Ortstage anteilig gekürzt werden.

(3) Die Absätze 1 und 2 gelten nicht für Selbstständige.

Abschnitt 4
Flugdienstzeit

§ 7 Zusammensetzung der Flugdienstzeit

(1) Die Flugdienstzeit umfasst
1. die Zeiten für Vorarbeiten vom angeordneten Antritt des Flugdienstes bis zum Beginn der Blockzeit, mindestens jedoch eine halbe Stunde,
2. die Blockzeit,
3. mindestens 15 Minuten für Abschlussarbeiten nach dem Ende der Blockzeit,
4. die auf Anordnung im Flugübungsgerät verbrachte Zeit einschließlich der Zeiten für Vor- und Abschlussarbeiten nach den Nummern 1 und 3,
5. die Zeit, die nach § 13 und § 14 als Flugdienstzeit anzurechnen ist.

(2) Überschreiten die tatsächlichen Zeiten die bei der Planung des Flugdienstes eingesetzten Zeiten, so sind die tatsächlichen Zeiten zur Ermittlung der Flugdienstzeit in Ansatz zu bringen.

(3) Wird der geplante Beginn der Flugdienstzeit kurzfristig neu festgesetzt, gilt der geänderte Zeitpunkt als geplanter Beginn der Flugdienstzeit, wenn das Besatzungsmitglied rechtzeitig vor Antritt des zunächst geplanten Flugdienstes von der Änderung in Kenntnis gesetzt wurde.

§ 8 Zulässige Flugdienstzeiten der Besatzungsmitglieder

(1) Die uneingeschränkte Flugdienstzeit jedes Besatzungsmitgliedes zwischen zwei Ruhezeiten beträgt zehn Stunden.

(2) Innerhalb von sieben aufeinanderfolgenden Tagen ist eine viermalige Verlängerung der Flugdienstzeit nach Absatz 1 bis zu vier Stunden zulässig, wobei die Summe dieser Verlängerungen acht Stunden nicht überschreiten darf. Der Zeitraum von sieben aufeinanderfolgenden Tagen beginnt jeweils um 0 Uhr Ortszeit der Heimatbasis des ersten und endet um 24 Uhr Ortszeit der Heimatbasis des siebten Tages.

(3) Bei einem Luftfahrzeugführer, der während der Flugdienstzeit nach Absatz 1 ganz oder teilweise ohne Unterstützung durch ein weiteres Flugbesatzungsmitglied als Luftfahrzeugführer tätig wird, findet Absatz 2 keine Anwendung.

(4) Beginnt die Flugdienstzeit im Tagesrhythmus-Tief, werden von der nach Absatz 2 höchstzulässigen Zeitverlängerung von vier Stunden 100 Prozent der Überschneidung, höchstens jedoch zwei Stunden, abgezogen.

(5) Endet die Flugdienstzeit im Tagesrhythmus-Tief oder umfasst sie es ganz, werden von der nach Absatz 2 höchstzulässigen Zeitverlängerung von vier Stunden 50 Prozent der Überschneidung abgezogen.

(6) Eine nach den Absätzen 4 oder 5 verringerte Zeitverlängerung ist

1. bei mehr als drei, jedoch weniger als sechs Landungen um eine weitere Stunde,
2. bei mehr als fünf Landungen um weitere zwei Stunden

zu kürzen.

(7) Beginnt eine verlängerte Flugdienstzeit in der Zeit von 22 Uhr bis 5 Uhr Ortszeit des Startflugplatzes, hat der Luftfahrtunternehmer die Flugdienstzeit auf elf Stunden und 45 Minuten zu begrenzen.

(8) Die Flugdienstzeiten dürfen innerhalb 30 aufeinanderfolgender Tage 210 Stunden, innerhalb eines Kalenderjahres 1 800 Stunden nicht überschreiten.

§ 9 Verlängerung der Flugdienstzeit bei verstärkter Besatzung

Die Aufsichtsbehörde kann auf schriftlichen Antrag eine zweimalige Verlängerung der Flugdienstzeit nach § 8 Absatz 1 bis zu einer höchstzulässigen Flugdienstzeit von 18 Stunden innerhalb jeweils sieben aufeinanderfolgender Tage zulassen, wenn die vorgeschriebene Mindestflugbesatzung verstärkt wird und Schlafgelegenheiten in einem von dem Führerraum und der Kabine abgetrennten Raum oder eine andere gleichwertige Unterbringung vorhanden sind. Jedes Flugbesatzungsmitglied darf hierbei nicht länger als zwölf Stunden ein Luftfahrzeug führen und bedienen. Für die Flugbegleiter sind angemessene Arbeitspausen während des Fluges vorzusehen. Für diesen Zweck sind Ruhesitze vorzuhalten. Im Übrigen gilt § 18 Absatz 3 und 4 entsprechend.

§ 10 Unterbrochene Flugdienstzeit

(1) Wird die Flugdienstzeit nach § 8 Absatz 1 bis 7 planmäßig durch eine Pause am Boden von mindestens drei Stunden unterbrochen und steht dem Besatzungsmitglied während der Pause in unmittelbarer Nähe des Flugplatzes ein ruhig gelegener Raum mit Schlafgelegenheit zur Verfügung, darf die zusammenhängende Dienstzeit auf bis zu 18 Stunden verlängert werden.

(2) Sofern in den Fällen des Absatzes 1 die Dienstzeiten die höchstzulässigen täglichen Flugdienstzeiten nach § 8 Absatz 1 bis 7 überschreiten, gelten folgende Maßgaben:
1. Jedes Flugbesatzungsmitglied darf nicht länger als zehn Stunden ein Luftfahrzeug führen und bedienen.
2. Innerhalb des Flugdienstes dürfen nicht mehr als zwei Landungen nach der Pause geplant werden.
3. Innerhalb jeweils sieben aufeinanderfolgender Tage dürfen nicht mehr als zwei Flugdienste nach Absatz 2 geleistet werden.
4. Flugdienste nach Absatz 2 und § 9 dürfen nicht innerhalb von sieben aufeinanderfolgenden Tagen geleistet werden.

2. DV LuftBO

(3) Können bei einem Flugdienst mit Unterbrechung die Voraussetzungen nach § 15 Absatz 1 nicht eingehalten werden, ist eine Ruhezeit von mindestens zwölf Stunden unmittelbar nach Beendigung des Flugdienstes zu gewähren.

§ 11 Vorzeitige Beendigung

Ist aufgrund besonderer Umstände bei den Besatzungsmitgliedern eine vorzeitige Ermüdung in einem Maße eingetreten, die nach Anhörung der Betroffenen Zweifel an der weiteren sicheren Durchführung des Fluges rechtfertigt, hat der verantwortliche Luftfahrzeugführer für eine vorzeitige Beendigung des Flugdienstes der Besatzungsmitglieder zu sorgen.

Abschnitt 5
Blockzeit, Positionierung, Bereitschaftszeit

§ 12   Blockzeit

Die Blockzeiten jedes Besatzungsmitgliedes dürfen 900 Stunden während eines Kalenderjahres nicht überschreiten.

§ 13   Positionierung

Die für die Positionierung aufgewendete Zeit gilt als Dienstzeit. Die Positionierung nach dem Ende der Ruhezeit, aber vor dem Dienst an Bord gilt als Teil der Flugdienstzeit, wird aber nicht als Flugabschnitt gezählt.

§ 14   Bereitschaftszeit

(1) Bereitschaftszeit ist als Flugdienstzeit anzurechnen, wenn Bereitschaftszeit und Flugdienstzeit nicht durch eine Ruhezeit nach § 15 unterbrochen werden und
1. entweder dem Besatzungsmitglied während der Bereitschaftszeit kein ruhig gelegener Raum mit Schlafgelegenheit zur Verfügung steht,
2. oder dem Besatzungsmitglied während der Bereitschaftszeit ein ruhig gelegener Raum mit Schlafgelegenheit zur Verfügung steht, die Bereitschaftszeit jedoch weniger als zwei Stunden beträgt, es sei denn, die Bereitschaftszeit wird im Anschluss an eine Ruhezeit abgeleistet.

(2) Steht dem Besatzungsmitglied ein ruhig gelegener Raum mit Schlafgelegenheit zur Verfügung, kann die Bereitschaftszeit als Pause gewertet werden.

(3) Bereitschaftszeit im Anschluss an eine Ruhezeit, in der das Besatzungsmitglied in der eigenen Wohnung oder einer entsprechenden Unterkunft an einem nicht durch den Unternehmer bestimmten Ort Gelegenheit zum Schlaf hat, kann vom Unternehmer als Ruhezeit angerechnet werden. Gleiches gilt für eine entsprechende Bereitschaftszeit vor einer Ruhezeit.

Abschnitt 6
Ruhezeit

§ 15   Ruhezeiten der Besatzungsmitglieder

(1) Innerhalb einer 24-Stunden-Periode ist jedem Besatzungsmitglied eine Ruhezeit von mindestens zehn Stunden zu gewähren. Eine 24-Stunden-Periode beginnt zu dem Zeitpunkt, an dem eine Ruhezeit endet. Die Ruhezeit ist bei einer nach § 9, § 10 oder § 18 Absatz 1 verlängerten Flugdienstzeit von mehr als 14 Stunden unmittelbar nach Beendigung des Flugdienstes zu gewähren. Eine Beförderung des Besatzungsmitgliedes vom Einsatzort an seine Heimatbasis ohne Anrechnung auf die Ruhezeit ist zulässig.

(2) Die Mindestruhezeit ist nach einem nach § 8 Absatz 2 bis 7, § 9, § 10 oder § 18 Absatz 1 verlängerten Flugdienst von mehr als elf Stunden auf zwölf Stunden, von mehr als zwölf Stunden auf 14 Stunden, von mehr als 14 Stunden auf 16 Stunden und von mehr als 16 Stunden auf 18 Stunden zu erhöhen.

(3) Der Luftfahrtunternehmer hat sicherzustellen, dass die Mindestruhezeit nach Absatz 1 und 2 regelmäßig auf eine wöchentliche Ruhezeit in Form eines 36-Stunden-Zeitraums einschließlich zweier Ortsnächte in der Weise ausgedehnt wird, dass zwischen dem Ende einer wöchentlichen Ruhezeit und dem Beginn der nächsten nicht mehr als 168 Stunden liegen. Bei Vorliegen eines wichtigen Grundes kann die Aufsichtsbehörde abweichend von Satz 1 festlegen, dass die zweite dieser Ortsnächte um 20 Uhr beginnen kann, wenn die wöchentliche Ruhezeit eine Dauer von mindestens 40 Stunden hat.

(4) Bei Mindestruhezeiten außerhalb der Heimatbasis muss der Luftfahrtunternehmer dafür sorgen, dass die Möglichkeit von acht Stunden Schlaf gewährt wird, wobei die Reisezeit und andere physiologische Bedürfnisse zu berücksichtigen sind. Der Unternehmer hat an den Orten außerhalb der Heimatbasis, an denen den Besatzungsmitgliedern eine Ruhezeit zu gewähren ist, für die Bereitstellung ruhig gelegener Räume mit Schlafgelegenheit zu sorgen.

(5) Der Unternehmer hat die Besatzungsmitglieder schriftlich oder elektronisch anzuweisen, während der Ruhezeit Tätigkeiten zu unterlassen, die dem Zweck der Ruhezeit entgegenstehen.

2. DV LuftBO

§ 16 Ruhezeit – Berücksichtigung von Zeitzonenunterschieden

Besteht zwischen dem Ort des Antritts des Flugdienstes und dem Ort der Beendigung des Flugdienstes (Einsatzort) ein Zeitzonenunterschied von vier oder mehr Zeitzonen, erhöht sich die Mindestruhezeit auf 14 Stunden, sofern nicht nach § 15 Absatz 2 ein höherer Wert gilt. Sobald nach Flugdiensten nach Satz 1 die Zeitzone der Heimatbasis erreicht wird, ist nach dem ersten planmäßigen Ende der Flugdienstzeit eine Ruhezeit nach Maßgabe der Sätze 4 und 5 zu gewähren. Ein einzelner Flugabschnitt innerhalb der Zeitzone der Heimatbasis zur Heimatbasis oder eine Positionierung zur Heimatbasis darf dabei vor Gewährung dieser Ruhezeit stattfinden. Die Ruhezeit ist durch Multiplikation der Zahl Acht mit dem Zeitzonenunterschied, der zwischen der Heimatbasis und dem Einsatzort mit dem größten Zeitzonenunterschied zur Heimatbasis besteht, zu errechnen. Ein Zeitzonenunterschied von mehr als zwölf Zeitzonen ist nicht zu berücksichtigen. Für die Ermittlung des Zeitzonenunterschiedes ist die Winterzeit der jeweiligen Einsatzorte zugrunde zu legen. Die Sätze 2 bis 5 gelten nach einer Rückkehr zur Heimatbasis als nicht diensttuendes Besatzungsmitglied entsprechend.

§ 17 Zeitüberschreitungen, Verkürzung von Ruhezeiten

(1) Können aus unvorhersehbaren Gründen die Zeiten nach den §§ 8, 9, 10, 15 und 16 nicht eingehalten werden, entscheidet der verantwortliche Luftfahrzeugführer unter Abwägung aller Umstände und nach Anhörung der betroffenen Besatzungsmitglieder über die Durchführung des Fluges. Treten beim letzten Flugsektor innerhalb einer Flugdienstzeit nach dem Start unvorhergesehene Umstände auf, die zu einer Überschreitung der zulässigen Verlängerung führen, kann der Flug zum Bestimmungsflugplatz oder zu einem Ausweichflugplatz fortgesetzt werden.

(2) Bei einer Zeitüberschreitung nach Absatz 1 darf die gesamte Zeit zwischen dem Ende der vorausgegangenen Ruhezeit und dem Beginn der nachfolgenden Ruhezeit 16 Stunden, bei einem nach § 9 verlängerten Flugdienst sowie bei einem nach § 10 unterbrochenen Flugdienst 20 Stunden nicht überschreiten. Besteht die Flugbesatzung aus weniger als drei Mitgliedern, so darf die bei Flugantritt absehbare Überschreitung der zulässigen Flugdienstzeit nicht mehr als zwei Stunden betragen.

(3) Eine Verkürzung der Ruhezeiten ist nur zulässig, wenn dies zur Einhaltung des nächsten geplanten Beginns der Flugdienstzeit erforderlich ist. Die Ruhezeit darf höchstens um zwei Stunden verkürzt werden. Die Mindestruhezeit von zehn Stunden nach § 15 Absatz 1 bleibt unberührt.

(4) Der Kommandant hat die Gründe für seine Entscheidung schriftlich aufzuzeichnen. Eine Zeitüberschreitung oder eine Verkürzung der Ruhezeit von jeweils mehr als einer Stunde hat der Unternehmer der Aufsichtsbe-

hörde innerhalb von 30 Tagen, unter Angabe der Gründe, schriftlich anzuzeigen. Die Aufzeichnungen sind vom Unternehmer mindestens drei Monate lang aufzubewahren.

Abschnitt 7
Ausnahmeregelungen

§ 18 Verlängerung der Flugdienstzeit und Verkürzung der Ruhezeit in besonderen Fällen

(1) Die Aufsichtsbehörde kann auf schriftlichen Antrag Abweichungen von den Vorschriften der §§ 8, 9, 10, 15 und 16 zulassen, wenn wichtige Gründe für die Verlängerung der Flugdienstzeit oder für die Verkürzung der Ruhezeit vorliegen. Die höchstzulässigen Flugdienstzeiten können höchstens um zwei Stunden verlängert werden. Die Mindestruhezeiten können höchstens um zwei Stunden verkürzt werden.

(2) Wichtige Gründe für die Verlängerung der Flugdienstzeit oder für die Verkürzung der Ruhezeit können insbesondere sein:
1. Undurchführbarkeit eines Fluges auf Grund der vorgeschriebenen Flugdienst- und Ruhezeiten und mangels geeigneter Flugplätze für Zwischenlandungen,
2. nachteilige Auswirkungen auf die Gesamtbelastung der Besatzungsmitglieder bei Einhaltung der vorgeschriebenen Flugdienst- und Ruhezeiten,
3. unverhältnismäßig hoher Mehraufwand für bestimmte Flüge bei Einhaltung der vorgeschriebenen Flugdienst- und Ruhezeiten.

(3) Verlängerungen der Flugdienstzeiten oder Verkürzungen der Ruhezeiten nach Absatz 1 sind nur zulässig, wenn die erhöhte Belastung der Besatzung ausgeglichen wird und eine Gefahr für die Sicherheit des Luftverkehrs ausgeschlossen ist.

(4) Bei Prüfung des Antrags werden berücksichtigt:
1. die Betriebsausrüstung und deren Zustand der verwendeten Luftfahrzeuge,
2. die Zusammensetzung der Besatzung und deren Flug-, Strecken- und Luftfahrzeugmustererfahrung,
3. die Anzahl von Zwischenlandungen,
4. sonstige die Belastung der Besatzung beeinflussende Faktoren.

(5) Die Abweichungen können im Einzelfall oder allgemein zugelassen, mit Auflagen verbunden und befristet werden.

2. DV LuftBO

§ 19 Ausnahmen für besondere Flüge

(1) Die Aufsichtsbehörde kann für Flüge zum Zwecke der Forschung, für Arbeits- und Wettbewerbsflüge Ausnahmen von den Vorschriften dieser Verordnung zulassen, wenn:
1. bei Einhaltung der Vorschriften der Zweck der Forschungs-, Arbeits- oder Wettbewerbsflüge gefährdet ist,
2. die Ausnahmen auf Flüge ohne die Beförderung von Personen, bei Arbeits- und Wettbewerbsflügen zusätzlich auf Flüge nach Sichtflugregeln beschränkt bleiben,
3. eine Gefahr für die öffentliche Sicherheit und Ordnung ausgeschlossen ist.

(2) Die Ausnahmen können im Einzelfall oder allgemein zugelassen, mit Auflagen verbunden und befristet werden.

§ 20 Abweichungen bei besonderen Belastungen

Treten besondere Belastungen auf, insbesondere wegen
1. der Betriebsausrüstung und deren Zustand oder der Betriebseigenschaften der verwendeten Luftfahrzeuge,
2. des Einsatzes von Besatzungsmitgliedern mit geringer Flug-, Strecken- oder Luftfahrzeugmustererfahrung,
3. erschwerter Flugdurchführung insbesondere auf Strecken mit fehlenden oder unzureichenden Navigationshilfen, hoher Luftverkehrsdichte oder häufigem Schlechtwetter,
4. der Verwendung neuer Luftfahrzeugmuster,
5. der Anzahl von Zwischenlandungen,

kann die Aufsichtsbehörde im Rahmen der Anerkennung der vom Unternehmer festzulegenden höchstzulässigen Flugdienstzeiten und angemessenen Ruhezeiten geringere Flugdienstzeiten oder längere Ruhezeiten für die Besatzungsmitglieder festlegen, soweit dies aus Gründen der Sicherheit des Luftverkehrs erforderlich ist.

Abschnitt 8
Abweichende Regelungen für Besatzungsmitglieder, die in Hubschraubern des Rettungsdienstes eingesetzt werden

§ 21 Begrenzung der Flugdienstzeiten im Hubschrauberrettungsdienst

(1) Auf Antrag kann die Aufsichtsbehörde für Besatzungsmitglieder, die in Hubschraubern des Rettungsdienstes eingesetzt werden, nach Maßgabe der folgenden Absätze Abweichungen von § 2 Absatz 9 und den §§ 8, 10, 12 bis 15 und 17 genehmigen. Diese Regelungen gelten nur für Flüge im Rettungsdienst und zur Sicherstellung des Rettungsdienstes.

(2) Die Blockzeiten für Besatzungen, die im Rettungsdienst eingesetzt werden, dürfen in Abweichung von § 12 600 Stunden innerhalb 365 aufeinanderfolgender Tage nicht übersteigen.

(3) Der Flugdienst darf abweichend von § 8 Absatz 2 bis 7 zwischen zwei Ruhezeiten nicht mehr als zehn Stunden Flugdienstzeit betragen.

(4) Flugdienstzeit und Bereitschaftszeit nach Absatz 6 dürfen zwischen zwei Ruhezeiten in Abweichung von § 10 nicht mehr als 15 Stunden und 30 Minuten betragen.

(5) Die Flugdienstzeiten dürfen in Abweichung zu § 8 Absatz 8 innerhalb 30 aufeinanderfolgender Tage 210 Stunden, innerhalb von zwölf aufeinanderfolgender Monate 1 800 Stunden nicht überschreiten.

(6) Bereitschaftszeit ist die Zeit, in der sich Besatzungsmitglieder an der Luftrettungsbasis zum Flugdienst bereithält. Steht dem Besatzungsmitglied ein ruhig gelegener Raum mit Schlafgelegenheit zur Verfügung, kann die Bereitschaftszeit als Pause gewertet werden. Bereitschaftszeiten von weniger als einer Stunde Dauer zwischen zwei Einsätzen sind in Abweichung zu § 14 Absatz 2 Satz 2 dabei als Flugdienstzeit anzurechnen. Bereitschaftszeit, in der dem Besatzungsmitglied kein ruhig gelegener Raum mit Schlafgelegenheit zur Verfügung steht, ist voll als Flugdienstzeit anzurechnen.

(7) Ist aufgrund besonderer Umstände eine vorzeitige sicherheitsgefährdende Ermüdung eines Besatzungsmitglieds eingetreten, hat der Hubschrauberführer über eine vorzeitige Beendigung des Bereitschaftsdienstes zu entscheiden.

(8) Wird die höchstzulässige Flugdienstzeit nach Absatz 3 erreicht, entscheidet der Hubschrauberführer unter Abwägung der Umstände über eine Verlängerung der Flugdienstzeit. Die Verlängerung der Flugdienstzeit darf in Abweichung zu § 17 zwei Stunden nicht überschreiten.

(9) Nach einer auf Grund von Absatz 8 verlängerten Flugdienstzeit von mehr als elf Stunden ist eine Ruhezeit von mindestens zwölf Stunden zu gewähren.

2. DV LuftBO

§ 22 Dienstperioden und Ruhezeiten im Hubschrauberrettungsdienst

(1) Sofern die Aufsichtsbehörde abweichende Flugdienstzeiten nach § 21 genehmigt hat, kann sie für diese Besatzungsmitglieder nach Maßgabe der folgenden Absätze Abweichungen von § 2 Absatz 8 und den §§ 13 und 15 genehmigen. Diese Regelungen gelten nur für Flüge im Rettungsdienst und zur Sicherstellung des Rettungsdienstes.

(2) Eine Dienstperiode umfasst mindestens zwei und höchstens acht Tage, an denen Luftrettungsdienst geleistet wird. Eine Dienstperiode, die eine Ruhezeit von weniger als zehn Stunden innerhalb von 24 Stunden enthält, darf höchstens vier Tage betragen. Die Blockzeit innerhalb von acht Tagen darf nicht mehr als 40 Stunden betragen.

(3) Die Ruhezeit darf in Abweichung zu § 2 Absatz 8 und § 15 während der gesetzlichen Sommerzeit bis zu drei Mal innerhalb vier aufeinanderfolgender Tage auf acht Stunden und 30 Minuten innerhalb 24 Stunden verkürzt werden. Von dieser Ruhezeit müssen mindestens acht Stunden, die den Zeitraum zwischen 0 Uhr Ortszeit und 5 Uhr Ortszeit einschließen, in einem ruhig gelegenen Raum mit Schlafgelegenheit in der Nähe des Einsatzortes verbracht werden können.

(4) Vor jeder Dienstperiode muss jedes Besatzungsmitglied eine zusammenhängende Ruhezeit von 24 Stunden eingehalten haben. Diese Ruhezeit darf in Abweichung zu § 13 die Positionierung zu einer anderen Luftrettungsbasis als der Regelluftrettungsbasis enthalten, sofern eine Ruhezeit von mindestens zehn Stunden vor Antritt des Flugdienstes gewährleistet wird. Andernfalls ist die für die Positionierung aufgewendete Zeit voll als Flugdienstzeit anzurechnen.

(5) Nach jeder Dienstperiode ist dem Besatzungsmitglied eine zusammenhängende Ruhezeit von 48 Stunden zu gewähren. In Ausnahmefällen darf der Flugbetriebsleiter die zusammenhängende Ruhezeit auf 36 Stunden mit zwei Nächten verkürzen. Sofern die Dienstperiode kürzer als drei Tage ist, verkürzt sich die Ruhezeit nach der Dienstperiode auf 24 Stunden.

(6) Notwendige Überprüfungsflüge können Teil einer Dienstperiode sein.

Abschnitt 9
Schlussvorschriften

§ 23 Übergangsregelungen

Für einen Zeitraum von sechs Monaten nach Inkrafttreten der Verordnung kann die Aufsichtsbehörde einem Unternehmer auf Antrag Ausnahmen von § 8 Absatz 3 bis 7, § 13 und § 15 genehmigen, sofern dies zur Durchführung von Diensten oder Flügen erforderlich ist, die vor Inkrafttreten der Verordnung geplant worden sind. Eine Genehmigung darf nur erteilt werden, wenn eine erhöhte Belastung der Besatzung ausgeglichen wird und eine Gefahr für die Sicherheit des Luftverkehrs ausgeschlossen ist. Bei der Prüfung des Antrags sind die Maßgaben von § 18 Absatz 4 entsprechend zu berücksichtigen.

§ 24 Inkrafttreten, Außerkrafttreten

Diese Verordnung tritt am Tag nach der Verkündung in Kraft.

Verordnung über die Arbeitszeit in der Binnenschifffahrt (Binnenschifffahrts-Arbeitszeitverordnung – BinSchArbZV)

vom 19. Juli 2017 (BGBl. I S. 2659)

Eingangsformel

Auf Grund des § 21 Absatz 1 des Arbeitszeitgesetzes, der durch Artikel 12a Nummer 1 des Gesetzes vom 11. November 2016 (BGBl. I S. 2500) neu gefasst worden ist, verordnet die Bundesregierung:

§ 1 Geltungsbereich

(1) Diese Verordnung gilt für Arbeitnehmer und Arbeitnehmerinnen, die als Mitglied der Besatzung oder des Bordpersonals an Bord eines Fahrzeugs beschäftigt sind, das in der Bundesrepublik Deutschland in der gewerblichen Binnenschifffahrt betrieben wird. Arbeitnehmer und Arbeitnehmerinnen im Sinne dieser Verordnung sind auch die zu ihrer Berufsbildung Beschäftigten sowie Schiffsführer und Schiffsführerinnen, die keine Binnenschifffahrtsunternehmer und -unternehmerinnen nach § 3 Nummer 3 sind.
(2) Die Sozialpartner können vereinbaren, mobile Arbeitnehmer und Arbeitnehmerinnen, deren Arbeitsbedingungen durch Tarifverträge geregelt sind und die an Bord eines Fahrzeugs beschäftigt sind, das in der Bundesrepublik Deutschland außerhalb der gewerblichen Binnenschifffahrt betrieben wird, in den Geltungsbereich dieser Verordnung einzubeziehen. Dies gilt nur, soweit die Bestimmungen dieser Verordnung für die mobilen Arbeitnehmer und Arbeitnehmerinnen günstiger sind.

§ 2 Anwendung des Arbeitszeitgesetzes

Für die Beschäftigung von Arbeitnehmern und Arbeitnehmerinnen im Sinne des § 1 ist das Arbeitszeitgesetz anzuwenden, soweit im Folgenden nichts anderes geregelt ist.

§ 3 Begriffsbestimmungen

Im Sinne dieser Verordnung ist
1. »Fahrzeug« ein Schiff oder ein schwimmendes Gerät,
2. »Fahrgastschiff« ein zur Beförderung von mehr als zwölf Fahrgästen gebautes und eingerichtetes Tagesausflugs- oder Kabinenschiff,
3. »Binnenschifffahrtsunternehmer« oder »Binnenschifffahrtsunternehmerin« eine Person, die weisungsunabhängig und auf eigene Rechnung zu Erwerbszwecken ein Fahrzeug betreibt,
4. »Dienstplan« die im Voraus vom Arbeitgeber dem Arbeitnehmer oder der Arbeitnehmerin bekanntgegebene Planung von Arbeits- und Ruhetagen,
5. »Arbeitszeit« die Zeit, während der ein Arbeitnehmer oder eine Arbeitnehmerin auf Weisung des Arbeitgebers oder seines Vertreters Arbeit auf, am und für das Fahrzeug ausübt, zur Arbeit eingeteilt ist oder sich zur Arbeit bereithalten (Bereitschaftszeit) muss,
6. »Ruhezeit« die Zeit außerhalb der Arbeitszeit, unabhängig davon ob sie auf dem fahrenden Fahrzeug, auf dem stillliegenden Fahrzeug oder an Land verbracht wird, wobei Zeiten bis zu 15 Minuten nicht als Ruhezeiten gelten,
7. »Ruhetag« eine ununterbrochene Ruhezeit von 24 Stunden, die der Arbeitnehmer oder die Arbeitnehmerin an einem frei gewählten Ort verbringt,
8. »Nachtzeit« die Zeit zwischen 23 Uhr und 6 Uhr,
9. »Nachtarbeitnehmer« oder »Nachtarbeitnehmerin« ein Arbeitnehmer oder eine Arbeitnehmerin, der oder die während der Nachtzeit
   a) normalerweise mindestens drei Stunden seiner oder ihrer täglichen Arbeitszeit leistet oder
   b) mindestens 20 Prozent seiner oder ihrer jährlichen Arbeitszeit leistet,
10. »Bordpersonal« die Gesamtheit aller Beschäftigten an Bord eines Fahrgastschiffes, die nicht zur Besatzung (nautisches Personal) gehören,
11. »mobiler Arbeitnehmer« oder »mobile Arbeitnehmerin« jeder Arbeitnehmer und jede Arbeitnehmerin, der oder die als Mitglied des fahrenden Personals im Dienst eines Unternehmens beschäftigt ist, das Personen oder Güter in der Binnenschifffahrt befördert,
12. »Saison« ein Zeitraum von höchstens neun aufeinander folgenden Monaten innerhalb von zwölf Monaten, in dem Tätigkeiten aufgrund äußerer Umstände, insbesondere wegen Witterungsverhältnissen oder touristischer Nachfrage, an bestimmte Zeiten des Jahres gebunden sind.

BinSchArbZV

§ 4 Arbeitszeit

(1) Der Arbeitgeber darf einen Arbeitnehmer oder eine Arbeitnehmerin abweichend von den §§ 3, 6 Absatz 2 und § 11 Absatz 2 des Arbeitszeitgesetzes länger als acht Stunden täglich beschäftigen, wenn die Arbeitszeit in jedem Zeitraum von zwölf Monaten (Bezugszeitraum) eine durchschnittliche wöchentliche Arbeitszeit von 48 Stunden nicht überschreitet. Für Arbeitsverhältnisse, deren Dauer kürzer ist als der Bezugszeitraum, hat der Arbeitszeitausgleich auf eine durchschnittliche wöchentliche Arbeitszeit von 48 Stunden innerhalb des Beschäftigungszeitraums zu erfolgen. Bei der Berechnung des Durchschnitts bleiben die gewährten Zeiten des bezahlten Jahresurlaubs, die gesetzlichen Feiertage sowie die Krankheitszeiten unberücksichtigt.

(2) Wird die tägliche Arbeitszeit nach Absatz 1 verlängert, darf die Arbeitszeit
1. 14 Stunden in jedem Zeitraum von 24 Stunden und
2. 84 Stunden in jedem Zeitraum von sieben Tagen

nicht überschreiten. Wenn es in einem Zeitraum von vier Monaten mehr Arbeits- als Ruhetage gibt, darf die Arbeitszeit eine durchschnittliche wöchentliche Arbeitszeit von 72 Stunden nicht überschreiten.

(3) Die Arbeitszeit während der Nachtzeit darf abweichend von § 6 Absatz 2 und § 11 Absatz 2 des Arbeitszeitgesetzes 42 Stunden in jedem Zeitraum von sieben Tagen nicht überschreiten.

§ 5 Ruhepausen

(1) Der Arbeitgeber hat dem Arbeitnehmer oder der Arbeitnehmerin im Voraus feststehende Ruhepausen zur Unterbrechung der Arbeitszeit zu gewähren, die abweichend von § 4 Satz 1 des Arbeitszeitgesetzes mindestens
1. 30 Minuten bei einer täglichen Arbeitszeit von mehr als sechs Stunden,
2. 45 Minuten bei einer täglichen Arbeitszeit von mehr als neun Stunden und
3. 60 Minuten bei einer täglichen Arbeitszeit von mehr als elf Stunden

betragen. Spätestens nach einer ununterbrochenen Arbeitszeit von sechs Stunden hat der Arbeitgeber dem Arbeitnehmer oder der Arbeitnehmerin eine Ruhepause zu gewähren.

(2) Die Ruhepausen können in Zeitabschnitte von jeweils mindestens 15 Minuten aufgeteilt werden.

§ 6 Ruhezeiten

(1) Der Arbeitgeber hat dem Arbeitnehmer oder der Arbeitnehmerin regelmäßige, ausreichend lange und ununterbrochene Ruhezeiten nach Maßgabe

des folgenden Absatzes zu gewähren, damit sichergestellt ist, dass der Arbeitnehmer und die Arbeitnehmerin nicht wegen Übermüdung sich selbst, Kollegen oder sonstige Personen verletzen und weder kurzfristig noch langfristig ihre Gesundheit schädigen.

(2) Die Ruhezeiten betragen abweichend von den §§ 5 und 11 Absatz 2 des Arbeitszeitgesetzes mindestens:

1. zehn Stunden in jedem Zeitraum von 24 Stunden, wovon mindestens sechs Stunden ununterbrochen sein müssen, und
2. 84 Stunden in jedem Zeitraum von sieben Tagen.

(3) Sofern Unterschiede hinsichtlich der Ruhezeiten zwischen dieser Verordnung und nationalen oder internationalen Vorschriften zur Sicherheit des Schiffsverkehrs bestehen, hat diejenige Bestimmung zur Ruhezeit Vorrang, die den Arbeitnehmern und Arbeitnehmerinnen ein höheres Maß an Gesundheitsschutz und Sicherheit gewährt.

§ 7 Arbeits- und Ruhetage

(1) Der Arbeitgeber darf einen Arbeitnehmer oder eine Arbeitnehmerin abweichend von § 9 Absatz 1 und § 11 Absatz 3 des Arbeitszeitgesetzes an höchstens 31 aufeinanderfolgenden Arbeitstagen beschäftigen.

(2) Nach mehreren aufeinanderfolgenden Arbeitstagen hat der Arbeitgeber dem Arbeitnehmer oder der Arbeitnehmerin eine Mindestanzahl aufeinanderfolgender Ruhetage nach Maßgabe der Absätze 3 bis 5 zu gewähren.

(3) Enthält der Dienstplan mehr Arbeits- als Ruhetage, bestimmt sich die Mindestanzahl an aufeinanderfolgenden Ruhetagen, die im unmittelbaren Anschluss an die geleisteten aufeinanderfolgenden Arbeitstage zu gewähren sind, wie folgt:

1. für den 1. bis 10. aufeinanderfolgenden Arbeitstag: jeweils 0,2 Ruhetage,
2. für den 11. bis 20. aufeinanderfolgenden Arbeitstag: jeweils 0,3 Ruhetage,
3. für den 21. bis 31. aufeinanderfolgenden Arbeitstag: jeweils 0,4 Ruhetage.

(4) Enthält der Dienstplan höchstens die gleiche Anzahl von Arbeitstagen im Verhältnis zu Ruhetagen, muss der Arbeitgeber dem Arbeitnehmer oder der Arbeitnehmerin in unmittelbarem Anschluss an die geleisteten aufeinanderfolgenden Arbeitstage die gleiche Anzahl an aufeinanderfolgenden Ruhetagen gewähren. Von dieser Anzahl der unmittelbar zu gewährenden Ruhetage kann abgewichen werden, wenn:

1. die in Absatz 3 genannte Mindestanzahl von aufeinanderfolgenden Ruhetagen im unmittelbaren Anschluss an die geleisteten aufeinanderfolgenden Arbeitstage gewährt wird und
2. die verlängerte oder getauschte Periode von Arbeitstagen innerhalb des Bezugszeitraums nach § 4 Absatz 1 ausgeglichen wird.

(5) Anteilige Ruhetage werden bei der Berechnung der Mindestanzahl von aufeinanderfolgenden Ruhetagen addiert und sind zu gewähren, wenn die Summe der anteiligen Ruhetage einen ganzen Tag ergibt.

§ 8 Saisonarbeit in der Fahrgastschifffahrt

(1) Ein Arbeitgeber, der einen Arbeitnehmer oder eine Arbeitnehmerin während der Saison an Bord eines Fahrgastschiffes
1. bis zu zwölf Stunden in jedem Zeitraum von 24 Stunden und
2. bis zu 72 Stunden in jedem Zeitraum von sieben Tagen
beschäftigt, darf abweichend von § 7 Absatz 3 und 4 dem Arbeitnehmer oder der Arbeitnehmerin für jeden Arbeitstag 0,2 Ruhetage gewähren.

(2) In jedem Zeitraum von 31 Tagen muss der Arbeitgeber dem Arbeitnehmer oder der Arbeitnehmerin mindestens zwei Ruhetage tatsächlich gewähren. Die restlichen Ruhetage sind entsprechend einer Vereinbarung innerhalb des Bezugszeitraums nach § 4 Absatz 1 zu gewähren. Die Vereinbarung ist in einem Tarifvertrag oder auf Grund eines Tarifvertrags in einer Betriebs- oder Dienstvereinbarung zu treffen. Besteht keine tarifvertragliche Regelung, ist die Vereinbarung zwischen Arbeitgeber und Arbeitnehmer oder Arbeitnehmerin zu treffen.

§ 9 Notfälle

(1) Der Schiffsführer oder die Schiffsführerin oder eine stellvertretende Person hat das Recht, die Arbeitsstunden anzuordnen, die für die unmittelbare Sicherheit des Fahrzeugs, der Personen an Bord, der Ladung oder zur Hilfeleistung für andere, in Not befindliche Schiffe oder Personen erforderlich ist. Dies gilt, bis die normale Situation wiederhergestellt ist.

(2) Sobald es tatsächlich möglich ist, hat der Schiffsführer oder die Schiffsführerin oder die stellvertretende Person sicherzustellen, dass alle Arbeitnehmer und Arbeitnehmerinnen, die aufgrund des Absatzes 1 eine vorgeschriebene Ruhezeit nicht einhalten konnten, eine ausreichende Ruhezeit erhalten. Diese Ausgleichsruhezeit muss mindestens der Dauer der Ruhezeitunterbrechung entsprechen.

§ 10 Aufzeichnungspflichten

(1) Der Arbeitgeber ist verpflichtet, abweichend von § 16 Absatz 2 des Arbeitszeitgesetzes Aufzeichnungen nach Absatz 2 über die tägliche Arbeits- und Ruhezeit jedes Arbeitnehmers und jeder Arbeitnehmerin zu führen, um eine Kontrolle der Einhaltung der Bestimmungen dieser Verordnung zu ermöglichen.

(2) Die Aufzeichnungen nach Absatz 1 müssen mindestens folgende Angaben enthalten:
1. Name des Fahrzeugs,
2. Name des Arbeitnehmers oder der Arbeitnehmerin,
3. Name des verantwortlichen Schiffsführers oder der verantwortlichen Schiffsführerin,
4. Datum des jeweiligen Arbeits- oder Ruhetages,
5. für jeden Tag der Beschäftigung, ob es sich um einen Arbeits- oder um einen Ruhetag handelt, sowie
6. Beginn und Ende der täglichen Arbeitszeiten oder der täglichen Ruhezeiten.

(3) Die Aufzeichnungen sind in geeigneten Zeitabständen, spätestens bis zum Ende des auf die Arbeitsleistung folgenden Monats, gemeinsam vom Arbeitgeber oder einer von ihm beauftragten Person und vom Arbeitnehmer oder von der Arbeitnehmerin auf Richtigkeit zu prüfen und zu bestätigen.

(4) Die bestätigten Aufzeichnungen sind mindestens 24 Monate aufzubewahren. Abweichend von § 16 Absatz 2 des Arbeitszeitgesetzes müssen die Aufzeichnungen mindestens zwölf Monate an Bord und danach weitere zwölf Monate an Bord oder beim Arbeitgeber aufbewahrt werden; in der saisonalen Fahrgastschifffahrt müssen sie bis zum Ende der Saison an Bord und anschließend beim Arbeitgeber aufbewahrt werden.

(5) Dem Arbeitnehmer oder der Arbeitnehmerin ist eine Kopie der bestätigten Aufzeichnungen auszuhändigen. Der Arbeitnehmer oder die Arbeitnehmerin hat die Kopien nach der Aushändigung zwölf Monate bei der Arbeit mitzuführen.

§ 11 Arbeitsmedizinische Untersuchungen

(1) Arbeitnehmer und Arbeitnehmerinnen sind berechtigt, einmal jährlich an einer arbeitsmedizinischen Untersuchung teilzunehmen.

(2) Bei den arbeitsmedizinischen Untersuchungen hat der Arzt oder die Ärztin insbesondere auf die Symptome zu achten, die auf die Arbeitsbedingungen und auf die jeweiligen Arbeits- und Ruhezeiten an Bord sowie die gewährte Zahl von Ruhetagen zurückzuführen sein könnten.

(3) Die Kosten der Untersuchungen hat der Arbeitgeber zu tragen, sofern er die Untersuchungen den Arbeitnehmern und Arbeitnehmerinnen nicht kostenlos durch einen Betriebsarzt oder eine Betriebsärztin oder einen überbetrieblichen Dienst von Betriebsärzten und Betriebsärztinnen anbietet.

BinSchArbZV

§ 12 Arbeitsrhythmus, Sicherheit und Gesundheitsschutz

(1) Der Arbeitgeber hat die Arbeitszeit menschengerecht zu gestalten, auch in Bezug auf die Pausen während der Arbeitszeit. Er hat eintönige Arbeit und einen maschinenbestimmten Arbeitsrhythmus unter Berücksichtigung der Art der Tätigkeit und der Erfordernisse der Sicherheit und des Gesundheitsschutzes nach Möglichkeit zu vermeiden.

(2) Arbeitnehmer und Arbeitnehmerinnen mit Nacht- oder Schichtarbeit müssen hinsichtlich Sicherheit und Gesundheit in einem Maß geschützt werden, das der Art ihrer Arbeit Rechnung trägt. Die zur Sicherheit, zur Vorsorge und zum Schutz der Gesundheit dieser Arbeitnehmer und Arbeitnehmerinnen gebotenen Leistungen und Mittel müssen mindestens den für die übrigen Arbeitnehmer und Arbeitnehmerinnen bereit stehenden Leistungen und Mitteln entsprechen und müssen jederzeit vorhanden sein.

(3) Der Arbeitgeber hat abweichend von § 6 Absatz 4 Buchstabe a des Arbeitszeitgesetzes Nachtarbeitnehmer und Nachtarbeitnehmerinnen mit gesundheitlichen Beeinträchtigungen, die nachweislich auf die zu leistende Nachtarbeit zurückzuführen sind, auf einen für sie geeigneten Tagesarbeitsplatz umzusetzen, sofern dem nicht dringende betriebliche Erfordernisse entgegenstehen.

§ 13 Abweichende Regelungen

(1) In einem Tarifvertrag oder auf Grund eines Tarifvertrags in einer Betriebs- oder Dienstvereinbarung kann zugelassen werden,
1. abweichend von § 3 Nummer 9 Buchstabe b bei der Begriffsbestimmung »Nachtarbeitnehmer« oder »Nachtarbeitnehmerin« einen anderen Anteil von Nachtarbeit an der jährlichen Arbeitszeit festzulegen,
2. abweichend von § 5 Regelungen zu den Voraussetzungen der Ruhepausen und eine Aufteilung in Kurzpausen von angemessener Dauer zu vereinbaren.

(2) Im Geltungsbereich eines Tarifvertrags können die vereinbarten tarifvertraglichen Regelungen nach Absatz 1 im Betrieb eines nicht tarifgebundenen Arbeitgebers durch Betriebs- oder Dienstvereinbarung oder, wenn ein Betriebs- oder Personalrat nicht besteht, durch schriftliche Vereinbarung zwischen dem Arbeitgeber und dem Arbeitnehmer oder der Arbeitnehmerin übernommen werden.

§ 14 Ordnungswidrigkeiten

Ordnungswidrig im Sinne des § 22 Absatz 1 Nummer 4 des Arbeitszeitgesetzes handelt, wer als Arbeitgeber vorsätzlich oder fahrlässig

1. entgegen § 7 Absatz 1 einen Arbeitnehmer oder eine Arbeitnehmerin beschäftigt,
2. entgegen § 7 Absatz 2 oder § 8 Absatz 2 einen Ruhetag nicht oder nicht rechtzeitig gewährt,
3. entgegen § 10 Absatz 1 eine Aufzeichnung nicht, nicht richtig oder nicht vollständig führt oder
4. entgegen § 10 Absatz 4 eine Aufzeichnung nicht oder nicht mindestens 24 Monate aufbewahrt.

§ 15 Inkrafttreten

Diese Verordnung tritt am 1. August 2017 in Kraft.

Stichwortverzeichnis

Die fett gedruckten Zahlen beziehen sich auf die jeweiligen Paragrafen des Arbeitszeitgesetzes, die mager gedruckten Zahlen auf die jeweiligen Randnummern. Die Verweise auf die Einleitung sind mit **Einl.** gekennzeichnet.

Abfallentsorgung **10** 21
Abweichende Regelungen
- durch Betriebs- oder Dienstvereinbarung **12** 4
- durch Tarifvertrag **12** 3
- Kirchen **12** 12
- nichttarifgebundene Ebene **12** 10
- Seeschifffahrt **12** 8
- Veränderung des Ausgleichszeitraums **12** 7
- vollkontinuierliche Schichtarbeit **12** 9
- Wegfall von Ersatzruhetagen **12** 6

Arbeitnehmer
- Definition **2** 19

Arbeitsbereitschaft **5** 6
Arbeitsergebnisse, misslungene **10** 30
Arbeitsmedizinische Untersuchung
- Entgeltanspruch **6** 23
- freie Arztwahl **6** 25
- Kosten **6** 22
- Leistungsverweigerungsrecht **6** 21

Arbeitsweg **2** 7
Arbeitszeit
- Arbeitsweg **2** 7
- Außendienstmitarbeiter **2** 7
- Bereitschaftsdienst **2** 10
- Betriebsratsarbeit **2** 15
- Definition **2** 3f.
- elektronische Erreichbarkeit **2** 13

- fremdnützig **2** 6
- geringfügige Arbeitseinsätze **2** 13
- i. S. d. ArbZG **2** 6
- mehrere Arbeitgeber **2** 16
- Reisezeit **2** 14
- Rufbereitschaft **2** 12
- Umkleide- und Waschzeiten **2** 9
- vergütungsrechtlich **2** 5
- Vorbereitungs- und Abschlussarbeiten **2** 8
- werktäglich **3** 2
- wöchentlich **3** 5

Arbeitszeiterfassung
- elektronisch **16** 10
- Nachweispflichten **16** 5

Arbeitszeitmodelle
- Arbeitszeitkonto **3** 10
- Gleitzeit **3** 9
- Vertrauensarbeitszeit **3** 11

Arbeitszeitkonto
- Kappung von Arbeitszeit **3** 10
- Langzeitkonten **3** 10
- Mindestlohn **3** 10
- Minusstunden **3** 10

Arbeitszeit-Richtlinie **Einl.** 8

Aufsichtsbehörde
- Anordnungsbefugnis **17** 5
- Ausnahmebewilligung **15** 2
- Besichtigungsrecht **17** 9
- öffentliches Interesse **15** 9
- Rechtsverordnung **15** 12
- Zuständigkeit **17** 3

Stichwortverzeichnis

Ausgleichsregelungen für Nachtarbeit **6** 45 ff.
Ausgleichzeitraum
– Erholungsurlaub **3** 18
– Krankheit **3** 18
– Verstoß gegen EU-Recht **3** 17
Aushangpflicht **16** 1 ff.
Außendienstmitarbeiter **2** 7
Außertarifliche Angestellte **Einl.** 42

Bäckerei- und Konditoreigewerbe **10**, 34
Bau- und Montagestellen **15** 4
Beharrlichkeit **24** 4
Beherbergungsbetrieb **10** 14
Bereitschaftsdienst **2** 10
Betriebsratsarbeit **2** 15
Bewachungsgewerbe **10** 24
Bewirtung **10** 14
Bibliotheken **10** 17
Binnenschifffahrt
– abweichende Regelungen **21** 4, 5
– Besatzung, Bodenpersonal **21** 3
– Geltung ArbZG **21** 6
– Nachtarbeit **21** 4
Bodenpersonal **20** 2; **21** 3
Bußgeld **22** 4

Chefarzt **18** 2
Coronavirus **13** 13; **14** 18

Datennetze **10** 28
Detekteien **10** 24
Direktionsrecht des Arbeitgebers **Einl.** 21
Durchsetzung der Mitbestimmung **Einl.** 55 ff.

Eil- und Notfälle **Einl.** 57; **14** 5
Eilverfahren **Einl.** 57
Einigungsstelle
– Spruch **Einl.** 65

Einstweilige Verfügung **Einl.** 57
Energie- und Wasserversorgung **10** 21
Ersatzruhetag **11** 9; **12** 6

Fahrlässigkeit **24** 6
Feiertage
– Definition **9** 2
Feuerwehr **10** 10
Filmvorstellungen **10** 15
Finanzsektor **10** 37
Forschungsarbeit **10** 31
Freizeit- und Vergnügungseinrichtungen **10** 17

Gaststätten **10** 14
Gerichte **10** 11
Gesicherte arbeitsmedizinische Erkenntnisse **6** 5
Gesundheitsgefahr, besondere **8** 3
Gleitzeit **3** 9

Häusliche Gemeinschaft **18** 6
Höchstarbeitszeit
– Ausnahmen **3** 12
– Betriebsrat **3** 23
– Nachtarbeitnehmer **6** 11
– Rechtsschutz **3** 21
– werktäglich **3** 2
– wöchentlich **3** 5

Initiativrecht **Einl.** 36
Instandhaltungsarbeiten **10** 26

Kampagnebetrieb **15** 5
Kirche **10** 16
Krankenhäuser **5** 19; **10** 12
Kurzpausen **7** 10

Landwirtschaft **7** 20; **10** 23
Leitende Angestellte **18** 2
Luftverkehr
– Besatzungsmitglieder **20** 2

Stichwortverzeichnis

- Bodenpersonal **20** 2
- Mitbestimmung **20** 7
- Personal Rettungshubschrauber **20** 4

Mehrarbeit
- Ausgleichszeitrum **3** 17
- Mitbestimmung **3** 15
- Überstunden **3** 15
- Vergütung **3** 16
- vertragliche Nebenpflicht **3** 16
- Zuschläge **3** 16

Mehrarbeitszuschläge **3** 16

Mitbestimmung
- Ausübung **Einl.** 48
- Zustimmung zu Arbeitgeberantrag **Einl.** 51
- außertarifliche Angestellte **Einl.** 42
- Betriebs- bzw. Dienstvereinbarung 23
- Dienstvereinbarung **Einl.** 48
- Initiativrecht **Einl.** 46
- Mehrarbeit **3** 15
- Nacht- und Schichtarbeit **6** 60
- Regelungsabrede **Einl.** 50
- Schichtplan **6** 61
- Sonn- und Feiertagsarbeit **9** 14; **11** 19
- Umfang **Einl.** 16, 40 ff.
- Weiterbildung für Schichtarbeiter **6** 63
- Ziel **Einl.** 28

Museen **10** 17
Musikaufführungen **10** 15

Nacht- und Schichtarbeit
- arbeitsmedizinische Untersuchung **6** 20 ff.
- arbeitswissenschaftliche Erkenntnisse **6** 5
- Ausgleichsregelungen für Nachtarbeit **6** 45 ff.
- Ausgleichszeitraum **6** 45; **7** 14
- Definition Nachtarbeit **2** 23
- Definition Schichtarbeit **6** 4
- Empfehlungen der BAuA **6** 9
- Gesundheit **6** 2
- Höchstarbeitszeit **6** 11
- Recht auf körperliche Unversehrtheit **6** 1
- Tagesarbeitsplatz, Anspruch auf **6** 27
- Verstoß gegen EU-Recht **6** 15, 16

Nachtarbeitnehmer **2** 23

Nachtzeit
- Definition **2** 22

Normenhierarchie **Einl.** 9
Not- und Rettungsdienste **10** 10
Notfälle **Einl.** 57; **14** 5

Öffentliche Sicherheit und Ordnung **10** 11
Öffentlicher Dienst
- Beamte und Beamtinnen **19** 1
- Höchstarbeitszeit Bundesbeamte **19** 3
- hoheitliche Aufgaben **19** 4

Öffnungsklausel
- tarifvertraglich **Einl.** 18, 51

Offshore-Tätigkeiten **15** 12
Ordnungswidrigkeiten **22** 2

Parteien **10** 16
Pause **4** 3
Pflege und Betreuung **10** 12
Presse und Rundfunk **10** 18
Produktion, durchgehende **10** 33
Produktionseinrichtung **10** 32

Rechnersysteme **10** 28
Regelungsabrede **Einl.** 60
Reinigung **10** 26
Reisezeit **Einl.** 14
Religionsgemeinschaften **10** 16
Rohstoffe **10** 29

Stichwortverzeichnis

Rufbereitschaft
- Definition 2, 12
- Krankenhäuser 5 10
- verkürzte Ruhezeit 5 12

Ruhepause
- Ausnahmen 4 11
- Dauer 3 6
- Definition 2 18; 4 3
- Fahrer 4 14
- Lage 4 4, 5
- Minderjährige 4 9
- Mindestpausenzeit 4 10
- Mitbestimmung 4 21
- Raucherpausen 3 7, 16
- Ruhezeit 4 3
- stillende Mütter 4 15
- Vergütung 4 16

Ruhezeit
- Definition 5 1
- Freizeitausgleich 5 7
- Krankenhäuser 5, 8, 10
- Ruhepause 4 1, 3
- tägliche 5 1
- ununterbrochen 5 5
- verkürzte 5 8 ff.
- wöchentliche 5 1

Saisonbetrieb 15 5

Schichtarbeit
- Definition 6 4
- Gesundheitsschutz 1 8

Sonn- und Feiertagsbeschäftigung
- Abfallentsorgung 10 21
- arbeitsfreier Sonntag 11 4
- Ausgleich 11 1
- Ausnahmen vom Verbot 10 6 ff.
- Bäckerei- und Konditoreigewerbe 10 34
- Beherbergungsbetrieb 10 14
- Bewachungsgewerbe 10 24
- Bewirtung 10 14
- Bibliotheken 10 17
- Datennetze 10 28
- Detekteien 10 24
- durchgehende Produktion 10 33
- Ersatzruhetag 11 9
- Feiertage, Definition 3 2
- Feuerwehr 10 10
- Filmvorstellungen 10 15
- Finanzsektor 10 37
- Form der Beschäftigung 9 4
- Forschungsarbeit 10 31
- Freizeit- und Vergnügungseinrichtungen 10 17
- Gaststätte 10 14
- Gerichte 10 11
- Hilf- und Nebenarbeiten 10 7
- Jugendliche 10 4
- Kirche 10 16
- leicht verderbliche Ware 10 20
- Mindestanzahl arbeitsfreier Sonntage 11 4
- misslungene Arbeitsergebnisse 10 30
- Mitbestimmung 11 19; 13 26
- Museen 10 17
- Musikaufführungen 10 15
- Naturerzeugnisse 10 29
- Parteien 10 16
- Pflege und Betreuung 10 12
- Presse und Rundfunk 10 18
- Produktion, durchgehende 10 33
- Produktionseinrichtung 10 32
- Religionsgemeinschaften 10 16
- Rohstoffe 10 29
- Rückstände, streikbedingt 10 6
- Ruhezeit 9 3; 11 14
- Schwangere und Stillende 10 4
- Vergütung, Feiertag 11 16
- Zuschlag 11 16

Sonn- und Feiertagsruhe
- Ausnahmebewilligung der Aufsichtsbehörde 13 11 f.
- Begriff der Beschäftigung 9 4
- Corona-Pandemie 13 13

Stichwortverzeichnis

- Feststellung der Aufsichtsbehörde **13** 10
- Jugendliche **9** 11
- Kraft- und Beifahrer **9** 9
- Mitbestimmung **9** 14
- Rechtsverordnung der Bundesländer **13** 8
- Rechtsverordnung der Bundesregierung **13** 2
- Schichtbetrieb **9** 6
- Schwangere und Stillende **9** 19
- Sicherung der Konkurrenzfähigkeit **13** 17f.

Sportliche Veranstaltungen **10** 17

Straftat
- Fahrlässigkeit **23** 6
- Vorsatz **23** 2

Straßentransport
- Aufzeichnung der Arbeitszeit **21a** 18
- Definition Woche **21a** 6
- Europäische Regeln **21a** 4
- Ladezeiten **21a** 7
- Ruhezeiten **21a** 10
- Vorlagepflicht bei Zweitarbeitgeber **21a** 21
- Wartezeiten **21a** 8

Tagesarbeitsplatz
- Definition **6** 29
- Geeignetheit **6** 30
- leidensgerechter Arbeitsplatz **6** 31
- Mitbestimmung **6** 42 ff.
- Umsetzung, Ablehnung Arbeitgeber **6** 31, 39 ff.
- Umsetzung, Anspruch auf **6** 33

Tarifbindung **Einl.** 13
Tarifvorbehalt **Einl.** 17, 52 ff.

Territorialitätsprinzip
- ausschließliche Wirtschaftszone **1** 6
- Inland **1** 4

Theater- und Filmvorstellung **10** 15

Theorie der Wirksamkeitsvoraussetzung **Einl.** 54

Tierhaltung **10** 23

Überstunden **3** 15
Umfang der Mitbestimmung **Einl.** 30
Umkleide- und Waschzeiten **2** 9
Umsetzung der Mitbestimmung **Einl.** 36
Universitätsbibliotheken **10** 17

Verbände, Vereine **10** 16
Verkehrsbetriebe **10** 20
Verteidigung **10** 11
Vertrauensarbeitszeit **3** 11
Vorbereitungs- und Abschlussarbeiten **2** 8
Vorbereitungsarbeiten **10** 27
Vorsatz **23** 2

Wasserentsorgung **10** 21
Werktag
- Beginn und Ende **3** 3
- Betriebs- und Personalratsarbeit **3** 4
- Definition **3** 239

Woche
- Definition **21a** 6
- Wochenarbeitszeit **3** 5

Zeiterfassungssysteme **Einl.** 34
Zweckbestimmung **1** 1

Kompetenz verbindet

Pieper

Arbeitsschutzgesetz

Basiskommentar zum ArbSchG
8., überarbeitete Auflage
2018. 401 Seiten, kartoniert
€ 29,90
ISBN 978-3-7663-6572-9

Digitalisierung, mobiles Arbeiten, flexibilisierte Beschäftigungs- und Arbeitszeitformen, Gefährdungen der physischen und psychischen Gesundheit: Das Arbeitsschutzgesetz verpflichtet den Arbeitgeber, die Sicherheit und den Gesundheitsschutz der Beschäftigten zu gewährleisten und kontinuierlich zu verbessern.

Die 8. Auflage des Basiskommentars stellt die aktuelle rechtliche Basis dazu verständlich und praxisnah dar. Im Vordergrund steht die Kommentierung des Arbeitsschutzgesetzes mit neuester Rechtsprechung unter Einbeziehung der weiteren Vorschriften und Regeln, insbesondere des neu gefassten Mutterschutzgesetzes. Die Einleitung enthält Kurzerläuterungen zu allen wesentlichen Arbeitsschutzverordnungen sowie zum Arbeitszeitgesetz und verknüpft diese mit den Rechten der Beschäftigten sowie des Betriebs- und Personalrats.

Bund-Verlag